DES

NAVIRES DE GUERRE BELLIGÉRANTS

DANS LES EAUX NEUTRES

« Le neutre est quelque chose de plus qu'un
» spectateur ».
HAY, Circulaire du 21 octobre 1904.

PAR

Frans DONKER CURTIUS
DOCTEUR EN DROIT
LAURÉAT DE LA FACULTÉ DE DROIT DE BORDEAUX

BORDEAUX
IMPRIMERIE Y. CADORET
17 — RUE POQUELIN-MOLIÈRE — 17

1907

DES

NAVIRES DE GUERRE BELLIGÉRANTS

DANS LES EAUX NEUTRES

> « Le neutre est quelque chose de plus qu'un » spectateur ».
>
> HAY, Circulaire du 21 octobre 1904.

PAR

Frans DONKER CURTIUS

DOCTEUR EN DROIT
LAURÉAT DE LA FACULTÉ DE DROIT DE BORDEAUX

BORDEAUX
IMPRIMERIE Y. CADORET
17 — RUE POQUELIN-MOLIÈRE — 17

1907

PRÉFACE

Il n'est point exagéré de dire que depuis les guerres maritimes de la Révolution, il n'y a pas eu un événement qui ait plus bouleversé cette partie du droit que la guerre russo-japonaise.

On s'est trouvé en présence de règles ne répondant plus aux besoins actuels : la transformation des bâtiments de guerre, aussi bien au point de vue de leur armement qu'à celui de leur locomotion, l'emploi de tactiques nouvelles, l'éloignement même du théâtre de guerres qui paraissent devoir être de plus en plus coloniales et menées par conséquent loin de la base des opérations d'au moins un des belligérants, toutes causes qui ont fait surgir des questions nouvelles auxquelles des réponses urgentes et précises sont nécessaires.

En cette matière si vaste un problème a préoccupé d'une façon toute spéciale les hommes d'État, les diplomates et les juristes; c'est celui de l'usage que les navires belligérants pourront éventuellement faire des eaux neutres. Nulle part, autant que là, les difficultés que l'on rencontre ne sont complexes et graves.

Complexes, parce que l'on se trouve en présence d'intérêts nombreux, contradictoires et également respectables, graves, parce qu'elles menacent à chaque instant de rendre illusoires les efforts de ceux qui s'emploient à localiser un conflit lorsqu'il en surgit un en entraînant dans la lutte bien malgré lui un Etat suspect de n'avoir pu ou su garder la réserve que lui imposait la qualité de neutre.

Dégager les règles qui doivent dominer la matière, préciser les points obscurs, montrer les modifications que demandent certains autres, il nous paraît que c'est là une tâche qui n'a que le très grand inconvénient de mériter d'être entreprise par un maître plutôt que par un élève.

Si nous avons tenté la chose, cependant, c'est que la puissance des idées qui ont l'avenir pour elles est telle que la personnalité de celui qui les présente n'a plus qu'une importance secondaire, elle disparaît dans leur rayonnement.

INTRODUCTION GÉNÉRALE

CHAPITRE PREMIER

Droits de l'Etat riverain sur la mer littorale.

§ 1. Que la mer soit libre. C'est là un principe universellement admis aujourd'hui, et s'il a fallu un temps aussi long pour le faire triompher, c'est qu'ici, comme il arrive souvent, les intérêts politiques ont obscurci les notions juridiques les plus claires.

La liberté de la mer découle de sa nature qui l'empêche d'être sujette à n'importe quelle possession. Il n'y a pas jusqu'à sa mission sociale qui s'y oppose. « De même que l'air est indispensable à la vie matérielle de l'humanité, de même les mers sont un élément nécessaire au développement complet de sa destinée morale. L'association, la communauté des uns avec les autres, est une loi de la nature humaine aussi essentielle dans l'ordre moral que la respiration peut l'être dans l'ordre physique » (1).

§ 2. Cette vérité a été aperçue dès la plus haute antiquité (2), car elle découle de la nature même des choses.

(1) Ortolan, *Règles int. et dipl. de la mer*, 1864, I, p. 118.

(2) Ulpien, loi 13, D., liv. VIII, tit. LIV. — Marcian, I, 2, § 1, D., *de div. rer.* (1, 8). — Celse, D., 43. 8.

De nos jours, l'on a soutenu que la doctrine romaine qui proclamait la mer chose commune, avait en vue une situation juridique un peu différente de celle que nous suggère ce terme aujourd'hui. Chose libre, c'est-à-dire non susceptible d'appropriation, n'est pas synonyme de chose commune, c'est-à-dire soumise à une copropriété. M. Rivier écrit : « La mer est chose hors de commerce. On peut la détenir, on ne saurait la posséder, ni en être propriétaire, ni en être souverain. C'est à tort que l'on dit parfois commune à tous les Etats. La communauté impliquerait une domination collective de tous les Etats ou du moins des Etats maritimes, ce qui serait aussi contraire à la notion de la liberté qu'à la réalité des faits » (1).

Nous nous rallions bien volontiers à ces paroles. On nous permettra cependant de faire remarquer que la notion de la communauté de la mer — reprise de nos jours par M. Geouffre de Lapradelle sous une forme un peu différente, il est vrai (2) — provient peut-être d'une lecture un peu littérale des textes romains. On a lu l'expression *res communis* avec nos idées juridiques modernes, sans se souvenir qu'elle correspond à une *res nullius*. Car la *res communis* échappe à toute appropriation privée et publique. On la distingue soigneusement de la *res publica* qui comprend les biens appartenant au peuple considéré comme personne morale. Et cela est tellement vrai que dans le texte cité d'Ulpien ainsi que dans d'autres, la mer est considérée comme *res communis* au même titre que l'air que l'on n'a jamais songé à soumettre à un régime de domination collective.

§ 3. De cette liberté de la mer, menacée au cours de l'his-

(1) *Principes du droit des gens,* 1896, I, p. 235.

(2) Geouffre de Lapradelle, Le droit de l'Etat sur la mer territoriale. *Rev. gén. de dr. intern. publ.,* 1898, IV, p. 43 s.

toire par les ambitions successives de plusieurs peuples, mais érigée aujourd'hui à la dignité de postulat, il résulte d'abord que les détroits comme ceux du Sund, de Gibraltar qui font communiquer deux mers entre elles, doivent être libres sous peine de rendre illusoire cette même liberté. Si une réglementation différente intervient, comme pour le Bosphore et les Dardanelles (convention de Constantinople du 29 octobre 1888), c'est une confirmation du principe puisque ce n'est que par un texte spécial que semblable dérogation est admise.

D'autres conséquences sont encore à signaler : la navigation, la pêche, l'immersion de câbles télégraphiques en temps de paix.

En temps de guerre, les belligérants ont le droit de s'attaquer partout où ils se rencontrent, dans les mers qui baignent leurs côtes comme au large. Mais non dans les eaux littorales des pays neutres. L'usage que le belligérant peut faire de ces eaux, les actes qu'il a le droit d'accomplir, ceux qui lui sont interdits, forment précisément l'objet de ce travail.

Les eaux neutres échappent donc, en très grande partie tout au moins, au régime de liberté.

§ 4. Pour étudier le fondement juridique de cette exception, il est nécessaire de savoir que le territoire maritime qui est l'ensemble des portions de mer sur lesquelles un pays prétend avoir des droits se décompose en plusieurs éléments : ports, havres, rades, mer littorale, détroits et canaux. De l'étude rapide de ces éléments, nous pourrons conclure que l'exception au régime de liberté n'est point commandée par les mêmes raisons, et que suivant l'élément en présence duquel nous nous trouverons, l'exception devra être plus ou moins sévèrement comprise.

§ 5. Ports, havres, rades. On peut les définir toute portion de mer qui, par sa position géographique, constitue un lieu d'abri.

On s'est souvent demandé s'il fallait les rattacher à la mer littorale ou, au contraire, s'il fallait les considérer comme faisant partie du territoire. La question n'a pas d'importance pratique si l'on croit, avec la théorie courante, que la mer littorale est soumise à la souveraineté des pays dont elle baigne la côte; estime-t-on au contraire que l'Etat n'a qu'un droit *sui generis* sur cette portion de mer, on arrive à des résultats très différents, suivant que l'on adopte l'un ou l'autre de ces points de vue. Dans ce cas, en effet, les ports, havres, rades d'une part seront soumis à un régime (le régime de la souveraineté) et la mer littorale, à un autre (régime de droit de sécurité).

Nous croyons que les ports, havres et rades doivent être considérés comme faisant partie du territoire. La raison que nous en donnons c'est, qu'enclavés dans la terre, ils servent bien ou en tous cas peuvent servir « à déterminer les personnes sur lesquelles l'Etat a le pouvoir de commander », à la différence de la mer littorale, qui, par sa nature, par la mobilité même de ses flots, ne peut point jouer semblable rôle. Dans les cas où l'eau — qu'il s'agisse de fleuves ou de ports il importe peu — a la même fonction juridique que la terre, nous ne voyons aucun inconvénient à assimiler le domaine d'eau à la terre. Si nous protesterons plus loin contre cette assimilation, lorsque nous parlerons de la mer littorale, c'est que pour y arriver il faut recourir à une fiction que les faits démentent. Nous n'admettons une fiction en matière de droit que lorsque nous y sommes amenés par des nécessités si impérieuses qu'il ne paraît pas possible d'agir autrement. Mais pour déterminer la nature juridique des ports, point n'est besoin de recourir à une fiction quelconque. Tout comme le territoire terrestre, ces ports, havres, rades sont un élément de la souveraineté plutôt que son objet et servent, tout comme le territoire, à limiter la compétence souveraine, à déterminer si l'on préfère le rayon d'action de ce que les Allemands appellent le « Herrschaft » de l'Etat.

Il y a certains pays comme la Belgique et les Pays-Bas et aussi, croyons-nous, certaines régions de l'Angleterre et de l'Allemagne, où il y a une véritable population flottante vivant sur l'eau. Sans doute, c'est surtout à la batellerie fluviale que nous songeons, mais il n'est point impossible de trouver dans des ports ou rades des individus qui vivent continuellement à bord de vieux bateaux pêcheurs. Il est d'ailleurs suffisant que les ports ou rades puissent servir, le cas échéant, à ce but pour leur reconnaitre un caractère distinct de la mer littorale.

Les auteurs le reconnaissent à peu près unanimement, mais s'ils sont d'accord pour affirmer que « les ports sont plus étroitement liés que les eaux territoriales au sol même de l'Etat », ils n'expliquent pas pourquoi on les soumet « d'une façon plus complète, plus immédiate, à la puissance de l'Etat » (1), ou ils l'expliquent par des raisons de fait (que l'on ne rencontre pas toujours), par exemple par la facilité de contraindre ceux qui se trouvent dans un port à s'incliner devant les lois du pays dont ce port relève.

A notre avis, le raisonnement qui consiste à considérer le rôle juridique de ces ports, est plus précis. Nous reconnaissons au surplus que les conséquences que nous en tirons supposent admise la conception du territoire-limite et non

(1) Dupuis, *Le droit de la guerre maritime d'après les doctrines anglaises contemporaines,* 1899.

plus « objet ». Ce serait sortir du cadre de notre étude que de discuter cette grande question de droit constitutionnel. Il nous semble cependant que l'évolution de la doctrine en sa faveur se marque de jour en jour avec plus de netteté. N'est-elle point en effet conforme à la tendance générale du droit qui veut faire la terre esclave de l'homme, et non plus l'homme serf de la terre ?

En face de ce système, M. Engelhardt est un de ceux qui dressent le système inverse ; au lieu de dire les ports sont prolongement du territoire, ces auteurs disent prolongement de la mer.

Et d'après M. Engelhardt, ce qui le prouve, c'est que les consuls étrangers ont des attributions d'administration, et sont chargés de maintenir l'ordre intérieur à bord des navires marchands dans les ports étrangers (1).

Nous croyons que l'auteur exagère la dépendance des ports avec la mer littorale. Qu'elle existe au point de vue physique c'est évident, mais non moins évident nous paraît que juridiquement il y ait une différence fondamentale entre eux, résultant de ce qu'un port ou une rade peuvent jouer le rôle du territoire considéré comme élément de souveraineté et que la mer littorale, par sa nature, ne peut y prétendre.

L'argument tiré du rôle des consuls dans les ports étrangers nous touche peu. Cette juridiction consulaire est une conséquence du principe que les navires marchands sont « portions du territoire » dont ils portent le pavillon. Rien de plus et notamment on ne saurait, à notre avis, s'en prévaloir pour refuser au pays dans le port duquel ces navires se trouvent un droit de souveraineté sur ce port lui-même.

(1) Quelques considérations sur le régime des eaux, dites territoriales, *R. D. I. L. C.*, chap. XXVI, p. 211.

Souvent les ports appartiennent au domaine public soit comme en France (loi des 12 nov.-1er déc. 1790, art. 538 C. civ.) et en Hollande (art. 577 Burg-Wetb.), de l'Etat, soit comme en Angleterre, le port de Bristol entre autres, à des communes (1) ou même à de simples particuliers ou à des sociétés privées (2).

L'Institut de droit international, dans sa session de Copenhague en 1897 (3), place sous « un droit de souveraineté des Etats dont ils bordent le territoire... », les ports, anses et rades fermées ou foraines. — Sauf les rades foraines qui sont de véritables parties de mer, cette formule résume toute notre pensée.

Aux ports, havres, rades, nous assimilons, pour les raisons données plus haut, les mers intérieures et les golfes qui peuvent être complètement soumis à la puissance effective de l'Etat riverain. Or, pour que cela soit possible, on a posé certains principes qui ne sont qu'un moyen de distinguer les golfes de la haute mer.

Un golfe sera juridiquement assimilé à la haute mer lorsque son étendue excède une double portée de canon en partant d'une des rives. Cette condition nous paraît suffisante et nous repoussons celle souvent exigée, pour assimiler un golfe au régime des ports, qui refuse à l'Etat riverain un droit de souveraineté sur les golfes dont l'ouverture dépasse 10 milles. Il est d'ailleurs nécessaire de remarquer que cette condition ne se trouve stipulée que dans les conventions ayant trait au monopole de la pêche (convention franco-anglaise du 2 août 1839 et loi française du 1er mai 1888. Union de la Haye du 6 mai 1882, art. 2, pour la pêche dans la mer du Nord).

(1) Nys, *Le droit int.*, etc., 1904, p. 444.

(2) Picard, *Traité des eaux*, 1895, V, p. 205, § 24.

(3) *Annuaire*, XVI, p. 231.

Nous ajoutons que lorsque nous assimilons les golfes aux ports, nous ne songeons qu'à leur nature juridique et au régime de droit international qui en découle. Mais nous ne voulons pas dire par là que ces golfes, au point de vue administratif, soient soumis au régime des ports. Cela conduirait en effet à faire croire que ces portions de mer font partie, en France par exemple, du domaine public de l'Etat au même titre que les ports.

Or, il n'en est rien, ce que nous voulons simplement faire remarquer c'est que nous les assimilons tout comme les ports au territoire terrestre comme ayant fonction analogue et qu'en conséquence nous les soumettons au même régime, le régime de la souveraineté avec toutes ses conséquences. Il en est tout autrement pour cette partie de la mer que nous appelons la mer littorale.

§ 6. C'est de toute mer adjacente aux côtes qu'il faut distraire, pour les soumettre à un régime différent, les anses, rades, ports et même les golfes qui ne dépassent pas une certaine importance, en un mot toutes les échancrures qui peuvent servir d'abri.

On donne souvent à cette mer la dénomination de mer territoriale, ou mer cotière. On l'oppose alors parfois aux mers dites nationales sur lesquelles l'Etat a un droit de souveraineté ou même parfois de propriété (ports, rades, mers fermées).

Pour nous, quoique nous préférions avec Harburger l'expression de mer littorale, nous nous servirons parfois de la terminologie la plus courante, celle de mer territoriale, quoiqu'elle ait le tort de préjuger la nature du droit qu'on reconnaît à un Etat sur la mer qui baigne ses côtes en l'assimilant au territoire.

On a beaucoup écrit sur le droit de l'Etat riverain sur la

mer. A côté de la théorie qui la considère comme un prolongement de son territoire, et lui reconnaît par conséquent un droit identique à celui qu'il possède sur ce territoire (théorie de la souveraincté), se placent deux autres conceptions dont nous dirons quelques mots auparavant. Ce sont celle du droit de propriété de l'Etat riverain, et celle du droit de servitude de cet Etat.

a) *Droit de propriété.* — Cette théorie se retrouve déjà dans Vattel [1] et dans Valin [2]. Hautefeuille s'en montre également partisan. Parlant du droit de l'Etat riverain sur la mer, il écrit : « Il y a possession continue complète absolue, comme s'il s'agissait d'un fleuve, d'un lac ou d'une partie du territoire terrestre ».

Nous estimons que c'est là une inexactitude. Non il n'y a pas possession continue, complète et absolue. La possession, pour nous, est l'exercice d'un droit manifesté par des signes extérieurs. On a pu écrire que c'est « la matérialité de la propriété ». Nous ne voyons pas comment cette possession continue est possible, et lorsque notre auteur écrit que l'Etat riverain peut, « quel que soit d'ailleurs l'état de la mer pendant les grandes tempêtes, forcer les hommes qui se trouveraient sur cette mer à respecter les lois ou les punir de les avoir violées » [3], il restera sans doute seul de cet avis.

Cette thèse a été reprise de nos jours par certains écrivains de l'école anglaise [4] et par M. Pradier-Fodéré, qui l'a approfondie [5]. Comme la mer continue le rivage, M. Pradier-Fodéré la soumet au même régime. Or cela suppose

(1) Vattel, *Droit des gens* (1758), édit. Pradier-Fodéré (1863), p. 577.

(2) Valin, *Nouveau comm. sur Ord. de la marine 1681,* liv. V, titre I, vol. II, p. 687.

(3) *Droits et devoirs des nations en temps de guerre marit.* (1868), I, p. 51.

(4) Hall, *A treatrise on international law,* 1880, p. 114.

(5) Pradier-Fodéré, *Traité de dr. int. publ.,* 1885-1897, II, p. 158.

démontré que le rivage et la mer satisfont à des besoins identiques. Rien n'est moins certain.

En second lieu, notre auteur ramène à trois le nombre des caractères constitutifs de la propriété.

Il faut : 1° qu'il y ait un objet utile; 2° que l'usage de cet objet soit réservé au seul propriétaire; 3° enfin cet objet doit être dans la possession réelle et matérielle de ce propriétaire.

Ici encore on nous demande un acte de foi. On nous demande de croire — sans qu'on nous le démontre — que ces trois conditions sont nécessaires et suffisantes pour constituer un droit de propriété [1].

Mais faisons cet acte de foi, il n'en reste pas moins vrai que chacune de ces trois conditions peut s'appliquer à la haute mer. La haute mer est tout aussi utile que la mer littorale, son usage peut être réservé à celui-là seul qui s'en prétendrait propriétaire et l'histoire nous en offre des exemples; d'autre part, si la mer littorale peut être l'objet d'une possession réelle et matérielle, par exemple au moyen de navires de guerre, cela sera vrai également de la haute mer et devrions-nous en conclure que toute portion de mer ainsi occupée deviendrait propriété de l'Etat dont ces navires relèvent?

b) *Théorie de la servitude.* — Partant de cette idée qu'il y a une personne morale internationale composée des nations et cependant distincte de celles-ci (c'est une application de la vieille théorie française de la personnalité fictive), M. Geouffre de la Lapradelle investit cette personnalité de la souveraineté sur toutes les mers (sauf les mers nationales); cette souveraineté est limitée cependant par le droit

[1] L'utilité de l'objet comme caractère indispensable pour être soumis à un droit de propriété, nous parait très contestable.

qu'a l'Etat riverain sur la mer qui borde ses côtes : il y a constitution de certaines servitudes sur cette mer dont les Etats riverains seraient titulaires.

On a fait à cette théorie de multiples objections dont quelques-unes nous paraissent décisives.

Nous laissons de côté l'argument que nous trouvons sous la plume de Nys, qui dit que la mer n'étant pas chose commune, il ne saurait y avoir question de domination collective ([1]). En effet, dans l'hypothèse de M. de Lapradelle, il ne s'agit pas de domination collective mais de domination d'une personne morale composée de collectivités, ce qui est tout autre chose.

Ce qui nous paraît plus grave, c'est cette notion nouvelle d'une personnalité morale que nous voyons surgir. On nous affirme que cette personnalité composée des différents Etats (tous les Etats ou seulement les Etats maritimes?) est une personne juridique, mais on ne nous le démontre pas.

D'autre part, la servitude est une idée du droit privé qui implique deux domaines — l'un dominant, l'autre servant; — quels sont ces domaines?

Examinons maintenant ces servitudes : ce sont les droits de pêche, de visite douanière, d'interdiction sanitaire, de neutralité.

La pêche, remarquons-le, peut être écartée, ce n'est pas un droit appartenant à l'Etat mais à ses nationaux. Le droit conventionnel paraît fixé en ce sens. L'art. 2 de la convention de la Haye du 6 mai 1882 porte : Les pêcheurs nationaux jouiront du droit exclusif dans un rayon de trois milles ([2]).

Quant au droit de visite douanière, l'interdiction sanitaire

([1]) *Le droit international, les principes, les théories et les faits*, 1904, I, p. 518.

([2]) De Martens, Summer et Hopf, *Nouv. Rec., Traité*, 2e série, IX, p. 557.

(M. Perels, dans son manuel [1], y ajoute le pilotage et les signaux maritimes, le contrôle d'affaires d'échouage et le règlement du cérémonial de la mer), ils dérivent du droit de juridiction, c'est-à-dire du droit, pour l'Etat riverain, d'étendre la compétence judiciaire sur une partie de mer. Or, M. de Lapradelle, en parlant de ce droit de juridiction, a écrit qu'elle est une conséquence de la souveraineté [2]. Mais alors il faudrait conclure à un droit de souveraineté, non à un droit de servitude.

Nous rejetons la théorie de M. de Lapradelle, mais nous estimons qu'elle contient une indication précieuse qui cadre trop bien avec nos convictions pour ne pas la souligner avec insistance ; c'est qu'en réalité il ne faut pas se contenter d'une mesure uniforme pour déterminer la mer littorale. En fait cela est déjà mis en pratique [3] et cependant la doctrine hésite toujours encore à s'avancer dans cette voie. M. de Lapradelle, lui, rompt résolument avec le système de « la zone » de mer côtière auquel il propose de substituer la théorie des « zones », infiniment plus souple, infiniment plus apte à sauvegarder à la fois l'intérêt des Etats riverains et des autres Etats et cela aussi bien en temps de paix qu'en temps de guerre. Nous avons constaté avec plaisir que dans ses intéressantes chroniques de droit international public que le très distingué professeur publie dans la *Revue du droit public*, ce point de vue est loin d'être renié (Cpr. n° de juillet, sept. 1906).

c) *Théorie de la souveraineté.* — C'est l'opinion la plus répandue. Elle consiste à considérer les mers comme étant

(1) *Manuel du droit marit. int.* (trad. Arendt), 1884, p. 50.

(2) « S'il [l'Etat] n'a pas la souveraineté, comment en aurait-il la juridiction qui toujours et partout est l'attribut de la souveraineté » ? *Rev. gén. de dr. intern. pub.*, 1898, p. 282 ».

(3) Cf. *infra*.

un prolongement du territoire, et à leur imposer même régime juridique.

Il y a une littérature extrêmement abondante en sa faveur. Elle s'étend des anciens jurisconsultes comme Heineccius, Loccenius, Casageris [1] aux écrivains les plus modernes.

Lemoine, en parlant de la mer territoriale, dit qu'elle « est considérée comme un domaine national, comme la continuation du territoire » [2] et suit en cela l'exemple de MM. Funk-Brentano et Sorel, s'expliquant de la même manière avec des expressions presque identiques [3]. A l'étranger également, ce système rallie le gros de la doctrine [4].

En Angleterre, la « Franconia case » fut l'occasion du fameux territorial water act de 1878, qui assimile complètement — et cela est fort logique — la mer littorale avec le territoire en déclarant la cour de l'amirauté compétente pour toute infraction commise en eaux territoriales ou à bord de navires qui se trouvent dans ces eaux.

La jurisprudence américaine est fixée également dans le sens de la souveraineté des eaux territoriales, ainsi que la jurisprudence de la plupart des pays européens (Danemark, Italie, Norvège, Pays-Bas) [5].

L'institut de droit international s'est préoccupé de la question dès 1888 (session de Lausanne), et chargea M. Renault du rapport à présenter sur la définition et le régime de la mer territoriale. Mais après une courte discussion à la session d'Hambourg (1891) on renvoya les débats à l'année suivante. Effectivement, à la session de Genève,

(1) Phillimore, *Regina c. Keyn*, p. 75-76, cité par Visser, *De territorial zee*, th. Utrecht, 1894, p. 76.

(2) *Précis de droit marit. int.*, p. 20.

(3) *Précis du droit des gens*, p. 376.

(4) Visser, *op. cit.*, p. 78 et s.

(5) Visser, *op. cit.*, p. 108 et s.

M. Barclay, qui avait remplacé comme rapporteur M. Renault empêché pour cause de maladie, put déposer son rapport et un projet de règlement de sept articles, qu'il compléta après entente avec la commission (la 3e) en y ajoutant un article supplémentaire. C'est ce projet qui lui servit de base pour représenter un nouveau texte de 10 articles à la session de Paris (mars 1894). La docte compagnie avait en effet décidé, dans sa séance plénière du 10 septembre 1892, de surseoir aux débats pour recueillir de plus amples données, notamment celles réunies par l' « Association for the reform and codification of the law of nations », qui en 1887 s'était déjà occupée du problème [1].

A cette session, la Commission, qui modifia sur certains points le projet de M. Barclay, vota, après de vives discussions qui durèrent trois jours (27, 28, 29 mars), un règlement en onze articles.

Dans les considérants qui précèdent le texte, l'Institut nous donne l'appui de sa haute autorité en ce qui concerne la nécessité d'établir plusieurs zones :

« Considérant qu'il n'y a plus de raison pour confondre » en une seule zone la distance nécessaire pour l'exercice de » la souveraineté et pour la protection de la pêche littorale » et celle qui l'est pour garantir la neutralité de non-belli- » gérants en temps de guerre ;

» Que la distance la plus ordinairement adoptée de trois » milles de la laisse de basse marée a été reconnue insuffi- » sante pour la protection de la pêche littorale ;

» Que cette distance ne correspond nullement non plus à » la portée réelle des canons placés sur la côte » [2].

[1] Visser, *op. cit.*, p. 2.
[2] *Annuaire*, XIII, p. 328.

Mais là s'arrête l'appui que nous donnera la savante compagnie.

Son article 1er est ainsi conçu :

Art. 1er. — L'Etat a un droit de souveraineté sur une zone de la mer qui baigne la côte, sauf le droit de passage inoffensif réservé à l'art. 5. — Cette zone porte le nom de mer territoriale.

C'est donc la théorie de la souveraineté qui triomphe ici. Et cependant toutes les objections que nous avons contre cette notion demeurent. En admettant même que la mer puisse, tout comme le territoire, faire l'objet d'une possession (¹), nous croirions encore que cette théorie ne saurait trouver d'application ici, car son rôle juridique restera toujours différent (²). Et cela est si vrai que les ports, havres, etc., qui peuvent être assimilés au territoire, ont suivi le développement de cette institution et se séparent historiquement aussi nettement de la mer que le territoire lui-même. C'est parce que l'on a méconnu cette grande vérité que toute une école et toute une doctrine politique ont fait leur apparition. Nous faisons allusion à la fameuse théorie de l'empire des mers dont Selden se fit le très chaleureux défenseur dans son « Mare clausum » (1635). Sans doute, ce furent les circonstances politiques qui déterminèrent la publication de cet ouvrage, entre autres la lutte contre les Provinces-Unies et le désir de trouver un fondement juridique à l'édit de Jacques Ier (1609) qui défendait aux étrangers la pêche « upon

(¹) M. Hartmann estime cela très possible : le « *corpus* » de la possession serait représenté par le canon du pays riverain dont les boulets domineront la zone, et l' « *animus* » par sa volonté d'affirmer sur cette zone son *imperium*. *An.*, *XIII*, p. 285.

(²) Grotius l'a déjà dit dans son *Mare liberum* (1609) en estimant que l'équité doit être, à côté de l'impossibilité matérielle de possession, une raison de s'opposer à la théorie de l'empire des mers.

any of our coasts and seas of Great Britain, Ireland and the rest of the isles adjacent » (1). Mais il n'est que juste de faire observer que cette théorie répondait à des conceptions juridiques qui ne sont pas exclusivement anglaises.

Déjà, aux xe et xie siècles, on voit cette théorie s'affirmer (2). Azuni rapporte que Gênes et Pise avaient des prétentions analogues (3). Et Venise se vit, en 1177, reconnaître la souveraineté sur toute l'Adriatique par le pape Alexandre III (4), dans une cérémonie célèbre.

Plus tard son successeur Alexandre VI partagera entre l'Espagne et le Portugal toute la mer qui s'étend des côtes d'Europe à celles de l'Amérique nouvellement découvertes (5). Et la Norvège, au xviie siècle, prétendait à la souveraineté « sur toute la mer placée entre ce pays et l'Islande, le Groenland et le pôle septentrional ».

Ces exagérations comportent une leçon précieuse. Elles montrent comment toute erreur porte en elle sa propre destruction, et comment son épanouissement est en même temps la cause de sa perte, et cela est tout à fait frappant ici. Partant de cette idée que l'Etat riverain possède les droits de souveraineté sur la mer littorale, on a étendu ces droits à tout un Océan. Et pourquoi non? Ce qui est arbitraire, ce n'est pas l'extension de cette souveraineté, mais sa limitation. Mais admettons une limite à cette souveraineté, prenons celle des six milles marins proposée par l'Institut (art. 2). Dans cette limite, tout ou moins, il y aura souveraineté, c'est-à-dire le droit de donner dans une certaine étendue des ordres inconditionnés... Il n'en est rien, le texte même de l'Institut qui

(1) A. Muller, *Mare clausum*, thèse, Amsterdam, 1872, Annexe A, p. 321.
(2) Selden, *op. cit.*, lib. II, cap. 1-14; Muller, *op. cit.*, ch. 1, § 5.
(3) Azuni, *op. cit.*, I, p. 101.
(4) Azuni, *op. cit.*, I, p. 95.
(5) Azuni, *op. cit.*, I, p. 103.

parlé de souveraineté fait immédiatement une restriction. « L'Etat est souverain sur une zone de la mer qui baigne la côte, *sauf* le droit de passage inoffensif réservé à l'article 5... Mais qu'est-ce, nous le demandons, que cette souveraineté qui est pour ainsi dire mutilée, puisque à peine reconnaît-on son existence on en limite la sphère d'action? Une souveraineté est exclusive ou elle n'est pas. Et c'est là la raison qui avait fait échouer l'introduction, dans le texte, de la formule qui avait été adoptée à Lausanne, le rapporteur, M. Barclay, trouvant que l'expression de « souverain exclusif » était un pléonasme, puisqu'il entend par souveraineté le droit de commandement qu'a l'Etat sur son territoire. Or, l'article premier dément cette formule. Non, l'Etat n'a pas sur la mer un droit identique à celui qu'il possède sur son territoire, la réalité a fait éclater les cadres trop étroits dans lesquels on voudrait l'enfermer, et l'on est bien obligé de reconnaître qu'il s'agit ici de ce que M. Verraes appelle « une souveraineté relative » (1), c'est-à-dire une souveraineté qui n'en est plus une.

Le droit de passage exclut une théorie de domination souveraine sur la mer. Elle est en contradiction avec les faits : d'une part la mer n'est pas le prolongement du territoire de l'Etat riverain, de l'autre elle n'est pas du tout territoire. La mer est la grande voie dont tous les peuples — même ceux qui sont exclusivement continentaux — ont un besoin égal pour communiquer : elle rapproche plus qu'elle ne sépare. Et c'est parcequ'on l'a compris que la théorie de l'Empire des mers a définitivement sombré. On le reconnaît, d'ailleurs, et l'on dit liberté dans la haute mer, souveraineté dans la mer littorale, et l'établissement de la ligne de respect

(1) *Les lois de la guerre et de la neutralité*, Bruxelles, 1906, I, p. 75.

entre ces deux zones, n'est pas une des moindres difficultés de ce système. Mais pourquoi cette conception double? Haute mer ou mer littorale sont deux appellations pour désigner des parties d'un tout qui peuvent si peu être distinguées que les partisans de cette conception ont toutes les peines du monde à s'entendre sur ce qui est « haute mer » et sur ce qui est « mer littorale ». On nous répond qu'il est indispensable que l'Etat riverain ait une certaine suprématie sur la mer qui borde ses côtes, ne fût-ce que dans un intérêt de sécurité de la côte. Nous reconnaissons le bien fondé de cette prétention, mais nous n'en concluons nullement à la souveraineté de cet Etat sur cette partie de la mer.

Et voilà pourquoi nous disons que l'Etat riverain a un droit *sui generis* sur la mer littorale, parce que d'une part le principe de la liberté des mers reçoit une restriction, et que cette limitation reconnaît le principe de liberté de la mer.

Comme le dit très bien Bluntschli : « La juridiction de l'Etat riverain ne s'étend sur la mer voisine que dans la mesure jugée nécessaire pour la police et la sûreté militaires » (art. **322**) (1).

Droit sui generis (*droit de sécurité*). — Cette théorie est défendue par une minorité, plus respectable par la valeur de ses membres que par leur nombre. C'est Phillimore qui écrit, à propos du cas de la « Regina c. Keyn », que « the consensus of civilised independant nations has recognized a maritime extension of frontier to the distance of three miles from low-water mark, *because such a frontier or belt of water is necessary for the defence and security of the adjacent State.* It is for the atteinment of these particular objects

(1) *Droit international codifié.*

that a dominium has been granted over this portion of the high seas. This proposition is *materially different* from the proposition contended for, namely that it is competent to a state of jurisdiction and property which appertains to it in respect to lands and its ports » (1).

L'écrivain se sert de l'expression « dominium ». — Mais qu'importe puisque ici cette expression a un sens tout spécial, qu'on oppose aux droits de juridiction et de propriété qu'on reconnaît à un Etat sur son territoire et ses ports ?

Travers Twiss oppose le territoire où un Etat a « *an absolute and exclusive right to set law* » à la mer où il n'a droit qu'à un « *concurrent right* » (2), sans d'ailleurs préciser en quoi consistera ce droit. Calvo, lui, est plus explicite : « Les Etats n'ont pas sur la mer territoriale un droit de propriété, mais seulement un droit de surveillance et de juridiction dans l'intérêt de leur défense propre ou de la protection de leurs intérêts fiscaux. *La nature des choses veut donc que le droit s'étende jusqu'au point où son existence se justifie, et qu'il s'arrête là où cesse la gravité d'un danger sérieux* » (3).

MM. Lyon-Caen (4) et Nuger (5) partagent cette façon de voir, et étendent avec Calvo cette juridiction « aux intérêts commerciaux » de l'Etat riverain, ce qui nous paraît exagéré.

Ce que l'on a surtout reproché à la théorie du droit *sui generis*, c'est que l'Etat côtier possède sur la mer littorale des droits dont certains ne peuvent pas s'expliquer par une idée de défense de la côte.

(1) Cité par Visser, p. 72. — Dans ses *Commentaires upon International Law*, I, p. 235, Phillimore est moins catégorique.

(2) *The Law of nations*, I, p. 250.

(3) *Traité théorique et pratique de droit international*, I, p. 349.

(4) Rapport sur les abordages maritimes, *Annuaire de l'Institut*, X, p. 110 *in fine*.

(5) *Les droits de l'Etat sur la mer territoriale*, th. Paris, 1887, p. 160.

En laissant de côté le cabotage, auquel les partisans mêmes de la souveraineté reconnaissent un caractère de participation à la sécurité nationale (1), on trouve un droit de pêche réservé aux nationaux qui ne s'explique guère que par des considérations économiques, et qui n'est certes pas exercé par un Etat dans l'intérêt de sa police ou de sa sûreté militaire.

Cela est vrai. — Mais il est vrai aussi que ce droit n'est pas une conséquence d'un droit de souveraineté, et que les partisans de cette théorie sont fort embarrassés pour l'expliquer (2).

A notre avis, le droit de pêche ne s'explique effectivement que par une idée de patrimonialité. Et ce qui nous fortifie dans cette opinion, c'est son évolution historique. Les prétentions exorbitantes d'un monopole de pêche dans certains parages, dont le Danemark au XVe et l'Angleterre au XVIIe siècle se sont faits les interprètes, coïncident avec l'affirmation du droit à la jouissance absolue des mers. A mesure que triomphera l'idée de la liberté, nous verrons — et c'était chose inévitable — ce droit être limité à un plus modeste domaine. Au XVIIe siècle (traité du 1er avril 1776), le Danemark ne réclame plus que l'exercice de la pêche sur le littoral des îles Ferœ et du Groenland.

L'ukase d'Alexandre Ier des 4-16 septembre 1812 est un retour aux principes du passé, bientôt abandonné sur les protestations de l'Angleterre et des Etats-Unis : les idées de liberté avaient fait trop de progrès.

Aujourd'hui, tous les pays restreignent ce droit de pêche à leur zone de mer territoriale. Mais cette limite nous paraît bien peu logique, si l'on n'attribue pas à l'Etat un droit de propriété sur cette mer. D'ailleurs, comment expliquer, si

(1) Despagnet, *op. cit.*, 2e édit. p. 456, 3e édit. p. 495.

(2) Despagnet, *op. cit.*, 2e édit. p. 454, 3e édit. p. 491.

l'on rejette cette notion de propriété, le droit de cession de la pêche qu'a l'Etat riverain, comment expliquer, d'autre part, l'art. 2 précité de la convention de la Haye du 6 mai 1882, qui, reconnaissant aux pêcheurs nationaux un droit de jouissance exclusif sur cette portion de mer qui forme la mer littorale, établit donc à leur profit un véritable usufruit d'un bien dont l'Etat national serait propriétaire ? Si l'on rejette cette théorie de la propriété, on rejette également le droit de pêche. Pour nous, le terme logique de l'évolution de ce droit est sa disparition, et, effectivement, certains pays en sont déjà arrivés là : Belgique [1], Etats-Unis, Grèce, Portugal [2].

Les droits de police douanière et sanitaire reconnus à un Etat, qui, au premier abord, paraissent bien gênants pour notre théorie de la juridiction, en réalité la confirment. En effet, si l'on croit que l'Etat exerce sur la mer littorale un droit de souveraineté analogue à celui qu'il exerce sur son territoire, il faudrait en déduire que la police douanière ou sanitaire devrait être exercée dans les limites de sa mer côtière, là où s'étendrait sa souveraineté et non pas plus loin. Or, il n'en est rien.

La France exerce ce droit à une distance de 2 myriamètres (11 milles), art. 13, L. du 27 mars 1817. En Espagne, elle est de 6 milles (Décret du 3 mai 1830 et 20 juin 1832). En Angleterre, de 12 milles (Loi du 28 août 1883).

Donc, bien au delà de la zone de mer sur laquelle l'Etat prétendrait posséder un droit de souveraineté. Ces distances sont toujours calculées de façon à dépasser la portée d'un boulet de canon. Or, c'est cette portée qui, pour beaucoup

[1] Cité par Zysl, *De nationaliteit van schepen,* th. Utrecht, 1897, p. 82.

[2] Godey, *Régime international de la mer territoriale,* p. 56, thèse Caen, 1896. Par contre, les Pays-Bas, à la suite de la convention de La Haye du 6 juin 1882, ont établi le monopole par la loi du 29 octobre 1889. Cette loi, par suite de certaines lacunes, ne présente guère d'utilité pratique sérieuse.

de publicistes, est la mesure de la mer territoriale. Il y a donc là un désir bien manifeste d'établir une zone plus grande pour la police douanière. Dans de pareilles conditions, avions-nous si tort de dire que, loin de confirmer la théorie de la souveraineté, elle l'infirme?

Il faut faire remarquer que, lorsque la police sanitaire est faite dans les ports, il n'y a aucune difficulté possible, puisqu'ils sont assimilés au territoire. En pleine mer — où elle n'est d'ailleurs faite qu'exceptionnellement — elle peut également se défendre. C'est un véritable intérêt de sécurité pour un pays riverain de pouvoir au besoin contrôler l'état sanitaire des bâtiments passant suffisamment près de sa côte pour pouvoir constituer un danger. Mais, étant donné que ces mesures ne devront jamais devenir un moyen de vexation pour la navigation, et que, de l'autre, le danger d'infection sera très minime, il en résulte que cette zone sanitaire devra être extrêmement restreinte. Cela s'impose d'autant plus que l'Etat a un moyen de contrôle vraiment sérieux en ce qui regarde l'accès de ses ports.

Pour la police douanière, nous l'avons déjà dit, le rejet semble de rigueur. Il n'y a aucune bonne raison, à notre avis, d'accorder à l'Etat riverain un monopole de surveillance fiscale. Il ne s'agit plus de la sécurité de la côte mais d'intérêts financiers. Pourquoi accorder un droit en contradiction avec la liberté des mers? D'autant plus que l'exercice de cette police — la pratique l'a maintes fois démontré — constitue parfois une gêne réelle pour le commerce international.

Enfin les droits de justice que l'on qualifie couramment de droits de juridiction ne prouvent nullement que l'Etat riverain possède un droit de souveraineté sur la mer.

Il est en effet inexact de faire découler les droits de justice de la nature du droit que l'Etat possède sur la mer, ainsi que le fait M. de Lapradelle, et conclure à la souveraineté parce que l'Etat riverain a un droit de justice.

Dans le cas où l'idée de souveraineté est universellement admise, le droit de justice qui est censé en être une conséquence devrait être rencontré sans limitation. Or dans les ports soumis à la souveraineté de l'Etat, les droits de justice exercés par l'Etat sont infiniment plus restreints que ceux possédés par l'Etat sur son territoire. Ce ne sont pas seulement les bâtiments de guerre qui échappent à la juridiction du port, ce sont encore les navires privés, les bâtiments de commerce. Et pourquoi cela ? Parce qu'on n'accorde à l'Etat un droit de justice sur ses ports que dans la mesure nécessaire à sa tranquillité ou sécurité.

C'est le principe contenu dans le célèbre avis du Conseil d'Etat du 20 novembre 1806, adopté depuis par tous les peuples, sauf la Grande-Bretagne [1].

On nous répondra peut-être que ce n'est là qu'une conséquence de l'exterritorialité des navires de commerce, une application de la formule navire et territoire.

Nous n'y contredirons pas. Mais précisément que l'on soumette les ports au régime de la souveraineté et que l'on en suspende les effets en ce qui concerne les droits de justice, voilà bien pour nous la meilleure preuve que ces droits de justice reposent sur une base autre que celle de la souveraineté, indiquée au surplus très nettement dans l'avis précité.

Le Conseil d'Etat considérait qu'un vaisseau neutre ne peut être indéfiniment considéré comme lieu neutre et que la protection qui est accordée dans les ports français ne saurait

[1] V. *supra*, p. 12.

dessaisir la juridiction territoriale pour *tout ce qui touche aux intérêts de l'Etat...*

C'est, par conséquent, un intérêt de protection pur et simple qui explique les droits de justice.

Toujours d'après le même avis, la justice française ne peut intervenir que dans deux cas. Lorsque le délit est commis à bord du navire par un membre de l'équipage *envers des personnes étrangères à l'équipage* et si la tranquillité du port était troublée [1].

Il y a dans ces deux cas un intérêt public engagé.

Et nous en concluons que les droits de justice du souverain sur les bâtiments qui se trouvent dans ses ports sont uniquement basés sur un intérêt de sécurité de ses habitants et de son territoire.

Appliquons également cette formule à la mer littorale et nous pouvons faire nôtre la formule de Bluntschli : « Les navires qui se bornent à longer les côtes d'un Etat dans la partie de la mer qui fait partie du territoire de ce dernier, sont soumis à la souveraineté de l'Etat *en ce sens* qu'ils doivent respecter les ordonnances militaires ou de police prises pour la sûreté de son territoire ou de la population côtière » [2].

C'est ce qu'avait excellemment dit — lors de la *Franconia case* — l'arrêt de la Haute Cour anglaise (Court for crown reserved cases) : « La souveraineté ne s'étend sur les hautes

(1) L'institut de droit international, dans l'art. 5 de son règlement, s'est rangé à ce système. — « Les crimes et délits commis à bord de navires étrangers de passage » dans la mer territoriale par des personnes ou des choses à bord de ces mêmes » navires sont en dehors de la juridiction de l'État riverain *à moins qu'ils n'im-* » *pliquent une violation des droits ou des intérêts de l'Etat riverain ou de ses* » *ressortissants ne faisant pas partie de l'équipage ou des passagers* ». *Annuaire*, XIII, p. 329. — Cpr. art. 28 sur le régime légal des navires et de leurs équipages dans les ports étrangers (session de Venise, 1897). *Annuaire*, XVI, p. 239.

(2) *Op. cit.*, art. 322 et note.

eaux jusqu'à la distance de 3 milles qu'uniquement *en vue de deux objets déterminés : pour la défense et la sécurité du territoire* » (1).

Enfin l'on a soutenu que le caractère de neutralité reconnu aux eaux littorales par le droit des gens ne peut s'expliquer que par une idée de souveraineté (2).

C'est là, à notre avis, une erreur. Là où l'Etat neutre a des droits, il a également des devoirs. Et le premier de ces devoirs sera d'interdire à l'un des belligérants toute opération qui peut constituer un danger pour la côte et pour ceux qui l'habitent. M. Visser le reconnaît, mais il conclut de ce que, avec le droit de sécurité, le neutre ne pourra interdire que les actes qui, en eux-mêmes, constituent un danger pour la côte, à l'impossibilité de faire découler la neutralité *qua talis* de ce droit *sui generis*.

Et il s'appuie sur M. Nuger, qui s'est montré un partisan convaincu de ce *jus generis*. Or, cet auteur ne fait allusion qu'aux actes directs d'hostilité et sur ce terrain ses paroles ne peuvent guère être contestées : « Nous disons, lisons-nous, qu'il doit en être ainsi [interdire les actes de guerre en eaux littorales], alors même qu'aucun boulet, qu'aucun obus ne risquerait d'atteindre les côtes, *car on doit moins considérer les dommages éventuels que pourrait causer le combat à l'Etat riverain que le trouble possible apporté dans les eaux où il exerce des droits incontestables et incontestés*. Aussi aurait-il le droit absolu d'agir et de repousser cette injure,

(1) On a dénié cependant à ce jugement toute portée internationale. Sir W. Harcourt a soutenu notamment à la Chambre des communes que le jugement devait être ainsi compris : le droit de poursuite existait dans la mer littorale, mais il n'y avait pas d'autorité pour l'exercer. Hansard, *Parliamentary debates*, vol. CCXLII, p. 2028. — En ce sens également Westlake, *R. D. I. L. C.*, 1878, p. 549. — *Contra* sir Bowyer (Hansard, *id.*, p. 1856).

(2) Visser, *op. cit.*, p. 118-119.

cette atteinte à ses droits par tous les moyens, même par la force » (1).

Maintenant que cette neutralité qui découle ainsi du droit de sécurité de l'Etat riverain sur la mer côtière ne puisse pas être comparée à la neutralité qui existe pour le droit de la guerre continentale, nous le reconnaissons bien volontiers. Seulement il n'y a dans les deux hypothèses que des différences de degré, nécessitées par les conditions toutes spéciales dans lesquelles sont placés les Etats maritimes. Ainsi même pour les ports, qui cependant sont soumis à un régime de souveraineté, les exigences de la vie maritime conduisent à adopter des solutions différentes de celles admises pour le droit de la guerre continentale. A plus forte raison, cela sera vrai pour la mer littorale.

D'ailleurs, nous avons une règle de conduite bien simple et bien précise.

Les droits *sui generis* qu'un Etat possède sont déterminés par les nécessités de défense de la côte. Tout ce qui portera atteinte, ou pourra éventuellement porter atteinte à la sécurité du littoral sera prohibé et seulement les actes qui auront ce caractère.

Dans notre deuxième partie, nous aurons l'occasion de faire de nombreuses et importantes applications de cette formule (notamment en matière d'équipements militaires, de ravitaillement et de séjour).

A ce point de vue une distinction entre les ports et rades d'une part, la mer littorale de l'autre s'impose.

Pour apprécier la légalité d'un acte, il faut considérer le lieu où cet acte est commis. Cette opinion est partagée dans une très intéressante note par M. Lefur (à propos de l'explo-

(1) *Op. cit.*, p. 372-373.

sion du « Maine » dans le port de la Havane, et qui fut le prétexte de la guerre hispano-américaine), mais seulement pour le sol que couvre la mer ([1]). Cependant nous croyons que l'honorable professeur ne refusera pas son approbation lorsque nous étendrons la distinction du sol marin à la mer, qui se trouve dans la relation d'accessoire à principal. La mer ne donne-t-elle pas en effet sa nature juridique au sol qu'elle couvre ?

Enfin la théorie de la juridiction permet une réfutation définitive de toutes les conséquences qu'ont tirées les partisans de la souveraineté en faveur de nous ne savons quel impérialisme maritime.

Ainsi, si nous protestons contre la théorie anglaise des « King's chambers » ce n'est point, comme le font les partisans de la souveraineté, parce que ce système qui permet de faire tomber sous l'empire de la loi anglaise les golfes de toute étendue, s'ils sont entièrement compris dans des terres anglaises, nous semble être l'extension exorbitante d'un principe exact, mais bien parce que nous rejetons le principe lui-même.

Si en effet l'on admet ce principe de la souveraineté, le fameux Territorial Water Act anglais du 16 août 1878, qui assimile complètement la mer au territoire, paraît parfaitement logique.

La seule chose qui nous paraisse arbitraire, c'est la limite d'une lieue marine depuis la côte anglaise mesurée à basse mer qui détermine la compétence des tribunaux anglais sur les navires de toute nationalité naviguant en dedans de cette limite. Nous ajoutons que toute autre limite nous paraîtrait non moins arbitraire.

([1]) *Rev. gén. dr. int. pub.*, 1898, p. 640, note 4.

Nous nous trouvons ainsi amenés, une fois position prise en ce qui concerne la nature du droit que l'Etat possède sur la mer littorale, à nous prononcer sur l'étendue de cette mer et sur la façon dont cette étendue sera établie.

La nécessité avait déjà obligé les peuples de l'antiquité à déterminer la zone de la mer littorale. C'est ainsi que les Grecs avaient défendu aux Perses d'approcher de leurs côtes à une distance telle qu'un cheval pourrait la parcourir en un jour ([1]).

Plus tard on prend d'autres mesures. Ainsi Cussy rapporte que dans les traités de 1685 et 1767 conclus entre la France et le Maroc, il était défendu aux navires marocains de croiser en deça de la distance de trente milles des côtes françaises ([2]).

Cependant dès 1563, Philippe II d'Espagne prit comme limite extrême de la mer territoriale l'horizon visuel. Il y a là un premier effort pour déterminer avec plus de rigueur l'étendue de cette mer. Et quoique Bynkershoek, dans un passage célèbre ([3]), ait fait une critique décisive de ce système, il fut repris au XIXe siècle par Rayneval ([4]), et Pasquale Fiore, qui est pourtant un contemporain, a gardé quelques sympathies pour l'horizon visuel, quoique ce soit dans un cas tout spécial ([5]).

M. Godey reprend à son tour ce système, qui, dit-il,

([1]) Azuni, *op. cit.*, I, p. 232.

([2]) Cussy, *op. cit.*, liv. I, tit. II, vol. I, p. 92.

([3]) ... « An enim quo longissime patet prospectus ? idque ex qualibet terra ? littore ? arce ? urbe ? an quo quis nudis oculis prospicit ? an quo refertis nuper » telescopiis ? an quo vulgus ? an quo qui cernit acutus. Sane non quo acutissimi, » apud veteres enim memorantur qui ex Sicilia Carthaginem usque viderant. » Fluctuant ergo etiam haec in incerto » (*De dominio maris*, cap. II).

([4]) *Institution du droit de la nature et des gens*, liv. II, chap. X, § 10.

([5]) *Traité de droit pénal international* (p. 516). En matière pénale il étend la juridiction « sur les parties de la mer, contiguës au rivage, *sur lesquelles il serait possible de discerner de la plage les faits délictueux* de façon à pouvoir en témoigner ».

« présenterait l'avantage très appréciable d'offrir une base à la pratique définitive et rationnelle » ([1]).

Quoique nous pensions avec lui qu'il serait très possible de déterminer par certaines expériences la portée moyenne extrême de la vue humaine ([2]), nous rejetons ce système précisément parce qu'il serait définitif, et que fixé une fois pour toutes, il aurait le très grand inconvénient de ne plus répondre à la nature même du droit que nous reconnaissons à l'Etat sur sa mer côtière.

Avant d'exposer notre système pour établir l'étendue de la mer littorale, il est donc nécessaire que nous disions quelques mots de la grande querelle qui divise en deux camps le monde juridique sur la nécessité d'une mesure que certains veulent invariable, que d'autres demandent au contraire capable de s'adapter aux exigences de la vie pratique.

C'est le grand Bynkershoek qui, le premier, dans son « *De dominio maris* » (cap. 2), a défendu ce dernier système.

Observant que la nature du droit que l'Etat riverain possédait sur la mer adjacente à ses côtes était semblable à celle qu'il possédait sur son territoire ([3]), et que la domination sur la mer n'était assurée que par les armes, il en a conclu que l'Etat aurait un droit de souveraineté sur cette mer aussi loin que s'étendrait la domination par l'arme la plus puissante

([1]) Godey, *Régime intern. de la mer territoriale,* th. Caen, 1896, p. 21.

([2]) Voici comment M. Godey (*op. cit.*, p. 21) espère établir la portée moyenne extrême de la vue humaine : « Il suffirait... de faire en un endroit absolument plan, » en pleine mer, un certain nombre d'observations dans des conditions bien » arrêtées de saison, d'heure, de pureté d'atmosphère, de couleur et de dimension » de navires. On arriverait ainsi à noter à quelle distance il est possible, pour un » observateur doué d'une vue normale et d'une acuité visuelle moyenne, placé sur » le pont d'un navire à une certaine hauteur au-dessus de l'eau, de distinguer au » large à l'œil nu un autre navire de même dimension, d'une façon assez distincte » pour permettre d'en reconnaître nettement les divers détails ».

([3]) Grotius avait déjà exprimé une opinion semblable (*De jure belli ac pacis,* ib. II, cap. 3, § 13).

qu'il possède : le canon. « *Ubi finitur armorum vis* », là finit également la *potestas terrae*.

De là cette formule : « *Quare omnino videtur rectem, eo potestatem terrae extendi quousque tormenta exploduntur* ».

Rarement, ainsi que l'observe M. Visser, norme juridique fut plus unanimement admise et en théorie et en pratique. Bynkershoek cite déjà un placard (plakkaat) des Provinces-Unies de 1571 où cette mesure détermine la limite en dedans de laquelle le souverain peut exiger des saluts d'usage.

Et M. Barclay, dans son rapport à l'Institut de Droit [1], cite un passage d'une édition de 1688 de Molloy où on lit semblable opinion. « But if any of the king of Englands ships » shall enter into the harbour of any foreign prince or » State or into the road *within shot of cannon* of some fort or » castle... »

La même frontière de la mer littorale est établie par les règlements de Toscane (1778), de Gênes (1779), de Venise (1779) [2] et dans de nombreux traités (entre la Russie et les Deux-Siciles (1794), la Grande-Bretagne et les Etats-Unis), dans les traités conclus par la France [3] avec l'Angleterre (1786), avec la Russie (1787), avec la Tunisie (1795).

On le conçoit aisément, la portée du canon n'a pas manqué de varier, aussi Ortolan précise-t-il avec raison la formule de Bynkershoek ; pour lui, l'étendue de la mer territoriale est déterminée par la plus forte portée du canon selon les progrès communs de l'art à chaque époque [4].

Que ces variations de ballistique aient des inconvénients, c'est l'évidence même. Mais comme il arrive souvent, on a

(1) *Annuaire,* XII, p. 106.

(2) De Cussy, *op. cit.*, Liv. I, tit. II, § 40.

(3) De Cussy, *ibid.*, et Nuger, *op. cit.*, p. 177.

(4) Ortolan, *op. cit.*, I, p. 158.

exagéré ces inconvénients et on a oublié les avantages que présentaient même ces variations.

De là tendance à remplacer la plus forte portée du canon par une mesure fixe. La première trace que nous en trouvions, c'est une dépêche de Jefferson à l'ambassadeur d'Angleterre qui nous la fournit, où l'éminent homme d'Etat dit que « the limit *of one sea league from shore* is provisonally adopted as that of the territorial sea of the United-States » (1).

Il faut remarquer qu'une « sea league ou mille marin est un peu supérieure à une marine league » ou lieue marine qui compte 5.555 5/9 m., et qu'à l'époque où l'on substitua cette mille marine à la portée du canon il n'y avait pas grand inconvénient à le faire, puisqu'une mille marine mesurait assez exactement la plus forte portée des pièces de l'époque. Mais il en est tout autrement aujourd'hui où nos Schneiders ou Krupps modernes portent jusqu'à 8 ou 10 milles. Voilà pourquoi Phillimore commet une erreur lorsqu'il continue à dire une mille marine comme synonyme de la portée du canon (2). Il n'est pas le seul à faire cette erreur et Wheaton (3), Halleck (4), Calvo (5), Ferguson (6) commettent la même confusion.

Les écrivains qui l'évitent substituent cependant à l'ancienne règle de Bynkershoek, la loi des 3 milles. Ainsi Lemoine prend comme règle la distance des 3 milles et n'admet exceptionnellement la portée du canon qu'au cas où elle est expressément stipulée (7).

(1) Cité par Wheaton, *op. cit.*, I, p. 100.
(2) *Op. cit.*, I, p. 274.
(3) *Op. cit.*, p. 237.
(4) *Op. cit.*, p. 130.
(5) *Op. cit.*, I, p. 349.
(6) *Op. cit.*, I, p. 399.
(7) *Op. cit.*, p. 23.

Aussi trouve-t-on dans les conventions et lois contemporaines cette règle de 3 milles (1).

Et ne faut-il pas s'étonner si l'Institut de droit, dans sa session de La Haye, a suivi le mouvement général ?

Dans son art. 2, il stipule en effet que : « La mer territoriale s'étend à 6 milles marins (60 au degré de latitude) de la laisse de basse marée par toute l'étendue des côtes ».

Mais qu'on le remarque, il résulte nettement des considérants du règlement que c'est là la zone de mer nécessaire pour la protection de pêche littorale. En ce qui concerne la zone de neutralité qui nous intéresse plus spécialement, l'art. 4 reconnaît à l'état riverain neutre « *le droit de fixer* » *par la déclaration de neutralité ou par modification spéciale* » *la zone neutre au delà de 6 milles jusqu'à la portée du* » *canon* ».

Par conséquent, pour la zone neutre, on revient au système de Bynkershoek.

C'est surtout grâce aux efforts d'Harburger, Desjardins et Kleen que l'on a pu écarter la mesure fixe (2).

Il y a eu cependant un grand mouvement en faveur de cette mesure. Et, chose étonnante, ceux-là mêmes comme MM. de Martens et den Beer Poortugael qui proclament que « le seul principe vrai est celui de Bynkershoek », détruisent ensuite toute la portée pratique de cette affirmation en

(1) Convention entre l'Angleterre et les Etats-Unis (1818); entre la France et l'Angleterre (1839). Convention de La Haye du 6 mai 1882 (art. 2). — Cf. décret du 12 juin 1896 qui adopte la limite de 3 milles pour les conditions d'admission et de séjour des bâtiments français et autres dans les mouillages et ports du littoral, maintenu dans le décret du 17 mars 1902 (*J. off.*, 20 mars 1902, p. 2066). Voyez également art. 4 du traité de Constantinople du 29 octobre 1888 qui interdit toute opération de guerre dans le canal et ses ports d'accès *ainsi que dans un rayon de 3 milles*.

(2) *Annuaire*, XIII, p. 282 et s.

demandant à l'Institut, c'est l'expression même de M. de Martens, de le fixer d'une « façon précise » [1].

La principale raison que les partisans de la mesure uniforme mettent en avant ne manque pas, nous sommes le premier à le reconnaître, de poids. Ainsi que l'a déclaré M. den Beer Poortugael, la mesure de la portée du canon aura, étant donné la perfectibilité de nos pièces modernes, pour conséquence un élargissement proportionnel de la mer littorale. D'où responsabilité plus grande pour le neutre, qui verra le champ d'application de ses devoirs de neutre accroître dans les mêmes proportions.

Ce reproche est sérieux; cependant, nous croyons qu'il disparaîtra si l'on considère, avec nous, que les devoirs des neutres se bornent à la prohibition des actes directs d'hostilité. Sans doute, il est impossible de s'arrêter là, si l'on admet un droit de souveraineté sur la mer littorale, mais pour nous qui rejetons ce système, cette limitation s'impose puisque nous reconnaissons à l'État riverain des droits dans la mesure seulement nécessaire pour la sécurité de la côte.

Pour ces actes directs d'hostilité, la surveillance des eaux neutres est fort possible, il suffira de surveiller le mouvement des flottes ennemies dans le cas où elles pourraient se rencontrer, dans des cas tout à fait exceptionnels par conséquent.

Cette surveillance aujourd'hui est d'autant plus facile que les moyens de communications sont plus perfectionnés, sans compter les informations de la presse qui peuvent, à la condition d'être contrôlées, servir comme de véritables espions au service de celui qui sait les utiliser.

[1] Cependant dans l'arbitrage du « Costa-Rica Packet » l'éminent jurisconsulte se montre partisan de la portée du canon pur et simple... « Considérant que le » droit de souveraineté de l'Etat sur la mer territoriale est déterminé par la por- » tée du canon à partir de la laisse de basse mer... ». *Recueil de traités et convention conclus par le royaume des Pays-Bas,* 1897, XIII, n. 850.

Nous estimons que ces variations de la balistique qui auront pour effet un agrandissement de la mer littorale, verront les inconvénients qui en résultent largement balancés par les avantages qu'elles entraînent, et qui peuvent se résumer d'un mot : par l'obligation de substituer à la théorie de la souveraineté de la mer littorale, la théorie du droit de sécurité, plus en harmonie avec la réalité, et avec les exigences de la vie moderne.

L'adoption de cette théorie entraînera avec elle la nécessité de renverser les facteurs qui entrent en jeu pour établir l'étendue de la mer territoriale.

Dans l'ancien système on disait : la mer territoriale s'étend jusqu'au point où elle peut être défendue « d'une manière absolue et permanente ».

C'était exact, mais c'était incomplet.

M. den Beer Poortugael s'en était aperçu et dans une très intéressante note dont fait état M. Barclay dans son rapport à l'Institut de droit sur la question [1], il proposa la correction suivante : La mer territoriale s'étend jusqu'au point où elle peut être défendue « d'une manière absolue et permanente, *jusqu'au point par conséquent où les boulets pourraient couler les cuirassés* ».

Mais ce système — qui a la logique pour lui — aurait le très grand inconvénient dont M. den Beer Poortugael est lui-même très pénétré d'augmenter encore les variations de la ligne de respect. Ce ne seraient pas seulement les progrès de la balistique qui influeraient sur l'étendue de la mer territoriale, mais encore l'épaisseur des cuirassés.

Loin de simplifier le problème, il serait encore compliqué de toutes les difficultés qu'entraînerait ce nouvel élément.

(1) *Annuaire*, XIII, p. 128.

Pourtant les déductions sont bien établies, ce qui nous paraît vicieux c'est le point de départ.

La mer littorale n'est pas un territoire — c'est une bande d'océan soustraite aux actes d'hostilités dans l'intérêt de l'Etat dont il longe les côtes.

Partant de là, il nous semble :

1° Que c'est bien la portée du canon qui doit servir à mesurer cette étendue de mer. Non point le canon qui est établi sur la côte, mais celui qui se trouve à bord du bâtiment belligérant qui combat au large, puisque, comme le dit très bien M. de Lapradelle, à qui nous empruntons cette idée, « *c'est lui qui menace la côte* » [1] ;

2° Etant donnée toujours la même idée de protection côtière, la mer littorale sera mesurée par le boulet du canon tiré de ce navire et tombant en deçà de la laisse de basse mer.

Il va sans dire qu'il faudra tenir compte de la portée du tir réel et non point théorique. Il faudra d'autre part se baser sur l'artillerie navale et non sur l'artillerie côtière, beaucoup plus puissante.

Ces deux éléments atténueront l'extension inéluctable de la mer territoriale, conséquence du développement constant de la balistique.

Au point de vue neutre, nous avons montré que si cette extension pouvait paraître dangereuse lorsque l'on adopte la théorie de la souveraineté, il n'en est pas de même lorsque l'on est partisan d'un droit « *sui generis* ».

Le système proposé par le gouvernement néerlandais dans sa note collective de décembre 1895 nous paraît beaucoup plus dangereux. Il revient en effet à établir une zone neutre

[1] Art. cité, *Rev. gén. dr. intern. publ.*, 1898.

fixe et uniforme de 12 milles, soit une zone de plus de 22 kilomètres qui serait soumise au régime territorial. Nous préférons notre zone variable, parce que cette variation puisera sa raison d'être dans les intérêts des neutres, variables à leur tour en raison directe avec les moyens d'attaque dont disposent les belligérants.

Il y a enfin un argument que l'on fait valoir contre une mer littorale étendue ; l'intérêt des belligérants.... « l'espace de mer laissé libre pour l'évolution de leur flotte dans nos mers resserrées d'Europe se trouverait brusquement restreint hors de toute nécessité [?] et presque à leur insu les chefs d'escadre seraient amenés à violer une zone de neutralité si difficile à respecter » [1].

Nous ne sommes pas de ceux qui font fi des intérêts des belligérants. Tant que la guerre restera un mode légal de solution des litiges internationaux, il appartient au droit international d'assurer l'exercice de ce mode aux intéressés.

Mais en face des intérêts belligérants, il y a les intérêts neutres. Ceux-ci ne doivent-ils pas l'emporter sur ceux-là? La situation est très simple. Par suite de l'évolution naturelle du droit, l'on se trouve amené à restreindre un champ d'opérations militaires. Faut-il arrêter ce mouvement sous prétexte qu'il porte atteinte à l'activité collective de certains? Activité dirigée d'ailleurs dans une direction toute spéciale. Evidemment non. Si par ses limitations successives le droit de la guerre se trouve lentement réduit, il n'y aura pas lieu de s'en plaindre, bien au contraire.

Toute la question revient à savoir si ces limitations sont conformes au droit — et cela nous le croyons.

§ 7. Le régime des détroits a une importance capitale,

[1] Godey, *op. cit.*, p. 25.

c'est de la solution que l'on donnera à la question de savoir s'ils seront libres ou non que dépendra la liberté des mers qu'elles mettent en communication. Quand bien même, dit Ortolan, le détroit de Gibraltar, par exemple, serait assez resserré pour qu'un bâtiment ne pût y louvoyer, ce détroit n'en serait pas moins libre parce que la Méditerranée, quoique mer particulière, est aussi libre que l'immense Océan [1].

Aujourd'hui, cette liberté longtemps méconnue n'est plus guère contestée, sauf peut-être par quelques auteurs anglais. Dans l'exposé des motifs du Juridiction Act de 1878, le lord chancelier déclare en termes très nets que le passage du détroit du Pas-de-Calais opéré en face de Douvres (et c'est là que passe la très grande partie du trafic) était une concession faite par le gouvernement britannique aux navires étrangers [2].

Mais la doctrine continentale reconnaît avec Pradier-Fodéré « la formule mer libre, détroit libre, mer commune à tous les peuples, détroit commun à tous les peuples » [3].

Cette formule s'appliquant aux détroits qui mettent en communication des mers non enclavées dans le territoire d'un seul Etat, ces mers tombent sous « la souveraineté absolue du pays dont elles baignent la côte », les autres doivent « rester absolument libres » [4].

Comment concilier cette liberté absolue avec le régime juridique de la mer dont les détroits évidemment sont une forme?

Dans notre système, où nous ne reconnaissons à l'état riverain qu'un droit de défense sur la mer, cette conciliation est fort

(1) Ortolan, *op. cit.*, I, p. 146.
(2) Godey, *op. cit.*, p. 33.
(3) *Op. cit.*, II, §§ 651-652.
(4) Calvo, *op. cit.*, I, p. 340.

possible et garantit tous les intérêts en présence, ceux des riverains comme ceux des autres peuples.

Mais peut-on en dire autant du système de l'Institut de droit international? Dans son art. 10, la docte compagnie reconnait aux détroits le caractère de mer territoriale et les soumet, par conséquent, au même régime juridique. Cela n'est-il pas sans certains inconvénients?

L'Angleterre, qui affirme par la bouche autorisée de Phillimore, l' « *exclusive right* of the british crown » sur le canal de Bristol a un terrain très solide (bien entendu si l'on admet l'étendue de mer territoriale que suppose semblable solution).

Mais logiquement n'est-on pas beaucoup plus en droit, une fois posé le principe de la souveraineté de l'Etat sur les détroits, de poser cette affirmation plutôt que de déroger à la règle de souveraineté en matière de détroits lorsqu'il s'agit de détroits qui servent de passage d'une mer libre à une autre mer libre? C'est cependant ce que fait l'Institut (art. 10-3, session de Paris, 1894) (1).

Il est vrai que l'art. 4 porte que « le régime des détroits actuellement soumis à des conventions ou usages spéciaux demeure réservé » (2).

Mais on procède ainsi par voie d'exception.

La règle restera la souveraineté sur un passage indispen-

(1) *Annuaire*, XIII, p. 330.

(2) Comme exemples on peut citer :

α. Traité du 14 juin 1857, conclu entre le Danemark et un grand nombre de puissances maritimes, réglementant la liberté de la navigation dans les détroits de la Baltique;

β. Traité de Berlin, du 13 juillet 1878, réglementant la question des Dardanelles;

γ. Régime de neutralisation du détroit de Magellan par traité conclu entre la République Argentine et le Chili (traité du 23 juillet 1881).

sable à la navigation internationale, reconnu à l'Etat riverain, et c'est là le danger.

Nous ne dirons que quelques mots des canaux : le problème est plutôt du domaine territorial de l'Etat possesseur que de la mer territoriale. Aussi l'Institut de droit international a-t-il cru devoir écarter la question.

Mais comme leur fonction économique est analogue à celle des détroits et que, d'autre part, en cas de guerre, les bâtiments belligérants peuvent être amenés à en demander le passage, nous croyons devoir très brièvement indiquer le régime de ces passages.

Il faut distinguer les « canaux-rivières » et les « canaux-détroits ». Les premiers sont ceux qui ont été creusés sans que la souveraineté territoriale ait consenti aucune concession. Comme exemples, nous pouvons citer les canaux de Kiel, de Manchester et de Corinthe.

Les « canaux-détroits », au contraire, ont exigé « de la part de l'Etat territorial renonciation à tout ou à partie de ses droits souverains » (1) : l'exemple type d'un semblable canal est le canal de Suez (Convention de Constantinople du 29 octobre 1888).

En dehors de tout traité, il conviendra donc de considérer les canaux comme de véritables rivières échappant à toute action internationale.

Le contraire a été parfois soutenu, mais à tort, croyons-nous (2).

(1) Godey, *op. cit.*, p. 37.

(2) Fournier de Flaix, *Indépendance de l'Egypte et régime international du canal de Suez.*

CHAPITRE II

Fondement juridique de la neutralité.

SECTION PREMIÈRE

LA PAIX EST L'ÉTAT NORMAL, LA GUERRE L'EXCEPTION

§ 1. L'évolution de la neutralité jusqu'à ce jour peut se résumer dans l'effort pour la dégager de cette idée que la paix est l'état anormal et la guerre la situation régulière. Cette théorie, qui considère la neutralité comme un état exceptionnel, est encore défendue de nos jours par Lorimer. « La nécessité seule justifie la neutralité et seulement lorsque l'intervention est juridiquement impossible » [1].

Et comme Bluntschli lui objecte que le droit international a pour objet de garantir la paix, en restreignant de plus en plus la guerre, Lorimer répond que le but du droit international est non d'ignorer la guerre mais d'en faire disparaître la cause ; il faut provoquer non la solution la plus rapide et la moins coûteuse, mais la solution la plus complète, et partant la plus durable. Ce serait somme toute revenir au point de départ à l'époque où la neutralité était un état accidentel et subjectif. C'est une évolution en spirale qu'aurait accompli ici la neutralité, et nous reconnaissons que c'est là une évolution toute scientifique, dont l'histoire nous offre de nom-

[1] Lorimer, *op. cit.*, p. 233.

breux exemples. C'est le crédit contemporain qui nous ramène au troc, c'est le referendum qui ressuscite l'agora antique, enfin la nation armée qui ressemble infiniment à la forme de défense nationale qui précédait l'institution des armées permanentes.

Appliquée au droit international, cette théorie nous paraît singulièrement dangereuse. Il faudrait d'abord éliminer toutes les causes de guerre provenant « d'injustices obscures qui, héritages de plusieurs siècles, ont créé par l'usucapion ou par une possession qui est censée valoir titre, des droits factices mais reçus et admis par l'opinion ». Puis en supposant connu là où est le droit là où est l'injustice, il faudrait encore que les Etats devinssent désintéressés au point de résister à la tentation de transformer ce droit à l'intervention en droit à la force pur et simple.

De plus, au point de vue juridique, le système est inacceptable. C'est une des applications de cette idée que la conduite des collectivités politiques doit être soumise aux règles qui gouvernent la conduite des individus. Et cela nous le rejetons. Il y a entre la vie juridique des particuliers (personnes physiques ou morales) et la vie des collectivités, cette différence que les premiers relèvent d'une autorité supérieure, contrôle qui fait défaut par définition dans le droit international où chaque collectivité souveraine ne relève que d'elle-même [1]. C'est pour avoir méconnu ce principe que la

[1] Cela est vrai même en droit administratif, où la confusion entre la situation particulière et la situation collective a créée la théorie de la personnalité privée de l'Etat, qui, issue de la féodalité, paraît survivre aux causes qui l'ont produite et qui ont disparu depuis longtemps.

Certaines législations — notamment la législation allemande — tendent, en vertu de cette idée, à fondre dans le droit civil toute opération pécuniaire de l'Etat (voir V.-G. Meyer, *Lehrbuch des deutschen Staatsrecht,* § 149, cependant contre Otto Mayer, *Deutsches Verwaltungsrecht*, 1895, 2e vol., p. 359).

Cette absorption de la personnalité publique dans la personnalité privée nous

pentarchie est l'exemple le plus frappant de la négation de toute idée de droit international et pourtant l'inspiration qui la fit naître n'était pas, croyons nous, le besoin brutal de briser tout ce qui s'opposerait au rétablissement d'une réaction étroite et personnelle, mais bien plutôt celui de trouver un principe directeur en matière de politique, qui, prenant sa source dans le christianisme, ne pouvait point être soupçonné de répondre aux intérêts nationaux d'un seul Etat.

La proposition doit donc être renversée et au lieu de dire la guerre est le droit commun, on doit la considérer comme étant le droit exceptionnel.

Mais cette notion est toute récente et point n'est besoin de remonter très haut dans l'histoire pour découvrir que la neutralité est considérée comme un aveu de faiblesse et non comme l'expression d'une force qui se réserve.

§ 2. La difficulté de dégager la base juridique de la neutralité provient de là. On fait dériver la neutralité du droit de la guerre lui-même. Le système se présente sous deux formes : la première, c'est celle de la nécessité ; la seconde, celle du renforcement.

§ 3. La théorie de la nécessité se ramène à reconnaître que

paraît reposer sur une conception inexacte du rôle social que les collectivités, dès qu'elles possèdent une partie de la puissance publique (à plus forte raison lorsqu'elles possèdent la souveraineté), sont appelées à remplir. Ayant à satisfaire des besoins collectifs, il est singulier de leur donner, pour atteindre ce but, une personnalité privée. Cela conduit à reconstituer un « fisc » au sens romain du terme, et la doctrine allemande le fait très certainement, notamment par la loi du 31 mars 1873, qui, très logiquement, consacre la compétence des tribunaux civils pour les marchés de fournitures, pour les marchés de travaux, pour connaître des dommages causés par les travaux jusqu'aux demandes de pension formées par des fonctionnaires fédéraux. Et cette même personnalité civile se trouve avoir des droits comme ceux qui caractérisent les contrats de marchés de fournitures ou des travaux publics, qui dépassent et de beaucoup les droits attachés à la personnalité civile. — Comme on l'a écrit énergiquement : « cet accouplement du privé et du public est contre nature ».

le belligérant n'a le droit d'imposer ses lois que dans la mesure où cela est nécessaire pour ses intérêts de belligérant.

Le neutre s'abstient, mais comme il n'a pas la force, précisément parce que la neutralité est un état accidentel et anormal, il ne peut imposer au belligérant le respect de cette abstention.

Aussi la violation de cette neutralité est érigée en droit. Il paraît inadmissible qu'un tiers pourrait gêner des opérations de guerre. « Seule la nécessité fait exception à toutes les lois humaines et divines ».

Mais voici qu'intervient un nouveau facteur. Une théorie apparaît qui prend le contre-pied de la précédente et affirme que la paix étant la situation normale, les relations de neutralité doivent être « la continuation exacte de l'Etat pacifique ». Avant d'être énoncée avec cette netteté par Azuni, on trouve déjà des traces, dans la doctrine, d'un certain flottement. Klüber, notamment, va jusqu'à croire que le belligérant sera tenu de réparer les dommages causés par l'exercice du droit de nécessité. Or, on l'a fait remarquer avec raison, « ce devoir de réparation est incompréhensible dans l'hypothèse où le belligérant exerce un droit, il ne pourrait apparaître que dans le cas où il se rendrait coupable d'un délit ou d'un quasi-délit » (1).

§ 4. C'est un nouveau système qui paraît et qui correspond à un développement toujours plus important de la puissance des neutres, dont tout le droit se trouve constitué par les concessions arrachées morceau par morceau aux belligérants. On rejette la théorie de la nécessité — et c'est là un pas dont on ne saurait exagérer l'importance — sauf si le neutre

(1) Cf. Thonier, *De la notion de contrebande de guerre*, th. Bordeaux, 1904, p. 44.

« augmente les forces de l'un ou de l'autre des belligérants ». Mais cette théorie dont Geffcken s'est fait le très brillant défenseur, est viciée par la même erreur : on croit la neutralité une concession gracieuse du belligérant, alors qu'en réalité elle est une conséquence directe de la souveraineté de l'Etat non impliqué dans la lutte.

La théorie du renforcement revient en effet au système de la nécessité, puisque ce seront les belligérants qui seront seuls juges de savoir si tel acte est ou n'est pas un accroissement de force pour son adversaire. Très facilement, il se décidera pour l'affirmative et nous croyons, avec M. Descamps, qu' « admettre cette théorie ce serait condamner les neutres à l'immobilité ».

Le fondement de la neutralité se découvre peu à peu comme une terre nouvelle que la mer abandonne lentement.

§ 5. Avec Azuni dont nous avons cité le mot [1] et plus tard Hautefeuille, on renverse les propositions admises et partant d'une assimilation, un peu trop simple à notre gré, des situations juridiques des particuliers à celles des collectivités, on considère le neutre comme étant à peu près dans la situation d'un tiers à un différend entre particuliers et on applique aux relations internationales la règle du droit privé : *Res inter alios acta*.

De là la définition d'Azuni, de là celle de Heffter qui ne s'en éloigne guère : « La neutralité c'est la continuation impartiale de l'état pacifique » [2].

Si séduisantes que soient ces différentes formules, elles nous paraissent plutôt l'exagération d'une vérité que la vérité même.

[1] Cf. *supra*.
[2] *Op. cit.*, § 144.

La neutralité, à nos yeux, n'est ni « la continuation exacte » ni « la continuation impartiale » de l'état pacifique.

§ 6. A l'heure actuelle, la solidarité internationale est à ce point développée que toute lutte a une répercussion et directe et indirecte sur ceux-là mêmes qui ne prennent pas parti dans le conflit. C'est ce qui a fait dire à M. Hay, dans sa circulaire du 21 octobre 1904 : « le neutre est quelque chose de plus qu'un spectateur ».

Le mot mérite d'être souligné : Il faut prendre garde qu'après avoir entraîné le neutre malgré lui pendant des siècles et des siècles dans la lutte, on ne le repousse pas à l'heure actuelle, à la suite d'un mouvement doctrinal qui pourrait avoir de graves conséquences, à l'écart en affirmant que pour le neutre rien n'est changé, alors que tout est changé autour de lui, au cas de conflit.

§ 7. On peut dire de l'Etat moderne, ce que Rousseau disait du commerce, qu'on le fait crier à Paris en le touchant aux Indes. Les complications des échanges sont telles aujourd'hui, que la perturbation dans les affaires survenues à un point du monde s'étend de proche en proche à l'univers entier comme ces ondes concentriques que produit un corps pesant qui tombe dans l'eau.

La répercussion directe nous paraît non moins évidente.

§ 8. Les belligérants ont des devoirs envers les neutres, devoirs qui se résument ainsi : ils ne peuvent faire supporter les conséquences directes de la guerre aux neutres. C'est-à-dire qu'ils doivent s'abstenir contre eux de tout acte direct d'hostilité. Qu'indirectement les neutres puissent souffrir de ces actes, et qu'à ce point de vue il y ait une modification à

(1) « A notre époque, la guerre ne peut être conduite sans toucher à des intérêts vitaux des Etats neutres ». Barclay, *De la responsabilité des Etats neutres relativement aux actes de leurs citoyens*, *R. D. I. L. C.*, 1901, p. 625.

leur situation antérieure, cela nous venons de le signaler en parlant de la répercussion indirecte des effets de la guerre sur la paix. Mais cette répercussion indirecte ne constitue qu'un état de fait sans influence sur la situation juridique.

Il en est tout autrement de la répercussion directe.

Du moment qu'il y a apparition de devoirs des belligérants envers les neutres, les devoirs des neutres envers les belligérants se trouvent constitués. Il y a quelque chose de changé dans les relations internationales, et l'on se trouve en présence d'une situation juridique nouvelle qui n'est pas plus une modalité du droit de la paix qu' « une annexe du droit de la guerre » (Descamps).

§ 9. Ce premier point a été admirablement mis en lumière par l'éminent sénateur belge, M. Descamps. « La neutralité, écrit-il, n'est point la paix pure et simple, mais la gestion, en cas de guerre particulière, des droits et des intérêts de la paix tant du côté des belligérants que des peuples pacifiques proprement dits » [1].

Cependant ailleurs la portée de cette affirmation se trouve un peu diminuée lorsque M. Descamps indique en quoi cette gestion qu'il désigne sous l'expression de pacigérat, diffère de la paix « pure et simple ».

..... « Elle [la notion de pacigérat] caractérise par son trait fondamental le régime régulateur de ses rapports *qui est un régime de paix réciproque spécialisée seulement par son champ d'application*, et par les conséquences légitimes que peut produire entre puissances également indépendantes et demeurées amies l'engagement de l'une des parties dans une lutte armée avec d'autres puissances » [2].

(1) *Le droit de la paix et de la guerre*, p. 188, et *Rev. gén. dr. int. publ.*, *Le pacigérat ou régime juridique de la paix en temps de guerre*, 1900, p. 646.

(2) *Rev. gén. dr. intern. publ.*, 1900, art. cit., p. 652.

« Nous serions assez disposés à conclure de là que l'écrivain a voulu faire entre la « paix pure et simple » et le pacigérat une différence de degrés, en ce sens que l'une de ces situations implique un champ d'application plus étendu que l'autre, spécialisée « aux conséquences légitimes que peut produire entre puissances également indépendantes et demeurées amies, l'engagement de l'une des parties dans une lutte armée avec d'autres puissances ».

Et si l'on se place alors à ce point de vue, on peut comprendre la portée de certaines remarques comme celles-ci : « les neutres n'ont pas à prendre position, ils sont en position », ou bien encore « l'irruption d'une guerre partielle dans la société pacifique des nations créerait d'abord des devoirs aux belligérants envers les neutres » (1).

Cela revient toujours à cette idée, il n'y a pas de différence de nature entre le pacigérat et la paix (2).

Historiquement, cette conception s'explique très facilement. Elle est une réaction contre les théories de nécessité ou du renforcement qui subordonnaient la neutralité au droit de la guerre.

Cependant ce système ne nous paraît pas exact. Pour nous, la neutralité est une situation de droit autonome régie par des principes qui lui sont propres. Sans doute, ces principes seront tantôt empruntés au droit de la paix, tantôt au droit

(1) *Rev. gén. dr. intern. publ.*, 1900, art. cit., p. 644.

(2) Il semble bien que l'Institut de droit s'est rallié à cette façon de voir, dans la session de Gand (sept. 1906), encore qu'il doive être tenu compte de l'observation de M. Rolin (*R. D. I.*, 1906, VIII, p. 189). « Il ne faut, dit-il, attribuer aux résolutions que la valeur d'indication pour l'élaboration d'un projet de règlement beaucoup moins détaillé *et plus conforme aux vues de l'assemblée* ». Voici maintenant la résolution. — I. L'Etat de neutralité est la situation des nations qui pendant que d'autres se font la guerre *demeurent en paix* avec chacun des belligérants (*R. D. I.*, VIII, 1906, p. 589).

de la guerre, mais comme leurs combinaisons donneront lieu à la création d'un droit original, on ne pourra pas plus s'en prévaloir pour faire retomber la neutralité sous la dépendance du droit de la guerre ou de la paix, qu'en chimie on ne peut être autorisé à déclarer que l'eau est de l'hydrogène ou de l'oxygène sous prétexte qu'elle est composée de ces deux gaz.

Voilà pourquoi nous hésitons à adopter, malgré toute l'autorité qui s'y attache, la définition de M. Descamps en matière de pacigérat. Sans doute elle est bien la gestion, en cas de guerre particulière, des droits et des intérêts de la paix. Mais elle ne caractérise pas suffisamment à notre gré que la guerre, sans laquelle on ne pourrait pas parler de neutralité (1), donne un caractère bien défini à cette gestion.

Nous sommes ainsi amené à dire que la neutralité est la situation juridique que l'on obtient en limitant la gestion des droits de la paix par les droits de la guerre.

Cette définition suppose admise l'existence des droits de la guerre. C'est là un point peu contestable (2).

Ceci posé, nous devons examiner maintenant, puisque toute situation juridique implique des droits et des devoirs, en quoi consistent les droits et les devoirs de la neutralité.

(1) Pour que l'on parle des neutres, il faut qu'il y ait des belligérants et il n'y a pas de neutralité en temps de paix ni entre deux parties envisagées seulement au point de vue de leurs rapports mutuels. Congrès de Berlin, discussion de l'art. X, paroles prononcées par de Courcel, 13 fév. 1888.

(2) En ce sens : Bulmerincq, *Völkerrecht*, 1884, II, § 89. — De Martens, *op. cit.*, III, p. 177 et s. — Den Beer Poortugael, *Het Oorlogsrecht*, 1900, p. 25-30. — Oppenheim, *op. cit.*, II, p. 55.

SECTION II

DEVOIRS DES NEUTRES

Nous avons eu l'occasion de dire que les belligérants avaient pour devoir de ne point faire souffrir les neutres des conséquences directes des hostilités.

De là découlent une série de droits pour le neutre.

§ 10. Celui d'être respecté dans sa souveraineté, c'est-à-dire dans son territoire et dans la faculté de donner sur ce territoire des ordres inconditionnés.

§ 11. L'inviolabilité du territoire est une des conséquences les plus intéressantes. Cette inviolabilité ne fut guère reconnue que vers la fin du XVIIIe siècle. C'est en effet à cette époque, au moment des guerres de la Révolution, que l'on reconnaît au neutre le droit de refuser un passage auquel les belligérants, jusqu'à cette époque, crurent avoir un droit à peu près absolu (1). Grotius lui-même n'avait pas hésité à le soutenir (2).

Cependant Vattel insiste avec force sur cette idée que le passage, pour être accordé, doit être « innocent », c'est-à-dire que ce passage ne soit ni une cause de dommage pour les provinces traversées, ni l'occasion et le prétexte d'y transférer la guerre (3) (*op. cit.*, §§ 123 et 129).

On rattache la neutralité à la protection du territoire tandis que avec la Révolution commence une période où le territoire est considéré comme un élément de la souveraineté qui doit être respecté en lui-même en dehors de toute idée de but (4).

(1) *Op. cit.*

(2) *Op. cit.*, lib. II, cap. II, § 13.

(3) Cette idée d'ailleurs est fort ancienne, on la trouve déjà émise par Moïse, *Livre des nombres*, XX, V. 14-21 ; XXI, 2-24.

(4) Cependant certains auteurs anglais et allemands se placent encore sur ce ter-

Sur mer les mêmes règles ont été appliquées et ont évolué dans la même direction. On distingue encore aujourd'hui en ce qui concerne la mer entre un passage innocent et un passage « belliqueux ».

Cette théorie, qui pouvait se défendre au temps où l'on écrivait : « Tous vaisseaux étrangers une fois entrés dans le domaine de Votre Majesté, devront être en sûreté et à l'abri de tout dommage, ou en cas de capture être réstitués, autrement ils n'auraient pas une protection digne de Votre Majesté » (1) ne se comprend plus lorsqu'on considère comme on le fait aujourd'hui, le territoire (maritime tout aussi bien que terrestre) comme inviolable en lui-même.

Le respect du territoire est un des devoirs des belligérants envers les neutres, le respect des manifestations de volonté des neutres sur ce territoire le complète. Dans le droit de la neutralité continentale, ces règles sont relativement reconnues et de nos jours on ne verra guère un belligérant substituer sa souveraineté à celle d'un neutre pour accomplir des actes utiles à ses combinaisons militaires (2).

Au point de vue des devoirs des neutres, la neutralité maritime ne forme pas une partie spéciale de la neutralité générale, quoiqu'il soit nécessaire de constater que si ce sont les mêmes principes leurs applications aboutissent à reconnaître des situations de droit toutes spéciales.

Mais la différence entre les droits des neutres sur mer et sur terre est réelle. Nous en concluons, malgré M. Kleen, que la neutralité maritime est bien une espèce particulière de neutralité.

rain. — Cf. Kent, *Commentary ou intern. Law,* 1878, p. 305. — Wheaton, § 8. — Twiss, § 18. — G.-F. de Martens, § 316.

(1) Wynne, *Life of sir Leoline Jenkins,* II, pp. 727, 780, cité par de Lapradelle, et *Politis, op. cit.,* p. 203.

(2) Cependant le Japon, au cours de la guerre russo-japonaise, eut une attitude bien critiquable en ce qui concerne la Corée.

Nous reconnaissons, avec l'éminent jurisconsulte, que la haute mer ne se trouvant sous la souveraineté d'aucun Etat, tandis qu'au contraire la neutralité fait partie intégrante de la souveraineté, il n'y a, sur la haute mer, de neutres que les navires portions flottantes du territoire de l'Etat, *et jouissant par conséquent de la neutralité ordinaire* (¹).

Mais précisément nous contestons que ces navires jouissent de la neutralité ordinaire de l'Etat, car si cela était exact, ni le droit de visite, ni le droit de saisie ne seraient explicables. La vérité c'est que la neutralité maritime n'est pas encore ce rapport de souverain à souverain qu'est la neutralité continentale : tant que la propriété privée ne sera pas déclarée inviolable, la guerre maritime continuera à faire une place aux relations d'Etat à particuliers, et il en sera par conséquent de même pour la neutralité. Car — et nous faisons ici appel à l'autorité de M. Kleen lui-même — le développement de la neutralité est parallèle à celui de la guerre.

« Aussitôt que Grotius a donné des lois à la guerre, les lois de la neutralité ont pris naissance et, depuis, les lois de la guerre et celles de la neutralité ont toujours dépendu les unes des autres » (²).

M. Oppenheim est d'un avis opposé au nôtre. Il reconnaît que dans certains cas déterminés (violation d'un blocus par exemple ou transport de contrebande de guerre), il y aura relation juridique entre l'Etat belligérant d'une part et particuliers neutres de l'autre, qui consistera dans le droit, pour le belligérant, de confisquer la cargaison ou bien le navire lui-même, s'il essaye de forcer le blocus ou de transporter de la marchandise réputée contrebande. Et même sans en arriver là, le belligérant met les neutres en demeure de lui obéir

(¹) *Op. cit.*, I, p. 79, note 1.
(²) *Op. cit.*, I, p. 79, note 1.

dans la mesure nécessaire pour assurer le contrôle que ses droits de belligérant ne soient point gênés par eux. Le droit de visite est l'exemple type de ce contrôle. Comment l'expliquer ?

M. Oppenheim dit que ces injonctions auxquelles les neutres sont tenus d'obéir comportent avec elles la force nécessaire pour s'imposer aux neutres, et que le droit international n'intervient pas... « the duty ob subjects of neutrals to comply with these injunctions of belligerent *is a duty imposed upon them by these very injunctions of the belligerent, and not by International Law* » (1).

Il nous semble que ce n'est pas là répondre à la question posée. Car précisément il s'agit d'expliquer comment dans les relations internationales des ordres partant d'un souverain déterminé peuvent être obligatoires pour les particuliers relevant d'une autre souveraineté, et qui par hypothèse ne se trouvent pas sur le territoire de l'Etat souverain dont ces ordres émanent. Pour nous, le fait que le droit international permet à un souverain de réglementer, ne fût-ce que dans un cercle bien déterminé et très précis, la conduite de particuliers qui relèvent, en principe, d'une autre souveraineté prouve que dans la neutralité maritime il y a, à côté de relations de souverain à souverain également rapports de souverain avec particuliers, ce qui est très compréhensible lorsque l'on considère le caractère spécial du droit de la guerre maritime, où il y a encore toujours relations de particuliers avec souverain (2).

(1) *Op. cit.*, II, p. 319.

(2) La guerre maritime deviendra véritablement relation d'Etat à Etat, « an attitude of States », comme disent les Anglais, lorsque l'inviolabilité de la propriété sur mer sera déclarée. Cela sera le cas lorsque l'on aura transféré des particuliers sur l'Etat toute responsabilité en matière de neutralité. Pour nous, cette responsabilité n'existe pour les particuliers qu'au cas de contrebande. — Lorimer (*op.*

§ 12. Nous avons ainsi très brièvement résumé la nature et la portée des devoirs des belligérants envers les neutres qui constituent des droits des neutres envers les belligérants. En ce faisant, nous nous sommes servi d'une méthode favorite des sciences exactes, nous avons supposé résolu le problème, c'est-à-dire que nous avons posé en fait que le neutre a des droits.

Nous croyons qu'il nous sera relativement aisé, maintenant que nous avons déterminé la nature de ces droits, de démontrer pourquoi le neutre a le droit de les proclamer siens.

Le droit pour nous est le bénéfice qui découle de l'exercice d'un devoir. Le devoir pour le belligérant est de respecter la souveraineté du neutre. Le neutre est, par conséquent, recevable à demander l'exécution de ce devoir.

C'est un devoir tout négatif. C'est une obligation d'abstention qui s'impose au belligérant. Cela veut-il dire que le droit du neutre s'analysera également en une abstention?

§ 13. Evidemment non, il lui sera loisible de prendre toutes mesures nécessaires pour surveiller l'exécution des devoirs dont il est le bénéficiaire.

Nous ne nous faisons pas d'illusions sur la gravité des objections que l'on nous opposera.

L'on nous dira d'abord que si par mesures de surveillance

cit., p. 272-278) a défendu un système ingénieux et hardi, on supprimerait la contrebande en déclarant libre le commerce fait par particuliers et prohibé le commerce fait par l'Etat lui-même. Nous disons que la contrebande dans ce cas sera supprimée, si l'on s'écarte de Lorimer sur l'application à faire de ce principe. L'éminent jurisconsulte veut interdire tout commerce à l'Etat neutre avec le belligérant. Cela nous semble être extrêmement rigoureux et reposer sur une base juridique extrêmement fragile. Il est bien certain que dans ce cas le délit de contrebande continuera à pouvoir se présenter, avec cette différence que le délinquant ne serait plus un particulier mais un souverain. Cependant la théorie de Lorimer nous paraît avoir l'avenir pour elle si l'on a soin de limiter l'interdiction de transport par un Etat neutre, aux objets qui ne peuvent être livrés par cet Etat.

l'on entend certaines mesures de police que prennent les Etats neutres au cas de guerre, le droit international n'est pas encause, puisque l'opportunité de ces mesures sera jugée par le souverain neutre, seul compétent en la matière, suivant les formes prescrites par le droit public national de chaque puissance.

Si, au contraire, comme c'est à notre avis la direction qu'il faut prendre, par mesures de surveillance on entend un contrôle sur les opérations militaires des belligérants on soutiendra sans doute que c'est là gêner la liberté d'action des belligérants, et qu'à l'inverse de ce qui s'est passé aux XVIIe et XVIIIe siècles, on verrait les belligérants être sous la dépendance du droit de la neutralité.

Or, il y a un principe qui jusqu'ici n'a rencontré guère qu'assentiment; c est que dans ce droit contractuel (« conflicting right », comme disent plus énergiquement encore certains auteurs américains comme Kent), il est naturel qu' « entre les intérêts contradictoires des belligérants et des neutres, la balance risque fort de pencher toujours quelque peu du côté des premiers » [1].

Et nous ne voyons pas du tout pourquoi il en serait toujours ainsi : car, s'il était exact que les moyens de faire triompher leurs volontés fussent toujours du côté des belligérants, comment expliquer les conquêtes que les neutres ont remportées de siècle en siècle sur cette force?

Au surplus, nous croyons que le droit, pour les neutres, d'exercer un contrôle sur la façon dont les belligérants exercent leurs devoirs n'entraînera nullement une gêne pour les opérations militaires. Il suffirait de charger de ce contrôle un juriste qui représenterait les intérêts neutres en face des

[1] Dupuis, *Rev. gén. dr. intern. public,* 1903, p. 542 : « La XXIe session de l'Institut de droit international et la question des câbles sous-marins ».

intérêts belligérants : durant la guerre sino-japonaise, le Japon avait chargé un de leurs jurisconsultes de suivre les opérations de guerre au point de vue juridique. Nous ignorons si, durant la guerre russo-japonaise, on a repris le précédent de 1894. Nous croyons que non, et — chose curieuse — cette guerre a été signalée par les opérations de Chemulpo et de Chefou si critiquables au point de vue international.

Si les belligérants estiment qu'il peut être utile de confier à un spécialiste l'examen des questions de droit international auxquelles — et c'est l'honneur de notre époque — on apporte une attention si minutieuse et qui surgissent à chaque instant au cours des hostilités, à plus forte raison cela est-il vrai pour les neutres qui ont un intérêt de premier ordre à pouvoir surveiller la façon dont les belligérants s'acquittent de leurs obligations, car, il importe de le répéter, les neutres ont eux aussi des intérêts vitaux à protéger.

C'est à ce même ordre d'idées qu'il faut rattacher les mesures que le neutre peut prendre pour assurer le respect de sa côte en assurant le respect de la mer territoriale. En France, cette question est réglée par le décret du 17 mars 1902 qui complète celui du 12 juin 1896 sur l'accès des navires français ou étrangers de la côte française.

A notre avis, Despagnet commet une erreur en écrivant que cette matière se rattache à la protection du pays et non à la neutralité [1]. Il eût été plus exact, croyons-nous, de dire que ce décret se rattache non pas aux devoirs des neutres, mais à leurs droits, précisément parce qu'il se rattache à la protection du territoire.

§ **14.** Nous avons fait découler les droits des neutres de cette idée fondamentale que les belligérants ne pouvaient

[1] *Op. cit.*, 3e édit., p. 809, note.

prétendre soumettre la neutralité au droit de la guerre, mais nous avons protesté non moins énergiquement contre l'affirmation de ceux qui ne veulent voir dans la neutralité que « la continuation exacte de l'état pacifique ». Nous avons protesté avec d'autant plus de force qu'il ne s'agit point d'une querelle scholastique, mais d'un point de départ qui détermine la voie dans laquelle on s'engagera [1].

C'est en s'appuyant, en effet, sur cette affirmation que les relations des belligérants avec les neutres doivent être de la même nature que celles qu'ils entretenaient avant la guerre, que toute une école allemande, d'ailleurs récente, s'est formée, qui, partant de cette idée, est arrivée à la négation de toute idée de droit que les neutres possèderaient contre les belligérants [2].

On a dit d'abord qu'il n'y avait pas, de la part des belligérants, des délits spéciaux de neutralité, ce qui prouverait qu'il n'y a pas de devoirs spéciaux, puisque toute violation d'un soi-disant droit des neutres serait une violation d'un droit qu'ils possèderaient également en temps de paix. Il n'y aurait donc pas eu violation d'un droit spécial à la situation de neutralité.

Or, comme M. Oppenheim l'a fait observer, cela est inexact [3]. Sans doute, la violation du territoire neutre, qui est une violation du droit du neutre d'être respecté dans sa souveraineté, serait également une violation du droit international, si elle avait lieu en temps de paix. Mais les deux violations se confondent si peu que dans le premier cas — au cas de violation du droit de neutralité — l'Etat victime

(1) Cf. *supra*.

(2) Heffter, *op. cit.*, § 149. — Gareis, *Institutionen des Völkerrechts*, 1901, § 88. — Heilborn, *Das system des Völkerrechts entwickelt aus dem Völkerrechtlichen Begriffen*, 1896, p. 341.

(3) *Op. cit.*, II, p. 334.

de cet outrage est tenu d'exiger une réparation, et que dans le second — au cas de violation du territoire en temps de paix — il peut le faire, mais il n'y a pas obligation.

Et pourquoi cette différence, si ce n'est que la neutralité est différente de l'état de paix? Dans l'état de neutralité, à ses droits répondent des devoirs envers l'autre belligérant; dans l'état de paix, à ses droits de souverain correspondent des devoirs de souverain, sur lesquels il a une complète liberté d'appréciation.

Nous nous trouvons donc bien en présence de droits appartenant à des domaines différents.

En second lieu, on a soutenu que la neutralité n'entraînait pas de devoirs spéciaux, parce qu'elle pouvait du jour au lendemain être dénoncée (1).

Mais c'est là confondre deux choses différentes, le droit de renoncer à une situation juridique et le droit de réclamer, tant que l'on se trouve encore dans cette situation, le respect dû à cette situation.

§ 15. Nous avons défini la neutralité, la situation juridique que l'on obtient en limitant la gestion des droits de la paix par les droits de la guerre. De là nous concluons que de même que les droits des neutres s'analysent dans l'obligation pour les belligérants de ne point leur faire supporter les conséquences directes de la guerre, de même leurs devoirs se résumeront dans l'obligation de ne point intervenir dans la lutte. Ce sont là les deux pôles de la théorie de la neutralité qui donnent bien à la neutralité son caractère de contractualité. D'une part, les droits de la paix sont respectés par les belligérants; de l'autre, les droits de la guerre le sont par les neutres.

(1) Ullmann, *Völkerrecht*, 1898, § 164.

Cette pénétration réciproque des droits des neutres et de leurs devoirs n'a été que bien rarement aperçue [1]. La plupart des auteurs s'attachent aux obligations imposées aux neutres, sans s'apercevoir qu'un devoir auquel ne répond pas un droit correspondant est une impossibilité juridique, puisqu'il faudrait supposer un effet sans cause. Le devoir et le droit se trouvent dans un rapport de cause à effet, puisque on peut définir le droit subjectif l'ensemble des libertés reconnues à une personne juridique pour lui permettre l'exécution de ses devoirs et qu'en conséquence, s'il n'y a pas de droits, le devoir n'existera pas davantage, ou tout au moins n'existera qu'à l'état virtuel, puisqu'il ne pourra pas s'objectiver.

D'autres se sont bornés à considérer la neutralité comme un ensemble de droit pour les neutres, comme une institution uniquement créée en vue de leurs intérêts de neutres, cela encore, nous l'avons déjà dit, paraît inexact : la neutralité n'est pas plus un état de paix qu'un état de guerre, c'est..... un état de neutralité.

Les devoirs de neutralité sont, d'après la plupart des auteurs, subdivisés en une série d'obligations auxquelles on fait correspondre autant que possible les conséquences qui découlent des droits que possèdent ces mêmes neutres. Comme M. Oppenheim le dit très justement, c'est là compliquer inutilement la matière [2]. Et avec lui nous croyons possible de ramener à une idée directrice toutes ces applications. Par anticipation, nous avons déjà énoncé la règle : le devoir des neutres c'est la non-participation à la lutte.

Cette non-participation entraînera tantôt une défense (obligation d'abstention) tantôt se résoudra dans une action

(1) Ce point cependant a été développé par Hautefeuille.

(2) *Op. cit.*, II, p. 334, note 1.

à laquelle les deux parties auront un droit égal (obligation d'impartialité). Il y aura obligation d'abstention dans le cas où l'on défend de transformer un port neutre en base d'opération (2e règle du traité de Washington). Il y aura au contraire obligation d'impartialité lorsque l'on accorde certaines facilités de ravitaillement par exemple, aux belligérants.

D'ailleurs, l'on a soutenu que l'on pouvait ramener ces données à une seule, et caractériser les devoirs de neutralité soit par l'abstention, soit par l'impartialité.

Le premier système rallie d'une façon générale la grande majorité des auteurs continentaux (1).

Le second est plus en faveur chez les écrivains anglais ou à tendances anglaises comme Klueber, Ferguson, Oppenheim (2).

En faveur de la première théorie, on fait observer qu'il ne saurait y avoir d'abstention sans impartialité, et en faveur de la seconde que l'impartialité implique une part d'abstention.

M. Kleen, lui-même, tout en critiquant cette simplification, puisqu'il dit que les deux devoirs sont inséparables dans la réalité, avoue cependant qu' « ils sont distincts dans leur notion » (3). Aussi se rallie-t-il à ceux qui croient que la neutralité comprend en même temps et un élément d'abstention et un élément d'impartialité (4).

Nous serions assez tenté de nous joindre à ce groupe, si

(1) Heffter, *op. cit.*, § 144. — De Neuman, *op. cit.*, § 10. — Calvo, *op. cit.*, IV, § 1011.

(2) *Op. cit.*, § 279. — *International Law*, etc., 1884, II, § 266. — *Op. cit.*, II, p. 316 et s.

(3) *Op. cit.*, I, p. 75, note *in fine*.

(4) Phillimore, *op. cit.*, III, § 139. — Halleck, *op. cit.*, chap. XXII, § 1. — Hall, *op. cit.*, § 20. — Fiore, *op. cit.*, § 1536.

nous ne nous heurtions pas à cette difficulté que nous n'admettons pas cette synthèse d'impartialité et d'abstention.

Reprenons l'exemple de la deuxième règle de Washington. Il y a là un devoir d'abstention et il n'y a que cela. Au contraire, lorsqu'il s'agit d'accorder l'exercice d'un droit comme le droit de ravitaillement, il y a une facilité accordée à l'un des belligérants qui pourra être réclamée pour son adversaire, il n'y a donc aucune trace d'abstention.

Nous concluons donc à des devoirs d'impartialité et à des devoirs d'abstention, et en ce sens il est très vrai de dire que la neutralité comprend à la fois des devoirs d'abstention et des devoirs d'impartialité, mais que l'on ne pourra pas, étant donné un devoir de neutralité, « isoler », comme disent les chimistes, l'élément qui le constitue, voilà où apparaît l'exagération.

Cela n'est difficile que si, avec Bluntschli, on définit l'impartialité l'abstention de toute participation aux hostilités (1). Ce qui revient à les confondre.

Pour nous, l'impartialité c'est la ligne de conduite d'un neutre dans les relations qu'il continue à entretenir avec les belligérants.

La neutralité est caractérisée par une suspension partielle de rapports entre le souverain neutre et les souverains belligérants et lorsque nous parlons de non-intervention ou de non-participation, nous indiquons le résultat de cette suspension de relations.

En temps de paix, un gouvernement peut vendre ses cui-

(1) Bluntschli, *op. cit.*, art. 753 et 753 *bis*. — Rolin-Jaequemyn, *R. D. I. L. C.*, 1871, III, p. 125. — Ces auteurs se placent à un point de vue un peu spécial : à celui du droit, pour les neutres, de manifester leur appui moral en faveur de l'un des belligérants. — D'une façon générale, Bluntschli préconise la théorie de l'abstention. Cf. art. 756.

rassés à une puissance amie, il peut permettre à ses officiers de prendre temporairement service chez cette puissance, souvent ses chantiers seront ouverts à cette puissance qui pourra y faire construire ses bâtiments ou acheter des armes de guerre ou des munitions.

Intervienne une guerre et immédiatement toutes ces relations seront rompues, par le seul fait que l'une de ces puissances est neutre. Nous voyons donc que tout ce qui constitue une assistance pour l'un des belligérants est interdit, et par assistance nous entendons l'ensemble des opérations faites par un Etat neutre avec un Etat belligérant et qui sont un appui pour l'un des belligérants contre l'autre, c'est-à-dire qu'ils doivent servir directement à la lutte pour avoir ce caractère, et tels sont certainement un enrôlement, une vente de cuirassés, et la livraison d'une batterie de canons ou de quelques millions de cartouches.

Dans ce cas l'on n'a pas à se préoccuper de la question de savoir si l'Etat a fait directement ces actes ou si ce sont ses ressortissants qui s'en sont rendus coupables. La neutralité est un rapport de souverain à souverain (1). L'Etat neutre est donc tenu de faire respecter cette neutralité là où il commande. Il est donc, à notre avis, responsable du fait non seulement de ses fonctionnaires, mais encore des particuliers (nationaux ou étrangers, il importe peu). Avec cette différence que dans le second cas il peut avoir un recours qu'il n'aura pas dans le premier. Il va sans dire que nous songeons ici à la responsabilité du fonctionnaire pour « fait de service » et non pour « fait personnel » (2).

Le devoir de l'Etat, dans le cas d'assistance, est un devoir

(1) Cf. *supra,* sauf cependant pour une certaine partie du droit maritime.

(2) Un particulier ne peut, à notre avis, être sujet de droits ou de devoirs internationaux. *Contra* Kleen, *op. cit.*, I, p. 128 et note.

d'abstention. Le champ d'application de ces devoirs est déterminé avec une grande précision.

D'abord, il est facile de savoir si une opération constitue une assistance oui ou non, puisqu'il s'agit seulement de savoir s'il tend directement à des fins militaires. Ensuite, comme il s'agit d'une obligation absolue — d'une obligation d'abstention — on n'a pas à établir le rapport entre deux situations ainsi que l'exige le devoir de l'impartialité. On écarte donc toutes les difficultés inhérentes à un pareil examen qui sera inévitablement plus ou moins subjectif. Aussi, de nos jours, les devoirs d'abstention sont-ils si bien établis que la guerre russo-japonaise n'en a pas fourni un seul cas d'inobservation (1).

§ 16. Quels seront maintenant les cas où nous verrons l'impartialité devenir une règle de droit?

Ce seront évidemment ceux où les relations entre belligérants et neutres sont licites. Et comme nous venons de le dire, toute relation entre belligérants et neutres qui tend directement à intervenir dans la lutte doit être suspendue; la règle d'impartialité ne trouvera à s'exercer que dans les relations qui n'ont pas en vue la participation directe à la guerre.

Il en est ainsi du séjour des navires belligérants dans un port neutre (2). Sans doute ce séjour, s'il a pour cause un péril de mer par exemple, favorisera l'un des belligérants au profit de l'autre, mais cette assistance sera indirecte et par conséquent, à la condition d'être répartie impartialement aux deux parties, ne pourra donner lieu à la moindre critique La raison d'être de ce droit au séjour c'est de lui permettre

(1) Holland, « Les devoirs des neutres et les événements récents », *R. D. I. L. C.*, VIII, 1905, p. 359-360.

(2) Cf. *infra*.

d'échapper à un péril de mer, si maintenant accessoirement et incidemment ce belligérant se trouve favorisé au point de vue militaire, il n'y aura pas là violation de la neutralité, parce que le mobile du séjour n'est pas de tendre à des fins militaires.

Mais d'autre part, comme l'on a permis à un belligérant d'user de ce droit, il serait étrange qu'on le refusât à son adversaire, et voilà comment l'on est arrivé à poser l'impartialité dans les cas où il a « appui », c'est-à-dire dans les cas où un neutre permet à un belligérant certaines opérations dont le caractère est de ne pas tendre à des opérations militaires, ou tout au moins de n'y tendre que par voie incidente.

Dès que l'on se trouve en présence d'un acte accompli par un neutre et qui se rattache à ses rapports avec un belligérant, il faut se demander si cet acte constitue une assistance ou un appui.

Est-ce une opération d'assistance ? La règle de l'abstention s'imposera.

N'est-ce qu'un appui ? Il sera toléré à la condition d'être impartialement appliqué aux deux belligérants.

Il y aura assistance chaque fois qu'il y a intervention directe dans la lutte ; il y aura appui lorsque cette intervention fait défaut, ou si elle ne peut être considérée comme une conséquence directe de l'acte.

En d'autres termes, comme on l'a écrit excellemment, l'impartialité doit être considérée comme « un moyen subsidiaire de discernement pratique subordonné à la règle primaire de non immixtion dans les hostilités ».

APPLICATION DES PRINCIPES DE LA NEUTRALITÉ

AUX

NAVIRES BELLIGÉRANTS

DANS LES EAUX NEUTRES

CHAPITRE PREMIER

Considérations générales. Plans.

§ 1. Dans notre introduction, nous avons essayé de montrer les raisons qu'il y avait de rattacher la théorie de la neutralité des eaux qui baignent un pays à une idée de guerre plutôt qu'à ce que certains auteurs anglais appellent « a peace right » [1]. Nous voulons dire par là que le droit qu'un pays prétend avoir sur ses eaux apparaît avec la guerre et disparaît avec la guerre. Cet état de violence légale ne modifie pas seulement la situation juridique des parties en présence, les

[1] J. Payn, *Four essays on International matters*. London, 1901, p. 109.

tiers — les neutres par conséquent — eux-mêmes sont obligés de s'incliner devant de nouvelles exigences internationales et peuvent en avoir à leur tour. Car comme on l'a écrit, « en matière de neutralité, il y a corrélation, influence et répercussion entre les droits et les devoirs » ([1]), et au premier plan de ces droits des neutres apparaît l'obligation, pour le belligérant, de respecter leur souveraineté, et par conséquent l'obligation aussi de respecter les eaux littorales dans la mesure où cela est nécessaire pour assurer la sécurité du territoire.

La grande erreur que l'on commet généralement ([2]), c'est de croire qu'en notre matière le progrès consiste à transposer du droit de la guerre continentale au droit de la guerre maritime des règles qui perdent souvent leur raison d'être en changeant de domaine.

A notre avis, cela tient à ce que la neutralité continentale, qui, à l'origine, était un simple droit de protection d'abord envers les sujets de l'Etat pacifique, puis envers le territoire ([3]), repose aujourd'hui sur la matérialisation de la souveraineté dans ce territoire, qui fait que l'on considère le territoire comme le souverain lui-même. Cela revient à dire que certaines opérations seront prohibées, en dehors de toute idée de protection, parce que le souverain seul a la puissance de commander (Herrschaft) que supposent ces opérations. Cette idée est d'ailleurs toute récente mais elle

([1]) Bonfils, *Manuel*, p. 798.

([2]) Nys, Un chapitre de l'histoire de la mer, *R. D. I. L. C.*, 1900, p. 55. « La plupart des institutions du droit maritime sont relativement récentes ; quelques-unes seulement sont fort anciennes. Presque toutes présentent la particularité qu'elles sont l'application aux transactions qui se produisent sur la mer des règles déjà mises en pratique sur la terre ferme ; *elles forment comme le prolongement d'institutions terrestres* ».

([3]) De Lapradelle et Politis, *Rec. arbit. int.*, p. 203.

s'impose peu à peu; la disparition du droit de passage le prouve. Sans doute il n'est point besoin de remonter jusqu'en 1814 pour voir ce droit exercer : c'est, en 1859, la Bavière qui permet aux troupes autrichiennes le passage sur son territoire, et en 1877, semblable service est rendu par la Roumanie à la Russie. Mais, chose remarquable, lorsqu'en 1899 le Portugal permit au général Carrington l'accès de son territoire de Beira pour se rendre en Rhodesia, on sent si bien que la faveur accordée à l'Angleterre est en opposition avec le droit des gens actuel que l'on cherche un semblant de justification et que l'on invoque un traité antérieur, ce que l'on avait jugé inutile et en 1859 et en 1877 (1).

En matière de droit maritime, au contraire, cette matérialisation de la souveraineté dans le territoire ne se présente pas. Par extension cependant on peut, dans une certaine mesure, l'étendre au territoire maritime qui doit être assimilé au territoire terrestre comme ayant même fonction juridique (ports, havres, rades, mers intérieures).

Le caractère juridique spécial de la mer littorale exige un régime basé sur le droit plus restreint de défense que possède l'Etat neutre, ce qui entraîne l'obligation de distinguer les principes de neutralité continentale et les principes de neutralité maritime.

Une évolution en ce sens semble se dessiner dans la pratique des nations. La neutralité des ports devient de plus en plus sévère. Et l'on a vu durant la dernière guerre russo-japonaise certaines puissances fermer leurs rades aux belligérants, ce qui n'avait jusqu'alors été considéré que comme

(1) Le traité du 11 juin 1891, invoqué à tort d'ailleurs, par lequel le Portugal cédait à l'Angleterre ses droits sur Chéré Machoua, Nyassa. On s'appuya sur l'art. 12 relatif à des facilités de transports commerciaux. Cf. Den Beer Poortugael, *Oorlags en Neutraliteitsrecht*, p. 19. — V. le texte *Rec. traités internationaux*, Martens, 2e série, XVIII, p. 192, cf. art. 14, p. 195.

une loi toute théorique, sans que cela soulevât la moindre protestation de la part des intéressés.

Les autres puissances, sans aller jusque là, affirment toutes que si c'est un droit pour les neutres d'accueillir les navires belligérants dans leurs ports sous certaines conditions, ce n'est jamais un devoir, et réservent par là l'avenir. Autre symptôme, non moins caractéristique. Avant la guerre russo-japonaise il n'y avait qu'un exemple d'internement de vapeur belligérant dans un port neutre, et dans des conditions tout à fait spéciales : en 1859, la Suisse retint quelques vapeurs italiens qui s'étaient rendus de la partie italienne du lac de Côme à la partie suisse (1).

D'autre part, les mêmes puissances (la Suède-Norvège, le Danemark) qui avaient fermé leurs ports laissèrent aux belligérants une complète liberté d'allures, notamment en matière d'approvisionnement de charbon, interdit à l'intérieur des rades (2).

Il nous paraît donc fort possible que le jour n'est pas éloigné où, sans qu'il y ait assimilation, les règles de la neutralité maritime seront sur un certain nombre de points semblables aux règles du droit continental (3). Et qu'en sens inverse ayant coupé le lien ombilical qui rattache la théorie de la mer littorale à la théorie du territoire, on considèrera celle-ci comme véritablement *res communis*. Les belligérants y auraient toute liberté d'action, en tant que cette liberté, bien entendu, n'aura pas pour conséquence de faire souffrir le neutre d'hostilités dans lesquelles il n'est pas impliqué.

§ 2. Les actes qu'une puissance belligérante peut accomplir dans des eaux neutres sont de nature fort différente et d'im-

(1) Kleen, *Les lois de la neutralité*, I, p. 522, note.
(2) Cf. *infra*.
(3) Cf. *Conclusions*, p. 210, 211.

portance fort inégale. Tantôt elle se servira de ces eaux comme point de concentration, ainsi que le Japon reproche aux Russes d'avoir usé des eaux territoriales de Madagascar, tantôt elle s'y ravitaillera comme fit le fameux capitaine Semmes de l' « Alabama » dans les ports anglais ; enfin elle peut y livrer — et c'est, il va de soi, la violation la plus grave — des combats. En d'autres termes, on voit immédiatement qu'un navire de guerre belligérant peut accomplir dans les eaux neutres (et nous prenons cette expression dans son sens le plus large) soit des actes d'hostilité, soit des actes préparatoires d'actes de guerre. Notre plan se trouve donc tout naturellement tracé ; d'une part, nous étudierons les actes préparatoires d'actes de guerre, de l'autre côté ces actes eux-mêmes.

Les actes de la première catégorie comprennent les opérations que le belligérant accomplit sans intervention de tiers, ils rentrent tous dans la définition du « Séjour » pour se servir des eaux neutres comme poste d'observation, de surveillance, ou de concentration. Puis viennent les actes où la coopération de tiers apparaît, et qui se résument en des actes de commerce (ravitaillement, approvisionnement de charbon, actes de réparations, achats de munitions et d'armes). En troisième lieu, nous rencontrons les actes que le belligérant n'accomplit plus en qualité de personne privée, mais en vertu de la personnalité publique : acte d'enrôlement.

Sous la deuxième rubrique on peut classer les captures faites en eaux neutres, et les combats que l'on y livre.

Logiquement nous devrions étudier les actes préparatoires avant les actes de guerre proprement dits.

Cependant ce sont ces derniers que nous passerons d'abord en revue ; puis dans deux autres chapitres nous étudierons les actes de puissance publique faits par une puissance belligérante en eaux neutres, avant les actes de commerce et terminerons pour réunir dans un dernier chapitre les observations que présente le séjour.

Nous croyons en effet intéressant d'abandonner la méthode analytique jusqu'ici seule employée en cette matière. Partant de cette violation, la plus grave de la neutralité que l'on puisse concevoir, qu'est le combat en eaux neutres, nous aboutirons à ce séjour qui en lui-même n'est peut-être point une illégalité, et en tous cas qui ne l'est que par les circonstances dans lesquelles il se produit. Cette gradation décroissante des violations de la neutralité est conforme au développement historique de l'institution, ainsi que l'ont très justement fait observer MM. de Lapradelle et Politis [1], et à ce titre mérite que l'on s'y arrête. Il est en effet remarquable que durant les dernières guerres maritimes, les violations de neutralité les plus nombreuses ont été les violations de droits qui historiquement ont apparu les derniers : l'on parle, — à part les attentats de Chemulpo et de Chefou —, fort peu de combats ou prises en eaux neutres durant la guerre russo-japonaise, et pourtant ces violations ont été à une époque déterminée les plus nombreuses — par contre la question de l'approvisionnement de charbon par exemple, ou celle des réparations à effectuer donnent lieu à des difficultés sans nombre et à de vives controverses : c'est ce que nous voudrions établir dans le chapitre suivant.

[1] *Op. cit.*, p. 200.

CHAPITRE II

Aperçu d'ensemble sur les rapports des souverains belligérants et neutres.

SECTION PREMIÈRE

DIFFÉRENCE ENTRE LA NEUTRALITÉ CONTINENTALE ET LA NEUTRALITÉ MARITIME

§ 1. Si au point de vue des règles qui doivent la régir, la guerre continentale présente une supériorité sur la guerre maritime, c'est bien celle de se dérouler sur un théâtre nettement circonscrit d'avance, immense lice fermée où les belligérants se trouveront seuls en présence l'un de l'autre : il en est tout autrement de la guerre maritime.

Ce ne sera point une mer déterminée qui servira de terrain de lutte, ce sont tous les océans qui sont ouverts aux belligérants. L'ennemi pourra les sillonner dans toutes les directions et comme les neutres continuent eux aussi à se servir des grandes routes maritimes, il y a occasion de rencontre, partant occasion de conflit que l'on ne trouve pas dans le droit de la guerre continentale.

La neutralité maritime est donc plus riche en situations juridiques que la neutralité continentale. Dans la guerre terrestre, le belligérant trouvera en face de lui des intérêts neutres soit sur son propre territoire, soit sur le territoire de son adversaire. Dans la guerre maritime, au contraire, les relations de neutres avec belligérants ne se borneront pas là, le belligérant se transportera jusque sur le territoire du neutre, tout en gardant sa complète liberté. C'est là une situation inconnue dans le droit de la guerre continentale. Et c'est parce que c'est là une situation toute spéciale qu'il faudra procéder avec une extrême prudence lorsque, pour régler cette situation on fera appel aux principes juridiques qui seraient applicables pour la neutralité continentale.

Ce que nous entendons par rencontre de belligérant et de neutre en territoire neutre, ce sont les situations juridiques créées par la présence, dans les ports neutres (que nous avons assimilés, au point de vue juridique, avec le territoire), de bâtiments belligérants. Là, en effet, apparaît la possibilité d'un heurt, par suite d'exagération possible par les belligérants des devoirs des neutres, ou de leurs droits par les neutres eux-mêmes. Toute notre étude se trouve, en effet, réduite à cette formule : Déterminer les principes qui doivent régler la situation des bâtiments ennemis dans les ports neutres où l'Etat possède un droit de souveraineté et dans les eaux littorales où il n'a qu'un droit de sécurité. Et pour ce faire, tracer la limite qui sépare les droits des neutres dans ces eaux des obligations corrélatives auxquelles sont soumises les belligérants.

Or, il va de soi que ce n'est qu'au cas où deux souverainetés sont en présence l'une de l'autre qu'il peut être question de régler leurs rapports juridiques. Cela se présente lorsqu'un bâtiment belligérant, qui a le caractère de souveraineté, séjourne dans les eaux neutres, et cela se présente seulement dans ce cas.

En effet, dans une guerre maritime, les souverainetés neutres et belligérantes ne se trouvent jamais en présence que là [1]. Dans la haute mer, il y aura rapports entre navires de guerre ennemis et navires de commerce neutres, mais jamais entre navires de guerre (qui représentent le souverain) neutres et belligérants. Et cela s'explique facilement. Ce qui cause le contact entre marines militaires belligérantes et marines commerçantes neutres, ce sont les rapports commerciaux entre belligérants et neutres. Tantôt ces rapports seront légaux, tantôt ils ne le seront pas. D'où surveillance indispensable exercée sur ces rapports. Mais par qui? Par chaque Etat neutre sur sa marine marchande? Cette surveillance leur serait « singulièrement difficile » et la responsabilité qui en découlerait « singulièrement lourde » [2]. Il était beaucoup plus simple de permettre aux belligérants d'exercer ce contrôle.

Tout autre est la situation des navires de guerre des puissances neutres. Ceux-ci sont « une fraction de l'Etat » et sont, par leur nature même, à l'abri du soupçon d'entretenir des rapports illicites avec l'Etat ennemi; il était donc inutile de les surveiller et comme, d'autre part, « ils étaient fortement armés et n'agissaient d'ailleurs que sur les ordres de leur souverain, il eût été dangereux de prétendre les soumettre à un contrôle qu'ils n'eussent point accepté » [3].

Le problème ainsi posé, il devenait indispensable d'examiner la théorie de la neutralité telle qu'elle doit être, à notre avis, comprise, avant d'en faire l'application aux difficultés que soulève notre sujet; c'est ce que nous avons fait dans le chapitre II de l'Introduction.

Il nous reste maintenant, avant d'étudier chaque infraction

[1] Dans la neutralité continentale, il n'y a que rapports de souverain ennemi avec particuliers neutres — ou de souverain neutre avec particuliers relevant du souverain belligérant.

[2] Dupuis, *op. cit.*, p. 407.

[3] Dupuis, *op. cit.*, p. 409.

de neutralité en elle-même, à jeter un coup d'œil d'ensemble, à « vol d'oiseau » serions-nous presque tenté de dire, sur les formes qu'affectaient ces violations au cours de l'histoire. Il va sans dire que nous aurons en vue, dans cet aperçu historique très succinct, surtout et avant tout les rapports des *souverains* belligérants avec les *souverains* neutres. Nous plaçant à ce point de vue, nous croyons devoir modifier la division habituellement adoptée en trois périodes :

§ 2. M. Kleen fait partir la première période de la fin du moyen-âge à la Ligue de la neutralité armée (1780); la seconde, de là au Congrès de Paris (1856); la troisième comprenant la période contemporaine ([1]).

Or, et la ligue de la neutralité armée et le congrès de Paris se rapportent aux rapports individuels des belligérants et des neutres, aux rapports commerciaux.

Pour nous, qui nous plaçons à un autre point de vue, nous remplaçons ces deux dates, la première par celle de 1794, année où les Etats-Unis d'Amérique donnèrent au monde ce puissant règlement qu'est le « Foreign Act » de 1794, et la seconde (1855, congrès de Paris) par celle de 1871 qui marque par le traité de Washington un progrès de premier ordre en ce qui concerne la détermination des devoirs des souverains neutres.

L'analogie que l'on peut relever dans ces actes du droit conventionnel est intéressante; elle est signalée par MM. de Lapradelle et Politis dans ce beau travail qu'est le premier tome des *Recueils d'arbitrages internationaux* où ils écrivent que « tous les actes de violation de la neutralité de 1793 [qui occasionnèrent l'Act de 1794] furent examinés plus tard dans l'affaire de l'*Alabama* [qui occasionna le traité de Was-

([1]) Kleen, *Les lois et usages de la neutralité*, I, p. 2.

hington] ». C'est ce qui explique que ce traité intervenu entre deux puissances a pénétré dans le droit international; il répondait à des besoins internationaux.

SECTION II

L'ANTIQUITÉ

§ 3. Si nous faisons partir l'histoire du développement de la neutralité du moyen âge, c'est que jusque-là, durant l'antiquité, l'idée de neutralité — comme le mot lui-même — était inconnue. Pour désigner ceux qui sont *medii in bello,* on se sert des expressions de *medii, pacati, socii, amici,* qui s'appliquent aujourd'hui à des situations juridiques toutes différentes (¹). Les mots *neuter* ou *neutraliter* que nous trouvons chez les publicistes de la période moderne sont des barbarismes que l'on ne rencontrera pas chez un auteur classique (²).

Cependant, cette absence d'expression pour caractériser la situation juridique que nous désignons sous l'expression de « neutralité » et qui est pour nous une présomption d'ignorance de cette situation a servi à Hautefeuille pour prétendre que la neutralité était tellement dans les mœurs, nous dirions presque dans le sang de l'antiquité, qu'il était superflu de la désigner expressément : « Dans ces temps reculés, le droit naturel, plus rapproché de sa source, était moins obscurci par les lois et surtout par l'ambition des peuples. Les droits des nations neutres étaiént complètement respectés sans qu'il fût nécessaire de les rappeler, de les discuter ».

(¹) D'après Nys, l'expression de neutralité se trouve pour la première fois dans un traité de Neumayer de Ramsla, 1620, *R. D. I. P. L. C.*, XXVII, p. 592, et II, 2e série, p. 470.

(²) Thucydide, *Histoire,* I, chap. VI.

C'est l'application au droit d'un système philosophique qui a fait son temps. Le mot fameux : « Je me méprise quand je me juge et je m'estime quand je me compare » devrait peut-être s'appliquer ici. Que les lois corrompent les hommes, cela paraît bien discutable ; on pourrait peut-être soutenir avec plus de vérité que ce sont les hommes qui corrompent les lois. Mais affirmer que l'ambition des peuples était, dans l'antiquité, plus modérée que de nos jours, c'est faire preuve d'une ignorance par trop complète de l'histoire, ou d'une foi par trop robuste dans l'honnêteté d'un passé qui, certes, est un exemple à fuir beaucoup plus qu'à imiter. C'est Thucydide qui écrit : « Rien de ce qui est utile au roi ou à la république n'est injuste » (1). C'est Aristide le Juste qui, faisant une déduction très logique de cette formule, n'hésita pas à prendre sur lui la responsabilité d'une violation de foi utile à la cause d'Athènes (2).

Dans de pareilles conditions, nous n'hésitons pas à dire que M. Hautefeuille ne nous ayant pas rapporté la preuve de l'exactitude de sa conception, nous pouvons l'écarter.

Nous savons que l'on peut nous opposer certains passages de Grotius, d'où il semble résulter qu'il y eut même, dès la plus haute antiquité, des faits qui montrent une certaine conception de respect pour les Etats ou les peuples non belligérants (3).

Il nous semble que la portée en a été bien exagérée.

Ainsi l'on a voulu voir des premières applications de la neutralité dans le respect que montrèrent dans différentes

(1) Thucydide, *Histoire*, I, ch. VI.

(2) Théophraste, cité par Plutarque, *Vie des hommes illustres* (vie d'Aristide). — Cf. Machiavel, III, 3, *Discours sur Tite-Live* : « La défense de la patrie es toujours bonne, quelques moyens que l'on y emploie ».

(3) Grotius, *op. cit.*, III, chap. XVII, § 2.

expéditions Moïse, Xénophon, pour la propriété privée ennemie.

Certes ce sont là des preuves éclatantes d'une civilisation déjà avancée, mais qui sont insuffisantes pour établir une base juridique de la neutralité. Elles tendent beaucoup plus à démontrer que les peuples parvenus à un certain degré de civilisation prennent conscience de cette vérité que J.-J. Rousseau pourtant sera le premier à formuler : « La guerre est une relation d'Etat à Etat » (1). Il va sans dire que le premier pas dans la voie du respect de la propriété privée ennemie, sera le respect de la propriété privée des non-belligérants.

D'autres faits paraissent plus probants, Ainsi si l'on doit croire Thucydide, les Corcyréens déclarèrent aux Athéniens que leur devoir était, s'ils voulaient rester non-belligérants, soit de défendre aux Corinthiens de lever des soldats dans l'Attique, *ainsi que cela leur avait été défendu, soit de le permettre à tous deux* (2).

En réalité, il y avait là intervention directe dans la lutte. Les Corcyréens demandent à être traités de la même façon que les Corinthiens. Somme toute, ils disaient ceci : « Vous accordez un droit à nos ennemis, vous nous l'accorderez à notre tour », — ils ne disaient pas que les Corinthiens n'avaient aucun droit à lever des troupes ; ils disaient seulement — et ce n'est pas du tout chose semblable « ils ne sont pas les seuls à avoir ce droit ».

Cet exemple nous fortifie dans notre opinion. La neutralité était inconnue chez les anciens. Ce qui ne veut pas dire que les tiers devaient fatalement devenir ennemis de l'une ou de l'autre des puissances belligérantes. Le mot de Tite-Live.....

(1) *Contrat social,* I, chap. 4.

(2) Grotius, *op. cit., ibid.,* chap. 17, § 3.

aut hostes aut socii [1]... doit être compris en ce sens que « les *socii* » étaient, le cas échéant, tenus de rendre des services d'assistance tels que permettre le passage des troupes ennemies à travers le territoire neutre, etc., qui sont incompatibles avec la neutralité telle que nous la comprenons aujourd'hui. Ces non-belligérants n'étaient pas tenus à intervenir dans la lutte elle-même, mais seulement à prêter assistance au delà des limites actuellement tracées.

SECTION III

LE MOYEN-AGE ET LES TEMPS MODERNES

§ 4. La situation durant le début du moyen-âge change peu.

Et comment pouvait-il en être autrement ?

Il est bien certain que le développement intellectuel de cette époque, si inférieur au développement de l'antiquité du temps de Cicéron, de Tite-Live, ou de Xénophon et de Thucydide, ne permettait pas aux barons féodaux de comprendre qu'une politique de bienveillance n'était pas nécessairement une politique de faiblesse. D'autre part le Moyen-Age était sans doute une époque d'individualisme à outrance, mais en même temps de hiérarchisation complète. Chaque seigneur enfermé dans son « burcht » était maître absolu sur son domaine, et n'avait guère de communications avec ses égaux. Mais en même temps il était enserré dans un réseau d'obligations envers les uns, et à son tour il enveloppait les autres dans des liens d'une servitude si complète, qu'à vrai dire il perdait jusqu'au droit de ne pas se pro-

(1) *Histoire,* XXXII, « Romanos aut socios, aut hostes habeati oportet, media nulla via est ».

noncer dans une lutte, si tant est que durant ces époques de guerres volontaires il en eût éprouvé le désir. Etant souverain pour les uns, vassal envers les autres, il avait une place fixe sur l'échiquier du monde dans lequel il était immobilisé et d'où il ne pouvait s'évader, sans causer les perturbations les plus graves dans l'harmonie établie, et sous peine d'en être victime le premier.

§ 5. Cependant le christianisme, que notre éminent et regretté maître Despagnet a qualifié du « plus grand agent de rapprochement international qui ait jamais existé » (1), fit déjà dès cette époque sentir son influence, d'une part, en adoucissant les horreurs de la guerre, de l'autre, en inspirant un certain nombre de règles applicables d'abord aux luttes individuelles et qui constituent la chevalerie, mais qui furent souvent détournées de leur but primitif et appliquées aux guerres internationales, ce qui précisa la notion de communauté internationale. Or, comme l'a dit F. de Martens, « la notion de neutralité est inséparable de la notion de communauté internationale. La première ne s'explique que par la dernière » (2).

Ce n'est pas à dire que l'on ait conscience que des droits et des devoirs s'imposent à ceux qui ne participent pas à la lutte, mais à la différence de l'antiquité, les non-belligérants ne se trouvent plus obligés de prendre parti coûte que coûte (3).

§ 6. Ce principe une fois admis, tout l'effort de la diplomatie pendant fort longtemps porta sur les stipulations de neutralité en prévision de guerres futures. Neutralité rudimentaire. « On se promettait, dans des traité d'alliance défensive

(1) *Manuel de dr. int.*, 2e édit., p. 13.
(2) *Tr. de dr. int.*, III, p. 315.
(3) Oppenheim, *War and neutrality*, II, p. 302.

ou d'amitié, de ne jamais secourir les ennemis futurs de ses alliés ou amis et d'empêcher aussi ses sujets de leur prêter assistance » ([1]). Un des exemples les plus curieux que l'on puisse citer est la clause d'un des plus anciens traités entre la France et l'Angleterre (1303)..... « Accordé est que l'un ne receptera, ne soustiendra, ne confortera, ne sera confort ne ayde de sa terre, ne de son pouvoir, mais défendra sur peine de corps et d'avoir et empeschera à tout son pouvoir loyalement et en bonne foi que lesdits ennemis ne soient recepter, ne reconforter es terres de la seigneurie, ne de son pouvoir, ne qu'ils en aient confort, secours ne ayde aucun les fera vuider dedans quarante jours après ce qu'il en sera requis » ([2]).

On peut citer encore dans le même ordre d'idées le traité du 31 mai 1399 entre les cantons de Berne et de Soleure et le margrave Rodolphe de Hochberg, qui stipulait, si l'une des parties entreprenait une guerre, l'obligation pour l'autre de « se tenir tranquille » ([3]).

Peu à peu cette clause devient de style. On la retrouve encore jusqu'au XVIIe siècle, il est vrai sous une forme simplifiée et abrégée. On se contente de déclarer que l'on évitera, étant neutre, de faire aucun dommage à la puissance contractante qui serait belligérante (Traité du 7 nov. 1659 entre la France et l'Espagne, art. 3 et du 23 mai 1667, art. 2) (Espagne et Angleterre) ([4]).

§ 7. L'essor donné aux relations commerciales facilitées par la découverte de routes maritimes nouvelles et par l'usage qui peu à peu se répandit de la lettre de change, vint renforcer l'action des idées chrétiennes. Comme mani-

([1]) Geffken, sur Hefter, *Le dr. int. de l'Europe*, p. 144, note.
([2]) Rymer Fœdera, II, p. 927.
([3]) Hilty, *La neutralité de la Suisse, considérations actuelles*, p. 27.
([4]) Du Mont, *op. cit.*, VI, 2e partie, p. 264, VII, p. 27.

festation de cette influence il faut citer la ligue des villes hanséatiques « pour obtenir des puissances maritimes, surtout de la France, des privilèges pour leur commerce considéré comme neutre » (1). Enfin, c'est vers la même époque qu'apparaissent divers documents dans lesquels sont consignées des règles qui prétendent être internationales, comme les rôles d'Oléron, les Tables de Wisby, le Guidon de la Mer et « Las siete Partidas » promulguées par Alphonse X de Castille au XIIIe siècle. Enfin, le document remarquable entre tous, qu'est le « Consulat de la Mer » qui servit de fil conducteur à l'Angleterre jusqu'à la guerre de Crimée. Mais tous traitent uniquement de la propriété privée. Cependant ce sont là les premières pièces qui examinent les relations des belligérants avec les neutres. Car, ainsi qu'on l'a fait remarquer, « l'on ne trouve dans l'antiquité aucune loi maritime internationale ni même aucun traité qui ait réglé les relations maritimes de deux peuples ».

§ 8. Les théories dont le Consulat de la Mer était l'expression la plus complète en même temps que la plus juridique, furent soutenues par les Bynkershoek, les Vattel et les Moser jusqu'au milieu du XVIIIe siècle, mais les gouvernements avaient d'autres tendances.

C'est ainsi que les ordonnances françaises de 1538, 1543, 1584 (système de l'infection hostile) affirmèrent que « robe d'ennemi confisque navire d'ami », et en second lieu que « navire ennemi confisque robe d'ami ». C'est-à-dire, que par représailles on oppose au système anglais — inspiré par le Consulat de la Mer qui ne considérait, au point de vue de la saisie, non pas le navire mais la cargaison, — une conception beaucoup plus rigoureuse, qui va jusqu'à dire que « robe d'ennemi confisque *robe d'ami et le navire* ».

(1) Kleen, *op. cit.*, p. 4.

Or, il est un fait d'observation constante, c'est que la liberté reconnue aux activités individuelles est la mesure du degré de développement du droit public. C'est vrai, même, nous serions presque tenté de dire surtout, du droit international. Les xve et xvie siècles si durs (pour les relations privées internationales où l'étranger était sans droits, en sont le meilleur exemple. Le droit de transmettre et de recueillir par succession leur était dénié (droit d'aubaine) et l'on trouve encore des traces de cette législation dans le système d'amendes arbitraires dont étaient frappé les étrangers jusque sous Louis XIII et Louis XIV (en 1639, 1645, 1646, 1697). Certaines opérations de commerce (les opérations de Banque) ne leur étaient permises qu'en versant une caution de 150.000 livres renouvelable tous les ans. (Edit de 1563 article 78, ordonnance de Blois article 337).

La neutralité, dans de pareilles conditions, ne pouvait être qu'une notion juridique bien imparfaite : elle existait cependant, mais à l'état de moyen politique; or il n'est pas une norme juridique qui n'ait passé par cette phase. Exceptionnellement on reconnaît le droit aux tiers de ne pas être impliqués dans la lutte, mais c'est une notion toute d'appréciation nationale, à chaque instant troublée par les violations des neutres eux-mêmes qui conçoivent cette attitude de non-participants à la lutte comme un moyen d'échapper aux horreurs de la guerre, mais qu'ils abandonnent dès que leur intérêt paraît le commander.

§ 9. Cependant Grotius, dans son *De jure belli ac pacis* (1625) à la neutralité, jette les bases d'une théorie essentiellement juridique indépendante des intérêts nationaux. Dès ce moment, la neutralité comme principe de droit existe.

Mais, et c'est là une caractéristique de la neutralité telle qu'elle était comprise durant toute la période moderne, elle dépendait de la guerre, qui, selon la définition de G.-F. de Martens, était « un état *permanent* de violences *indéterminées* entre les hommes [1]. De là, prédominance des intérêts belligérants sur les revendications des neutres, ce qui entraînait une méconnaissance des droits des neutres.

Ici comme ailleurs, c'est le droit commercial qui préparera le terrain où s'épanouiront bientôt des principes vraiment créateurs d'un état de choses nouveau.

§ **10**. Les effets des ordonnances du XVIe siècle furent atténués par différentes conventions avec plusieurs puissances, notamment en ce qui concerne la saisie de navires neutres transportant des marchandises ennemies (robe d'ennemis confisque navire d'ami) et la prescription qui se résume en la formule « navire d'ennemi confisque robe d'ami » ; elle fut supprimée en **1650**. C'est vers la même époque que les Provinces-Unies firent reconnaître par la France le grand principe : « Le pavillon couvre la marchandise » [2], qui ne fut consacré comme règle de droit que de nos jours (convention de Paris, 1856).

Louis XIV, il est vrai, par ses ordonnances de 1651 et 1689, revint au principe ancien « robe d'ennemi confisque robe d'ami et le navire », mais c'était là plutôt une arme de combat dirigée contre l'acte de navigation de Cromwell (1650 complété en 1651 et 1660) qui avait eu pour résultat de monopoliser tout le transport maritime entre les mains de l'Angleterre. Cela est tellement vrai que le traité des Pyrénées (1659) et celui d'Utrecht (1713) consacrent la règle infiniment plus libérale qui fait dépendre la qualité de la cargaison de celle du navire.

[1] *Précis du droit moderne de l'Europe*, p. 263.

[2] Kleen, *op. cit.*, p. 13.

Mais si, au point de vue du respect de la propriété privée, la période qui nous occupe est en progrès sensible, les rapports entre souverains belligérants et neutres laissent beaucoup à désirer.

§ **11**. Alb. Gentilis rapporte, dans son *Advocationis Hispanica* (Hanovre, **1613**), qu'un navire hollandais poursuivit un navire français ennemi jusqu'à Londres ([1]). En **1627**, ce sont les Anglais qui s'emparent d'un vaisseau français dans les eaux hollandaises; en **1631**, les Espagnols font de même dans un port danois. En **1639**, l'amiral hollandais Tromp détruit à Duins (Angleterre), une flotte espagnole et portugaise ([2]) et plus tard, en **1666**, les Hollandais s'emparent de bâtiments anglais remontant l'Elbe. En **1693**, les Français enlèvent à Lisbonne des navires hollandais et les brûlent dans le Tage ([3]).

§ **12**. Mais ces violations soulèvent des protestations, elles entraînent des réclamations entre Etats et des discussions entre juristes. C'est ainsi que Bynkershoek fut amené à poser la fameuse exception *dum opus fervet,* d'après laquelle le combat en eaux neutres n'est toléré qu'exceptionnellement si dans l'ardeur du combat le vainqueur se trouve amené à poursuivre son adversaire dans les eaux littorales sous peine de voir échapper une victoire certaine.

Un contemporain a légitimé ce procédé en déclarant que « dans l'ardeur de l'action » il n'y avait pas violation de la neutralité si la frontière maritime n'était pas respectée ([4]).

Nous rejetons, il est à peine besoin de le dire, cette excep-

([1]) *Op. cit.*, lib. I, cap. XIV, p. 54.

([2]) V. *infra*.

([3]) Dupuis, *op. cit.*, p. 410.

([4]) Von Neuman, *Grundriss der heutigen europ. Völkerrechtes,* 1885, p. 140, fait allusion, il est vrai, seulement au droit de visite, mais il y a là, à notre avis, également un acte direct d'hostilité, qu'au point de vue juridique nous ne séparons pas d'un combat.

tion, et nous avons la quasi-unanimité de la doctrine pour nous, mais au XVIIe siècle restreindre les actes hostiles à la haute mer, c'était là un pas important fait dans la voie du respect de la neutralité.

Cependant l'évolution est extrêmement lente.

En 1604, l'Angleterre proteste déjà contre une saisie effectuée dans ses eaux. En 1675, sir Leoline Jenkins, s'appuyant sur l'Edit qui demanda la restitution de la saisie, érige la protection due à tout vaisseau étranger entré dans les eaux britanniques en principe de droit [1].

Et ce n'est qu'en 1759, lors du coup de force de l'amiral Boscawen sur des bâtiments français, que la violation des eaux neutres donne lieu à une réparation [2].

§ 13. Durant la même période, les violations de neutralité se bornent à des actes directs d'hostilité. Tous les actes préparatoires échappent à une réglementation, si rudimentaire soit-elle. On délivre des lettres de marque à des étrangers, l'équipement de corsaires dans les ports neutres fleurit, les secours en provisions de bouches ou munitions affluent, sans que cela soulève l'étonnement de qui que ce soit. Bien plus, on fournit couramment des troupes. Durant la guerre de Sécession, les Provinces-Unies fournissent, en vertu de leurs engagements, 70.000 hommes à Marie-Thérèse, sans cesser d'être en paix avec la France. En 1788, le Danemark fournit un secours semblable à la Russie.

Mais il faut un traité. Durant le moyen-âge il en faut un pour s'abstenir de prendre part dans la lutte, ici il en faut un pour prendre parti tout en restant « neutre ». L'acte hostile en lui-même devient innocent s'il est déterminé par un traité antérieur à la guerre.

(1) De Lapradelle et Politis, *Recueil des arbitrages internationaux* p. 203.
(2) V. *infra*.

§ 14. La question pourrait se représenter d'une façon très intéressante de nos jours. Par traité du 12 février 1899, l'Espagne céda à l'Allemagne les îles Carolines, Palaos et Marianne, en s'y réservant le droit d'y prendre du charbon, même en temps de guerre (1).

Si — et nous aurons à revenir longuement sur la question (2) — la fourniture de charbon par les neutres devra être prohibée ou tout au moins sévèrement réglementée, cette clause ne stipulerait-elle pas une obligation de prestation de secours qui ressemblerait singulièrement à celles que l'on trouve dans bon nombre de traités des XVIIe et XVIIIe siècles (Traité des Pyrénées, 1659; traité entre la France et les Etats-Unis, 1778), où le neutre accorde un avantage à l'un des belligérants et la refuse à l'autre?

Il ne s'agit pas ici de la concession d'un dépôt de charbon avec le terrain, les bâtiments et dépendances y attenant comme la France et l'Angleterre en possèdent un dans la baie de Makalla (arrangement du 12 mai 1900) et l'Allemagne dans l'île du Faisain (mer Rouge) (arrangement avec la Turquie de décembre 1900). Dans ces cas, en effet, comme le dit Despagnet, si l'on prohibe la fourniture « le pays neutre violerait la neutralité en prêtant une partie de son territoire pour servir de base de ravitaillement à l'un des belligérants » (3). Mais il s'agit ici d'un droit que le neutre n'accorde même pas, puisque c'est l'autre partie contractante qui cède son territoire grevé en quelque sorte d'une servitude toute spéciale d'ailleurs (4).

Cette servitude serait-elle plus valable que ne l'est la conces-

(1) Politis, *Rev. gén. dr. intern. publ.*, 1901, p. 362, note 3 (chronique).

(2) V. *infra*.

(3) Despagnet, *op. cit.*, p. 814.

(4) Nous ne faisons pas ici allusion à une servitude du droit international, mais à un démembrement de la propriété dont le titulaire serait une souveraineté.

sion d'un dépôt ? Nous ne le croyons pas : on ne saurait par convention bilatérale échapper aux conséquences du droit international public. Dans l'espèce, l'arrangement du 12 fév. 1899 est affecté d'une clause illégale comme ayant une cause illicite. La question maintenant se pose — mais elle tombe en dehors du cadre de nos recherches — si cette nullité, dont l'Allemagne pourrait se prévaloir le cas échéant, ne se résout pas en un droit de dommages-intérêts en faveur de l'Espagne pour inexécution d'une clause à laquelle elle avait souscrit.

Le droit conventionnel joua durant toute cette période un rôle considérable. Il servit notamment à faire entrer dans le droit international des règles qui « représentent un progrès, mais non une tradition ». C'est ainsi que ces enrôlements privés sur territoire neutre furent d'abord défendus par traité, bien qu'à cette époque ils ne constituassent pas encore des actes considérés comme contraires à la neutralité.

Ce fut ainsi que l'Angleterre se vit contrainte, en 1756, de payer une indemnité pour avoir porté atteinte à la liberté de transport, dont plusieurs traités antérieurs, notamment celui d'Utrecht (1713), avaient reconnu la validité.

§ 15. En 1780, la fameuse ligue de la neutralité [1] armée sanctionna définitivement le principe de la liberté de la marchandise ennemie, quelques années avant que l'acte américain de 1794 posât en matière de neutralité publique (et nous entendons par là les principes de neutralité qui doivent être directement observés par l'Etat lui-même) des principes

[1] Un premier essai de ligue de neutralité armée fut déjà tenté en 1693 par le Danemark et la Suède, elle eut pour résultat d'obliger l'Angleterre et les Provinces-Unies à ne pas exécuter leur traité de 1689 par lequel ces puissances avaient émis la prétention d'obliger les neutres à cesser toute relation commerciale avec la France, leur ennemie commune (Despagnet, *op. cit.*, 3e édit., p. 800). Traité du 17 septembre 1693 (Dumont, VI, 2e partie, p. 327).

qui, aujourd'hui encore, sont ceux sur lesquels se base la théorie de la neutralité.

De même la déclaration de Paris qui consacre l'inviolabilité de la propriété privée sur mer précède de quelques années le traité de Washington qui est le complément de l'œuvre entreprise par l'acte de 1794. Ainsi donc, comme il est d'ailleurs aisé de le comprendre, le respect de la propriété privée et le respect de la neutralité de l'Etat se développent parallèlement, puisque le principe qui leur sert de support est le même et que sous la poussée de mêmes événements, il a entraîné dans la même évolution et les droits de la propriété et ceux de l'Etat. Si les premiers ont précédé les seconds dans l'évolution, cela tient à ce que l'on se trouvait en présence d'intérêts individuels, et que leur violation émeut beaucoup plus vite la conscience publique.

SECTION IV

L'ACTE AMÉRICAIN DE 1794

§ 16. Ce qui nécessita l'acte américain de 1794, ce fut l'attitude du ministre de France à Washington, Genêt, qui se rappelant l'origine toute récente de la jeune République, et l'appui que la France lui avait accordé, crut pouvoir y faire des enrôlements, équiper des navires, et transformer les consulats français en cours de prises.

Il n'est que juste de remarquer que toutes les illégalités n'étaient pas du côté français. Les guerres de la Révolution avaient à ce point déchaîné les passions, que l'Angleterre, notamment par le système des blocus fictifs, saisissait, sous prétexte de contrebande, les navires à destination de ports français ou en venant qui transportaient des marchandises qui jusqu'ici avaient toujours été réputées innocentes, telles que le blé, les vivres d'une façon générale : toute l'œuvre de la ligue des neutres sombra, dans la réaction juridique nécessitée par « la situation exceptionnelle », disaient les puissances coalisées, pour expliquer — et excuser — les abus de la force, et les transgressions de principes qui semblaient cependant fortement établis.

Les Etats-Unis, dans le Foreign Enlistment act de 1794, codifient les différentes instructions que leurs conflits avec Genêt avaient fait naître. Cet act défend au nom d'une stricte neutralité tout armement de vaisseau de guerre ou de corsaires, ainsi que tout enrôlement dans les ports américains sans la permission du gouvernement. Enfin il pose l'impartialité comme devoir de neutralité, reconnaît qu'il est impossible de séparer l'action des particuliers de l'action de l'Etat et que celui-ci a une certaine responsabilité en ce qui concerne la conduite de ceux-là. De là l'invitation qui leur est adressée de s'abstenir de tout acte qui pourrait favoriser l'un des belligérants au détriment de l'autre.

M. Kleen a résumé ainsi tout le système américain :

1° Ce n'est pas seulement l'accomplissement d'un acte contraire à la neutralité qui doit être défendu, c'en est également les préparatifs.

2° L'étranger lésé en cas de violation de neutralité a droit à une réparation ([1]).

C'est ce dernier point qui est particulièrement important. Les Edits des Provinces-Unies de 1779 avaient déjà prohibé les préparatifs d'actes belliqueux tels que l'équipement, l'armement et la mise à la mer de bâtiments armés sous pavillon belligérant ([2]). Et vers la même époque cet exemple avait été suivi par Venise, Gênes, la Toscane et les Deux-Siciles.

([1]) *Op. cit.*, p. 35.

([2]) Hall, *op. cit.*, p. 512-513.

Mais chose plus nouvelle est cette responsabilité de l'Etat sur le territoire duquel ces actes ont été accomplis qui apparaît ici, d'où un développement de son action répressive d'abord, puis nécessité d'une police préventive par voie administrative. C'est ce qu'écrit Washington dans une lettre du 5 juin 1793 adressée à Genêt... « C'est le devoir d'une nation neutre d'interdire, quand elle le peut, tout acte préjudiciable à l'un des belligérants » ([1]).

L'act de 1794 devint permanent en 1800, et, complété en 1818, il devint le grand code américain de la neutralité.

L'année suivante (1819), l'Angleterre, à son tour, donne une loi générale de la neutralité basée sur les mêmes principes.

Les autres pays, sans avoir en la matière une réglementation codifiée semblable à celle des pays anglo-saxons, s'inspirèrent pourtant visiblement, dans leurs décrets ou déclarations, des principes énoncés plus haut.

Au début du XIXe siècle, certains droits des neutres et certains de leurs devoirs se trouvent définitivement constitués : le respect de la souveraineté neutre et de son territoire est de ceux-là, et entraîne l'obligation pour les neutres de ne point tolérer par l'une des parties des armements qui seraient dirigés contre l'autre.

§ 17. Le Congrès de Vienne eut une répercussion indirecte plutôt qu'une influence prépondérante sur la formation du droit de neutralité. Ce grand acte diplomatique qui remanie la carte de l'Europe, ne s'est pas préoccupé de la neutralité (sauf en ce qui concerne la neutralisation de la navigation sur certains fleuves internationaux), mais par son influence indirecte il facilite le règlement de diverses questions de

([1]) De Lapradelle et Politis, *Rec.*, I, p. 35.

neutralité telles que les questions d'enrôlement, d'armement et d'équipement sur territoire neutre, par conventions bilatérales [1]. La grande question, celle qui domine le débat, l'immunité du pavillon neutre, ne sera réglée que par la déclaration de Paris du 16 avril 1856.

§ 18. Ce fut l'alliance franco-anglaise qui, indirectement, souleva la discussion sur ce point. Durant la guerre de Crimée, ces deux pays firent abstraction de leurs systèmes nationaux en matière de prises [2], et les puissances neutres furent délivrées de deux pratiques qui eussent paralysé complètement leur commerce au cas où elles auraient été appliquées simultanément comme on aurait pu le redouter si les belligérants n'avaient craint de compromettre leur unité d'action en se servant de deux systèmes de prises plus habitués à s'opposer l'un à l'autre qu'à se compléter. Ainsi donc, en fait, se trouve proclamée la règle que « le pavillon couvre la marchandise et la déclaration du 16 avril 1856 ne fit que la confirmer ».

SECTION V

LE TRAITÉ DE WASHINGTON

§ 19. Si remarquable que soit la déclaration de Paris, elle n'a pas, croyons-nous, au point de vue de la neutralité, la portée qu'aura le traité de Washington de 1871. La déclaration de Paris fait passer dans le droit positif des notions juridiques déjà réclamées depuis des siècles, et que nous avons

(1) Kleen, *op. cit.*, p. 39 note 2.

(2) L'Angleterre, nous l'avons dit, se tenait à la règle du Consulat de la Mer « robe d'ennemi confisque le navire ». La France, au contraire, invoquait le principe inscrit dans le Traité d'Utrecht en vertu duquel la propriété neutre sous pavillon ennemi était saisissable. Prise entre ces deux systèmes, la propriété privée neutre devenait impossible à transporter.

déjà trouvées formulées au milieu du XVIIe siècle [1], d'autre part il ne s'agit que du rapport des Etats belligérants avec les particuliers neutres, puisque les questions en jeu ont un caractère commercial.

Au contraire, le traité de Washington pose des principes intéressant les rapports des Etats belligérants avec les Etats neutres.

§ 20. Ce fut à la guerre de Sécession qu'il appartint de faire avancer dans cette voie la théorie de la neutralité.

L'Angleterre, dès le début de la guerre, avait adopté une attitude pleine d'indulgente bienveillance pour les insurgés.

Les Etats du Nord, représentés à Londres par M. Adams, diplomate dont l'habileté égala l'énergie, et qui avait au surplus la bonne fortune de pouvoir se baser sur un terrain juridique d'une rare solidité, protestèrent dès le début et obtinrent du secrétaire d'Etat aux Affaires Etrangères, le duc de Newcastle, les fameuses instructions du 31 janvier 1862 [2].

Cependant les *Alabama claims* soulevèrent la responsabilité de l'Etat neutre en matière d'armement et d'équipement de bâtiments destinés à l'un des belligérants et, par conséquent, toute la théorie de la neutralité.

Voici dans quelles circonstances :

Les Etats Sudistes avaient fait construire en territoire anglais un certain nombre de corsaires : *Floride, Georgia, Shenandoah, Pampero*, etc. et enfin l'*Alabama*, le plus connu par les ravages qu'il fit dans la marine des Etats du Nord et par le combat que lui livra un bâtiment de l'Union. Toutes les réclamations que soulevèrent la construction de ces navires reçurent dans la doctrine le nom de *Alabama claims*. Ce

(1) V. *supra*.
(2) V. *infra*.

que nous dirons de l'*Alabama* pourra, à peu de chose près, s'appliquer aux autres corsaires.

L'*Alabama* avait été construit à Birkenhead, en Angleterre, pour le compte des Etats du Sud. Sur les instances répétées de M. Adams, le gouvernement de Saint-James finit par envoyer, au matin du 29 juillet 1862, l'ordre de mettre la main sur le croiseur. Celui-ci, sous prétexte d'essais de machine, venait de quitter le port et ne devait plus y revenir. La carrière qu'il commença tient plus du roman d'aventures que de l'histoire. Après avoir embarqué dans la haute mer un équipage de combat ainsi que des munitions de guerre que lui avaient apportées des transports venant de ports anglais, son commandant, le fameux capitaine Semmes, captura 62 bâtiments de commerce en moins de deux ans, entraînant une perte de 5 millions de dollars infligés directement aux fédérés. Ce qui fut incalculable, ce furent les pertes indirectes ; la flotte de commerce américaine, terrorisée, se retira sous le pavillon neutre et ce fut encore l'Angleterre qui profita de la lutte.

L'indignation des Etats-Unis fut d'autant plus vive que peu de temps auparavant les tribunaux anglais avaient ordonné la main-levée du séquestre mis sur un navire que l'on armait manifestement dans le but d'être employé pour la course contre les Etats du Nord, sous prétexte que l'*Alexandra* (c'était le nom du navire), n'avait pas encore accompli de délit au moment où la saisie avait été effectuée.

Pareil argument ne pouvait servir comme fin de non-recevoir en ce qui concerne l'*Alabama*. Aussi le gouvernement des Etats-Unis maintint-il son point de vue et réclama en termes parfois très vifs (note du 7 avril 1865) un arbitrage. Le secrétaire d'Etat Clarendon le repoussa dans ses notes du 4 mai et 2 août 1865. Mais devant l'attitude menaçante des Etats-Unis, l'Angleterre prit, en **1871**, l'initiative d'un arrangement à l'amiable, et le **8** mai **1871**, dix commissaires pris en nombre égal dans chacun des deux pays se réunirent et arrêtèrent les termes d'un traité dit traité de Washington, qui renvoyait la connaissance et le jugement des réclamations américaines à un tribunal composé des membres nommés par le président de la République des Etats-Unis d'Amérique, la reine d'Angleterre, le roi d'Italie, l'empereur du Brésil et le président de la Confédération helvétique.

§ **21**. Dans ce traité, l'art. 6 établissait trois règles destinées à servir de base juridique à la décision des arbitres, et que les parties contractantes s'engageaient également à observer dans l'avenir [1].

D'après ces règles l'Etat neutre est tenu :

1° D'user de « *due diligence* » pour empêcher dans sa juridiction l'équipement et l'armement de tout navire qu'il a des motifs raisonnables de croire destiné à croiser ou à concourir à des opérations hostiles contre une puissance avec laquelle il est en paix et aussi d'user de la même diligence pour empêcher le départ hors de sa juridiction de tout navire destiné à croiser ou à concourir à des opérations hostiles, ce navire ayant été, dans ladite juridiction, adapté en tout ou en partie à des usages de guerre.

2° De ne permettre à aucun des belligérants de faire de ses ports ou de ses eaux la base d'opérations navales contre l'ennemi, ni de s'en servir pour augmenter ou renouveler des approvisionnements militaires ou des armements ou pour recruter des hommes.

3° D'exercer toute diligence nécessaire dans ses propres

[1] *Nouveau recueil général des traités*, de Martens, Sauver et Hopf, t. XX, p. 698 pour le traité, pour l'arbitrage, p. 767.

ports et eaux, et à l'égard des personnes dans sa juridiction pour empêcher toute violation des obligations et des devoirs sus-mentionnés.

§ 22. Ces principes, on les retrouve déjà dans le nouveau Foreign Enlistment Act de 1870, qui remplaça l'Enlistment Act de 1819, mais il y a cependant une différence essentielle. Sans doute cet acte interdit (§ 8) (1) la construction, l'armement ou l'équipement de tout navire de guerre étranger qui devra servir dans une guerre où l'Etat est neutre, ou défend (§ 10) tout ce qui tend à augmenter la puissance militaire d'un navire qui se trouverait en eaux neutres anglaises. Mais ces prohibitions ne sont pas faites d'une manière absolue, puisque, tout comme l'enrôlement (2), on ne considère ces agissements comme des délits que s'ils sont accomplis *sans la permission du gouvernement.*

On a pu faire des critiques sur le texte dans lequel ces règles sont formulées. L'expression de « *due diligence* » est peut-être un peu vague, mais il nous paraît cependant qu'elle dit tout ce qu'elle doit dire et que toute expression synonyme reviendrait à laisser, comme le fait le texte, toute liberté d'appréciation au gouvernement neutre pour savoir s'il doit ou non intervenir.

Quoi qu'il en soit, les règles de Washington doivent être considérées comme l'expression d'une législation internationale. Sans doute elles ne lient que les parties contractantes du traité de Washington, mais elles résolvent une situation qui n'est pas spéciale à ces deux pays, en s'appuyant sur des règles de droit universellement admis, et dont elles ont fait des déductions rigoureusement scientifiques.

(1) V. Annexe B, p. 220.
(2) V. *infra.*

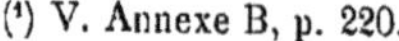

§ 23. Au surplus, la doctrine est fixée en ce sens [1] et l'Institut de Droit international leur a donné sa haute consécration.

Dans sa session de la Haye en 1877 [2], l'Institut a décidé qu'un Etat neutre doit :

1° S'abstenir de prendre une part quelconque à la guerre par la prestation de secours militaires à l'un des belligérants, ou à tous les deux, et veiller à ce que son territoire ne serve pas de centre d'organisation ou de point de départ à des expéditions hostiles contre l'un d'eux ou contre tous les deux; 2° ne mettre à la disposition d'aucun des Etats belligérants, ni leur vendre, ses vaisseaux de guerre ou vaisseaux de transport militaire, non plus que le matériel de ses arsenaux ou de ses magasins militaires, en vue de l'aider à poursuivre la guerre; 3° veiller à ce que d'autres personnes ne mettent des vaisseaux de guerre à la disposition d'aucun des Etats belligérants dans ses ports ou dans les parties de mer qui dépendent de sa juridiction; 4° prendre, lorsque l'Etat a connaissance d'entreprises ou d'actes de ce genre incompatibles avec la neutralité, les mesures nécessaires pour les empêcher, et poursuivre comme responsables les individus qui violent les devoirs de la neutralité.

5° Ni permettre ni souffrir que l'un des belligérants fasse de ses ports ou de ses eaux la base d'opérations navales contre l'autre ou que les vaisseaux de transport militaire se servent de ses ports ou de ses eaux pour renouveler ou augmenter leurs approvisionnements militaires ou leurs armes, ou pour recruter des hommes.

D'après M. Kleen, le paragraphe 3 paraît indiquer que

[1] Sauf quelques auteurs anglais : Phillimore, *op. cit.*, § 156, p. 270, III : Lorimer, p. 255, 269, 271 ; Hall, § 225, p. 531.

[2] *Annuaire*, I, p. 139-140.

seraient seuls interdits la livraison ou l'armement de bâtiments pour le compte de l'Etat belligérant et seraient exclus par conséquent tout armement ou livraison de navires fait par interposition de personnes [1].

Nous croyons que l'on n'a pas, pour expliquer cette disposition, à faire intervenir comme le fait l'éminent jurisconsulte, la disposition du paragraphe 5 (défense de faire servir un port neutre comme base d'opération).

Dans le paragraphe 1, l'Institut règle tout ce qui a trait à l'armement pour une guerre dans laquelle l'Etat n'est pas impliqué. Cet armement est interdit. « Un Etat neutre a le devoir de veiller à ce que son territoire ne serve pas de centre d'organisation ou de point de départ à des expéditions hostiles ».

Dans le paragraphe 2 l'Institut donne quelques exemples de ce qu'il faut entendre par organisation d'expéditions hostiles. Puis dans le paragraphe 3 il passe à un *ordre d'idées tout différent.* Il ne s'agit plus ni d'armement ni d'équipement, mais seulement de l'attitude que l'Etat neutre devra prendre lorsque des navires, comme ce fut le cas de l'*Alabama,* sont armés en pleine mer, ou échappent du port neutre tout armés et viennent se mettre dans *un autre port neutre* à la disposition du belligérant [2]. Somme toute, ce texte règle la tradition juridique d'un bâtiment à l'Etat belligérant. Et ce texte peut seulement avoir en vue cette opération. L'article 1er règle en effet sans distinction d'aucune sorte « l'organisation des expéditions hostiles » sans se soucier si

(1) Kleen, *op. cit.,* I, p. 322-323.

(2) M. Oppenheim, *op. cit.,* II, p. 331, note 2, donne un exemple très intéressant : « En octobre 1904, des armateurs anglais livrent à M. Sinnet et à l'Hon. James Burk Rocher un navire à moitié construit. Tel quel, le bâtiment quitte Londres, se rend à Libau (port russe), non sans avoir été transformé en croiseur, à Hambourg (port neutre).

ces expéditions sont directement organisées par le belligérant ou par personne interposée. Par conséquent le paragraphe 3 ne peut pas avoir en vue de revenir en arrière et de distinguer entre les armements fournis au belligérant sur le territoire, ou à des tiers, qui seraient personnes interposées. Dans ce cas le paragraphe 3 manquerait toute raison d'être, puisque les termes du paragraphe 1 sont formels. Au contraire l'explication que nous donnons du paragraphe 3 non seulement se concilie très bien avec l'ensemble du projet, mais la complète parfaitement, car il y a loin d'avoir concordance d'opinions en ce qui concerne la vente de navires tout armés par des particuliers.

Le paragraphe 3 aurait même, au cas où avec Despagnet [1] on assimile la vente avec l'armement, son utilité si des fraudes avaient eu lieu pour soustraire le navire à la saisie.

Quoique durant la guerre russo-japonaise on ait beaucoup parlé de ces ventes à particuliers qui ne seraient que les agents des belligérants, nous n'avons pu en trouver confirmation officielle [2]. Par contre en 1877 le gouvernement britannique, en vertu des règles de Washington, fit saisir sur la Tamise un navire en voie d'armement destiné à la Turquie [3].

Il est du plus grand intérêt de déterminer limitativement les actes prohibés. Ceux qui ne tombent pas sous les règles de Washington doivent évidemment être considérés comme légaux.

Ces règles n'imposent pas à l'Etat neutre un simple devoir d'impartialité, mais d'abstention. L'Etat n'est pas seulement

[1] *Op. cit.*, p. 818 (3e édit.).

[2] Cf. cependant p. 99, note 2.

[3] *R. D. I. L. C.*, X, p. 180. — Holland, Les débats diplomatiques récents dans leur rapport avec le système du droit international.

tenu d'interdire certains actes à ses agents. Il est encore obligé d'empêcher par sa surveillance que les simples particuliers ne les commettent. Ces actes s'analysent en des opérations commerciales. Nous examinerons quelques-unes d'entre elles : celles qui présentent un caractère plus ou moins marqué d'acte préparatoire d'hostilité. Nous n'étudierons que les actes qui peuvent être accomplis par un navire de guerre (en laissant par conséquent de côté tout ce qui a trait à la construction ou à l'armement).

Aussi bien est-ce à propos de ces opérations que la doctrine est le plus hésitante, les solutions le plus diverses et parfois le plus contradictoires [1].

[1] Nous n'étudierons que les actes faits par des bâtiments de guerre, en négligeant volontairement tout ce qui pourrait avoir trait aux relations des Etats neutres avec les corsaires. On sait que la course a été abolie par la Déclaration de Paris (art. 1er). Presque toutes les puissances ont signé cette déclaration ; celles qui ne l'ont pas fait, comme l'Espagne, les Etats-Unis, le Mexique n'ont cependant pas songé à s'en prévaloir, et durant la guerre hispano-américaine les belligérants se sont à cet égard conduits comme s'ils avaient accédé au traité. Il y a pour expliquer cette attitude une raison de fait péremptoire ; aujourd'hui, tout bâtiment qui paraît pouvoir à quelque degré que ce soit servir dans les hostilités est réquisitionné pour l'Etat. Dans de pareilles conditions, on conçoit que n'ayant pas la possibilité de faire la course, celle-ci « est et demeure abolie... » même pour les Etats qui avaient fait leur réserve sur le principe.

CHAPITRE III

Actes d'hostilités.

SECTION PREMIÈRE

COMBATS

Dans notre deuxième chapitre, nous avons signalé que les infractions à la neutralité maritime se bornent — et nous en avons indiqué les raisons — à la violation des eaux neutres soit pour y livrer combat, soit pour y procéder à des captures; les deux choses, on le conçoit, ont un rapport étroit entre elles. Nous avons alors donné quelques exemples qui nous ont paru particulièrement typiques. Nous nous contenterons donc d'examiner les cas les plus récents de violation de cette nature et la solution unanime que donne la doctrine au problème; le fait est assez rare pour ne pas le souligner.

Nous ferons précéder cet examen de quelques considérations tirées d'événements historiques dans lesquelles on voit apparaître le neutre, non plus sujet passif de la violation, mais pris comme responsable des conséquences qu'elle entraîne.

§ 1. Au début du XVIIIe siècle, l'inviolabilité des eaux neutres était fortement établie ainsi que le prouve l'affaire de l'amiral de la Clue [1] en 1759. Mais déjà, bien avant, au début du XVIIe

[1] V. *supra*. — *Contra* Oppenheim, *International Law*, II, p. 390, note.

siècle, le respect de ces eaux était exigé, quoique cela soit contesté [1] et l'attitude de l'amiral hollandais Tromp, en 1639, à la bataille de Duin, nous fortifie dans cette opinion.

Le célèbre marin venait de battre la flotte hispano-portuguaise, bien supérieure en nombre à la sienne, dans la Manche et comme le commandant en chef don Antonio d'Oquendo s'était réfugié à Duin, port anglais, Tromp l'y rejoignit et le défit une seconde fois.

Or, malgré l'affirmation de M. den Beer Poortugael, qui, tout en reconnaissant que le droit d'attaquer l'ennemi dans un port neutre était « douteux », croit cependant que la négative n'avait point encore passé de la doctrine dans la pratique, nous sommes d'avis que c'était là un point déjà nettement établi.

En 1604, l'Angleterre proteste pour une violation infiniment moins grave ; il s'agissait d'une capture faite en eaux neutres. *A fortiori*, un combat était-il considéré comme contraire au droit des gens [2].

Au surplus, s'il n'en était pas ainsi, l'attitude de Tromp serait inexplicable : il fit tout pour attirer l'ennemi en la haute mer, et cela était en opposition avec ses intérêts stratégiques qui étaient « d'embouteiller » son adversaire.

Ainsi il commença par insister, sans résultat d'ailleurs, auprès de l'amiral anglais accouru pour faire sauvegarder la neutralité afin que celui-ci s'employât à faire lever l'ancre à la flotte espagnole. Ensuite, comme d'Oquendo prétendait attendre pour prendre la mer un chargement de mâts qui se trouvait à Douvres, Tromp les envoya chercher et les lui fit parvenir ; changeant alors de prétexte, Oquendo se retrancha

(1) Den Beer Poortugael, *Het internationaal maritiem recht*, 1888, p. 400 et s.
(2) De Lapradelle et Politis, *Rec.*, I, p. 203.

derrière la nécessité de compléter ses approvisionnements de poudre. Et ici se place un fait que l'éminent écrivain à qui nous empruntons cet exemple qualifie avec raison « d'unique dans l'histoire ». Les Hollandais en approvisionnèrent eux-mêmes l'ennemi avec l'espoir toujours déçu que cette fois-ci Oquendo se déciderait à gagner le large.

Mais cet acte de chevaleresque bravoure n'est-il pas en même temps un aveu? N'eût-il pas posé une grande responsabilité sur les épaules de Tromp, si cette façon d'agir ne cachait pas un but politique : écarter dans la mesure du possible des complications internationales [1].

§ 2. L'affaire de l'amiral de Clue assailli par l'amiral anglais Boscawen, en 1759, dans les eaux portugaises, est intéressante à rappeler à côté de l'affaire de Duins, parce que non seulement le marquis de Pombal put obtenir de l'Angleterre des excuses solennelles, ce qui est certainement un signe des temps, mais surtout parce qu'à la différence de l'Angleterre, en 1639, la France exigea la restitution des navires capturés, ce qui peut être considéré comme l'apparition, sous une forme rudimentaire, il est vrai, d'une idée de réparation, non pas envers la puissance dont la neutralité est violée et qui, somme toute, est seule en cause, mais envers la puissance qui a souffert de la violation, réparation demandée en dehors de toute idée de pénalité. Cette idée se développe et se précise au cours des guerres de la Révolution (l'acte américain de 1794 est très intéressant à cet égard, c'est cela qui le distingue essentiellement des édits (plakkaten) de neutralité des Etats-Généraux, de Venise ou de Gênes). C'est là que l'on rencontre pour la première

[1] Effectivement, cette violation de la neutralité fut un des griefs que l'Angleterre fit valoir pour déclarer la guerre aux Etats-Généraux en 1652.

fois émis le principe du droit à la réparation pour un étranger lésé par des violations de neutralité, et cette idée devient, au cours de l'arbitrage de Napoléon III, alors président de la République française, dans l'affaire du *Général Armstrong*, un principe de droit, une véritable norme juridique. Voici dans quelles conditions :

§ 3. Au cours de la guerre anglo-américaine de **1812-1814**, un corsaire américain, le *Général Armstrong*, fut capturé dans le port de Fayal, en eaux portugaises par conséquent, par une escadre anglaise composée des frégates *Carnation, Rota, Plantagenet,* qui envoyèrent des embarcations au *Général Armstrong*. Le corsaire les somma de se retirer et, sur leur refus, les y obligea en faisant feu sur elles. Le gouverneur de l'île averti se hâta de recommander à l'officier commandant anglais de s'abstenir de tout acte d'hostilité dans les eaux portugaises. Mais celui-ci ne tint aucun compte de ces instructions et fit une attaque de nuit contre le bâtiment américain; repoussé, il adressa une note au gouverneur de l'île dans laquelle il prétendit avoir eu à subir le feu du *Général Armstrong* et qu'en conséquence la violation de la neutralité ayant été commise par les Américains, il se dégageait de toute obligation à cet égard. Aussi, malgré les protestations du gouverneur portugais, le consul britannique fit savoir que le corsaire américain serait détruit, et que traitement identique serait infligé à l'île si les forts s'y opposaient.

Deux attaques furent faites, à la seconde le capitaine Reid abandonna son bâtiment une fois qu'il eut appris que les forts portugais resteraient inactifs. Les Etats-Unis adressèrent protestations sur réclamations de dommages-intérêts au Portugal, et après de nombreux pourparlers on s'en remit par traité du **26** février **1851** à l'arbitrage du prince Louis

Napoléon qui rendit sa sentence le 30 novembre 1852, et débouta les Etats-Unis [1].

Cette décision est l'objet d'une critique très pénétrante de M. Kleen dans la note précitée, la seule chose que nous retenons ici c'est la constatation par l'arbitre que la collision eut lieu « au mépris des droits de souveraineté [du Portugal] en violation de la neutralité de son territoire ». Et en second lieu, que l'Angleterre blâma en 1817 l'officier commandant des forces anglaises de Fayal, et qu'elle accorda une année plus tard, une indemnité aux habitants de l'île. Ainsi se trouve réglée la question de sanction à laquelle un pays qui s'est rendu coupable d'une violation de neutralité, est tenu envers le souverain dont la neutralité n'a pas été respectée.

Nous examinerons la situation du pays neutre envers le pays victime de la violation, dans notre chapitre VII sur les sanctions des violations de neutralité.

Pour l'instant nous ne retenons que deux choses : 1° la violation de la neutralité des eaux territoriales portugaises est reconnue par l'arbitre ; 2° celui-ci décide que c'est le capitaine Reid qui a commis la violation de la neutralité, et non les navires anglais [2], le Portngal se trouve par là même « dégagé........ de l'obligation où il se trouvait de lui assurer » protection par toute autre voie que celle d'une intervention » pacifique ».

Nous nous élevons contre cette affirmation. De deux choses l'une : ou une violation de neutralité entraîne pour celui qui s'en rend coupable l'impossibilité de réclamer ensuite du neutre la protection à laquelle il aurait normalement droit, ou une telle violation n'implique pas une telle conséquence.

[1] De Lapradelle et Politis, *op. cit.*, note Kleen, p. 637 et suiv.

[2] Si cela est exact, les dommages-intérêts accordés par l'Angleterre aux habitants de Fayal ne s'expliquent pas.

Et c'est à cela qu'il faut en dernière analyse revenir. Car la première hypothèse, celle où une violation de neutralité entraîne le droit pour le neutre de limiter l'obligation de protection à une intervention pacifique, est tout arbitraire. Pourquoi ne pas retirer au violateur jusqu'à cette intervention pacifique, ainsi que le soutint le Japon lors de l'incident de Chefou ([1])? De plus, on devrait par voie de conséquence permettre à l'autre belligérant de violer à son tour la neutralité sous prétexte de la rétablir, car, au dire de l'arbitre dont nous critiquons la formule, le neutre se trouve dégagé de l'obligation de protéger le premier belligérant « par toute autre voie que celle d'une intervention pacifique ». Nous n'insistons même pas sur les dangers d'une pareille théorie, elle se heurte surtout à une impossibilité juridique : deux souverainetés ne peuvent pas coexister sur un même territoire.

§ 4. Le cas du *Général Armstrong*, s'il fut l'exemple le plus célèbre des combats en eaux neutres durant la guerre anglo-américaine de 1812-1814, ne fut pas le seul. Sans parler de l'attaque faite par la frégate britannique *Léopard* contre la frégate américaine *Chesapeake* dans les eaux des Etats-Unis sous prétexte de mesure de police, acte de félonie qui fut une des causes de la guerre ([2]), et qui n'entre pas dans le cercle de nos recherches, comme ayant été accompli en temps de paix, nous pouvons encore citer la frégate américaine *Essex* assaillie devant Valparaiso par une frégate et un sloop de guerre anglais, ainsi que la prise du sloop de guerre américain à l'ancre à Porte Praya par une escadre britannique ([3]).

([1]) V. *infra*.
([2]) De Lapradelle et Politis, *op. cit.*, p. 294.
([3]) De Lapradelle et Politis, *op. cit.*, p. 636.

§ 5. Au cours du XIXe siècle, les combats en eaux neutres disparaissent à peu près complètement. La conduite des Danois en 1864 qui s'arrêtèrent dans leur poursuite de l'escadre austro-prussienne, sur la limite des eaux territoriales anglaises de l'île d'Helgoland où l'ennemi se réfugia doit tout particulièrement être louée (¹).

L'attitude de la marine américaine dans une affaire survenue également en 1864, au cours de la guerre civile, et qui mérite d'être signalée comme pendant de l'affaire du *Général Armstrong,* contraste singulièrement avec la conduite de la marine danoise.

Un croiseur américain, le *Wachusett,* soutenu et encouragé par le consul américain, n'hésita pas à ouvrir le feu sur le croiseur confédéré *Florida* dans le port brésilien de Bahia où tous deux étaient à l'ancre. Il fallut l'intervention énergique de l'amiral brésilien pour mettre fin à la canonnade. Avec une audace digne d'une meilleure cause, le commandant du *Wachusett* ne se tint pas pour battu et trouva moyen, sans doute favorisé par le désarroi qui avait suivi ces événements, de remorquer le *Florida* hors de rade et de le conduire dans le port américain de Hampton-Road, malgré la division brésilienne lancée à sa poursuite et qui ne put jamais rejoindre l'audacieux agressenr.

M. Seward, secrétaire d'Etat aux affaires étrangères, au nom du Président de la République, blâma et désavoua les procédés employés dans des termes qui ne laissent rien à désirer au point de vue de la clarté.

Les Etats-Unis acquiescèrent à toutes réparations et excuses qu'avait présentées le Brésil dans la note du 12 décembre 1864, car, reconnut M. Seward dans sa réponse (note du

(¹) Den Beer Poortugael, *op. cit.*, p. 68.

26 décembre 1864), « la capture du *Florida* avait été un procédé de la marine américaine, prohibé, illégal et insoutenable » ([1]).

Si quelque chose pouvait effacer l'impression fâcheuse produite par ces événements, c'est bien la complète réparation qui les suivit.

On ne peut que porter un jugement tout différent sur les événements survenus au début de la guerre russo-japonaise et connus sous les dénominations d'incidents de Chemulpo et de Chefou.

§ 6. *Incident de Chéfou.* — Dans la nuit du 10 août 1904, le contre-torpilleur russe *Rachitelni* entra dans le port de Chéfou et put s'y croire en sûreté. Quarante-huit heures plus tard, deux contre-torpilleurs japonais y pénétrèrent à leur tour et se saisirent du navire russe. Ce fut là une violation du droit des gens qui souleva l'indignation générale, jusque parmi les auteurs anglais ([2]). Dans un port neutre, un bâtiment belligérant est inviolable, surtout pour son adversaire. M. Lawrence va jusqu'à dire que le commandant japonais n'avait pas le droit d'entrer dans le port chinois avant de savoir si effectivement le contre-torpilleur n'avait pas désarmé ([3]). Ce n'est, ajoute-t-il, qu'au cas où la Chine eût toléré qu'un navire belligérant pût se refaire dans ses eaux que le Japon aurait pu être autorisé à faire sa police dans un port appartenant à un pays qui viole les règles de la neutralité.

Cette conception de la neutralité nous semble à la fois trop

([1]) Pour les détails consulter Moore, *Digest of international Law*, VII, p. 1090, Washington, 1906.

([2]) En ce sens Holland, Les devoirs des neutres dans la guerre maritime et les événements récents, *R. D. I. L. C.*, 1905, p. 359; Oppenheim, *op. cit.*, II, p. 343. — *Contra* Lawrence, *War and neutrality in the Far West*, 1905, 2e édit.

([3]) Lawrence, *op. cit.*, p. 294.

sévère et ne l'être pas assez. Ce respect de la neutralité nous paraît vraiment exagéré lorsque l'éminent professeur subordonne le droit d'entrée d'un navire belligérant au désarmement du bâtiment ennemi qui aurait pu l'y précéder. M. Lawrence songe évidemment ici à rapprocher les règles de la neutralité des ports de celles en vigueur pour la neutralité continentale, et cette idée nous paraît bien être la règle de l'avenir — non celle du présent [1]. Le principe actuel, c'est le droit, pour un navire de guerre, d'entrer dans un port neutre et d'y conserver une parfaite liberté. Il peut donc parfaitement être amené à y rencontrer une force ennemie et, en fait, cela s'est si bien produit que des réglementations précises ont été élaborées pour déterminer leurs droits réciproques [2].

D'autre part M. Lawrence retrécit la notion de neutralité, lorsqu'il admet la substitution de la police (policy) du belligérant à celle du neutre au cas ou celui-ci violerait les règles de la neutralité.

Cette façon de voir nous a d'autant plus surpris sous la plume de M. Lawrence qu'il a écrit à propos de l'intervention des commandants des stationnaires français, anglais, américain et italien à Chemulpo [3] qu'ils n'avaient pas qualité requise pour faire respecter la neutralité d'un tiers, la Corée dans l'espèce; que seuls leurs gouvernements pouvaient trancher la question. Les mêmes arguments militent ici pour une solution semblable avec peut-être encore plus de force, car il s'agit de laisser un belligérant juge de l'attitude d'un

[1] Nous n'approuvons cette assimilation *qu'en ce qui concerne les ports*. Notre travail a été inspiré surtout par le désir de montrer que la mer littorale exige un régime tout différent.

[2] V. *infra*.

[3] V. *infra*.

neutre envers l'autre belligérant. On pourrait avec quelque raison parfois suspecter l'impartialité d'un officier entraîné par son zèle... et par des considérations stratégiques, et craindre qu'il ne se laissât aller à considérer tel acte d'un neutre comme violant la neutralité, et cela d'autant plus facilement qu'il serait insuffisamment préparé à une tâche qui n'est pas celle, il faut le dire, d'un soldat. Il convient de poser en principe que ce n'est pas lui qui devra résoudre les difficultés de droit international qui peuvent surgir au cours des hostilités. C'est avec raison que partant de cette idée le Japon avait en 1894, au cours de la guerre de Chine, adjoint un juriste à son état-major en campagne.

On nous objectera peut-être qu'il y a des cas où un chef militaire se trouve dans la nécessité de prendre des mesures qui réagissent sur les intérêts des neutres. Tel est par exemple le cas de blocus, qui peut très certainement nuire aux neutres et non moins certainement être ordonné par un militaire. Nous répondons à cela que ces mesures auront avant tout un caractère de mesure de guerre. Subsidiairement comme c'est le cas ici, elles peuvent le mettre en face de difficultés internationales parce qu'il peut s'agir indirectement des intérêts des neutres, intérêts de particuliers et non point intérêts touchant la souveraineté elle-même, mais la substance, si nous osons dire, de ces mesures sera toujours d'ordre militaire.

Ensuite le désarmement n'est devenu la règle que durant cette guerre. Les croiseurs russes *Askold* et *Grosovoï* ne furent désarmés que sur l'ordre de leur souverain.

Mais la France fut à peu près la seule puissance qui n'exigea pas le désarmement des navires de guerre entrés à la suite de combat dans un de ses ports : (*Diana* à Saïgon).

Les États-Unis désarmèrent le croiseur russe *Lena* à San-

Francisco (13 septembre 1904) et les cuirassés *Aurore*, *Oleg*, *Jemschug*, à Manille (3 juin 1905) [1].

L'Allemagne suivit cette voie, non sans quelques hésitations, et ordonna l'internement du cuirassé russe le *Czarewitch*, accompagné du croiseur *Norik* et de trois torpilleurs à Tsing-Tschau dans la concession de Kiao-Tcheou (août 1904). Le chargé d'affaires des États-Unis, dans sa dépêche du 17 août 1904, n° 440, signale à son gouvernement le caractère de mesure toute spéciale que l'Allemagne donna à cette décision [2]. Il résulte très clairement des déclarations du Dr von Mühlberg, secrétaire d'Etat *ad interim*, que la décision n'est qu'une décision n'engageant nullement l'avenir.

Mais faisons abstraction de la question de savoir si la Chine a violé la neutralité, admettons-le pour un instant, il ne nous paraît pas moins inadmissible que l'on puisse à une violation de la neutralité répondre par une autre violation. Hautefeuille, à notre connaissance tout au moins, est le seul auteur qui ait préconisé ce système [3]. Par contre, dans la doctrine, on considère généralement que la non-observation par le neutre de ses devoirs, peut constituer un *casus belli* [4] ou encore donner lieu à des dommages-intérêts. Agir comme l'a fait le gouvernement japonais c'est revenir au système de la nécessité, c'est-à-dire faire dépendre de la guerre les droits de la neutralité. L'histoire est là pour en montrer les heureux effets.

Le Japon, pour justifier sa conduite, se sert d'une argumentation très embarrassée : « La position de la Chine, écrit-il, est exceptionnelle dans la lutte actuelle, ce territoire est

(1) Moore, *op. cit.*, p. 999 et 992.

(2) Moore, *op. cit.*, p. 998.

(3) Hautefeuille, *op. cit.*, I, p. 299.

(4) Klüber, II, § 284; Funck-Brentano et Sorel, *Précis du droit des gens*, p. 307; Bonfils, *op. cit.*, p. 193.

pour partie belligérant, pour partie neutre » (note de février 1904) [1]. Et la note ajoute que l'entrée du *Rachitelni* convertissait Chéfou « en territoire belligérant ». Donc, Chéfou était, de l'aveu même du Japon, « neutre ». Mais alors que veut-on dire lorsqu'on nous parle de la situation « exceptionnelle » de la Chine ? Il faut choisir entre les deux arguments. A notre avis, ils sont aussi mauvais l'un que l'autre. Nous avons déjà discuté le dernier ; quant au premier, nous nous contenterons de faire observer que « l'entente spéciale » à laquelle on se refère et par laquelle les belligérants avaient compris dans la région des opérations militaires — qu'il ne faut pas confondre avec le théâtre même des hostilités [2] — la Mandchourie, étant intervenue entre la Russie et le Japon, on ne saurait l'opposer à la Chine qui ne la connaissait pas et n'avait pas à la connaître. La situation « anormale et contradictoire », pour parler comme le gouvernement japonais, était un simple état de fait qui ne pouvait pas influer sur la théorie de la neutralité.

§ 7. *Incident de Chemulpo.* — Cet incident est antérieur (8 février 1904) à l'incident de Chéfou (10 août 1904). Si nous l'étudions en second lieu, c'est que, comme nous le dirons bientôt, à la différence de l'argumentation mise en avant dans l'incident de Chéfou, on conteste non plus la neutralité mais le caractère de pays souverain où la violation de neutralité aurait été commise. De plus, à Chemulpo, le combat a eu lieu en eaux littorales, à Chéfou, la prise fut effectuée dans le port même. Donc la violation de neutralité à Chéfou présente un caractère de gravité plus marqué encore. C'est la raison pour laquelle, fidèle à notre plan, nous l'avons étudiée en premier lieu [3].

(1) *Quest. dipl. et col.*, 1904, XVIII, p. 225.
(2) Pour cette distinction, v. Oppenheim, *op. cit.*, II, p. 80-81.
(3) V. *supra*, p. 64.

Une escadre nippone, sous les ordres de l'amiral Uriu, invita les navires russes le *Variag* et le *Korietz* à sortir du port coréen de Chemulpo où ils se trouvaient pour livrer combat, les menaçant, au cas de refus, de les détruire dans le port. L'officier commandant russe acquiesça à la demande de l'ennemi, avec le résultat que ses bâtiments furent coulés dans les eaux coréennes. Les naufragés furent recueillis par les navires de guerre étrangers italien, anglais et américain, et le croiseur français *Pascal* se distingua tout particulièrement par la façon dont il sut concilier les sentiments d'humanité de tradition dans la marine française, avec une attitude irréprochable de correction. Le traitement des prisonniers fut de tout point conforme au droit positif le plus récent (1).

Peut-on en dire autant de l'attaque des Japonais?

La négative est l'opinion prédominante même parmi les auteurs anglais (2).

Cependant le contraire fut soutenu (3).

Tout le raisonnement revient à nier l'indépendance de la Corée, à dire ensuite que le Japon n'a pu violer la neutralité d'une puissance qui n'existait pas.

Mais que fait-on des traités de Shimonaky (1895) et de l'arrangement conclu entre l'Angleterre et le Japon (1902) où cette indépendance est expressément reconnue?

C'est en vain que M. Lawrence invoque la restriction contenue dans ce dernier accord pour écrire: « Practically Korea » never has been and was meant to be fully independant in » the sens given to the term in international law ».

Comme si la menace — car cette restriction n'est pas autre

(1) Art. 10, Convention de la Haye, 29 juillet 1899.

(2) Holland, art. cit. *R. D. I. L. C.*, 1905, p. 359 et s. — Mac-Donnel, *Some notes on neutrality XIX century*, 1904, p. 507.

(3) Lawrence, *op. cit.*, p. 276 et s.

chose (¹) — pouvait modifier la situation juridique d'un Etat! La Corée, écrit plus loin le juriste anglais, était protectorat japonais.

Mais comment peut-on établir par simple manifestation de volonté unilatérale un protectorat? N'y a-t-il pas là une impossibilité ? Et est-ce que le Japon ne l'a pas ainsi compris ? Est-ce que son premier soin, une fois le traité de Plymouth signé, n'a pas été de régulariser une situation de fait, de prendre solennellement possession de ce pays en passant avec lui un traité régulier dans la forme, mais qui n'en repose pas moins sur une violation du droit (²)?

La Corée était nation indépendante. Et nous ne saurions nous élever avec trop de force contre ces prétentions qui tendraient à supprimer une puissance par un document diplomatique émané d'une autre puissance. Pareil procédé a été condamné en ce qui concerne l'occupation qui s'applique pourtant à une « res nullius » et qui demande cependant l'occupation effective.

Mais en admettant cette occupation effective par le Japon au moment de l'attentat de Chemulpo (février 1904), il n'y

(¹) Cette restriction consiste dans une phrase où les puissances contractantes semblent subordonner aux intérêts que des alliés y ont l'indépendance de la Corée (Lawrence, *op. cit.*, p. 276). Au surplus, voici le texte en question : Art. 1er. — The high contracting parties having mutually *recognized* the uninfluenced by an agressive tendancies in either country. *Having in view however their special interest of which those of Great Britain relate principally to China while Japan in addition to the interests she possesses in China is interested in a peculiar degree politically as well as commercially and industrially in Corea* the high contracting parties recognize that it will be admissible for either of them to take such measures as may be indispensable in order to saveguard those interests if threatened either by agressive action of any other power, or by disturbance arising in China and Corea and necessitating the intervention of either of the high contracting parties for the protection of the lives and property of its subjects. De Martens et Stœrk, *Rec. des traités internationaux*, 2e série, XXX, p. 650.

(²) Cf. Rey, La situation internationale de la Corée, *Rev. gén. de dr. intern. pub.*, 1906, p. 54 et s.

aurait eu là qu'un état de fait. Car qui dit protectorat dit substitution d'une souveraineté externe à une autre. Il faut le consentement de l'Etat protecteur et aussi le consentement de l'Etat protégé. Il faut un consentement exprès contenu dans un traité spécial (le traité de protectorat) signé de part et d'autre par les plénipotentiaires désignés à cet effet. Et si l'on soutient, ce qui nous paraît très contestable, qu'il suffit d'une manifestation tacite de volonté, nous répondrons que toutes ces manifestations sont faites par l'une des parties seulement, le Japon, et jamais par l'autre.

Au surplus, les puissances belligérantes ont reconnu l'autonomie coréenne, la Russie par une note en date du 22 février 1904 et le Japon par une note de mars de la même année. Est-il vraiment scientifique de les écarter d'un mot en déclarant dédaigneusement que l'indépendance garantie par ces documents n'est qu'un fantôme, l'ombre d'une ombre qui n'existe pas plus que n'existe la neutralité coréenne (1)? C'est une fiction, ajoute-t-on, admise pour des raisons de « commodités diplomatiques ». Et pourquoi, en revanche, attacher tant d'importance à la note japonaise du 27 février 1904? Car enfin, cette note qui semble considérer la Corée comme protectorat japonais, ne pourrait-on pas la suspecter, elle, par contre, d'être inspirée par des raisons « de commodités.... stratégiques? »

Au surplus, M. Lawrence lui-même a senti toute la fragilité de cette argumentation, car ailleurs il essaye en ces termes de défendre la légitimité de la conduite du Japon avec des éléments nouveaux : « Korea, écrit-il, was in reality, prize of war, and it was absurd to suppose that military operations would not be carried on within her borders. If

(1) Lawrence, *op. cit.*, p. 282.

this be so, there is no sound legal foundation for the protest of the three capitains » (1). On fait allusion aux protestations que firent entendre les capitaines français, américain et italien contre la conduite de l'amiral Uriu.

Ce raisonnement fut repris par M. Oppenheim (2), qui ne soulève pas la question du protectorat et reconnaît parfaitement la neutralité de la Corée. On se contente de trouver une justification de la violation de cette neutralité dans la nécessité de la guerre. Pourtant, les éminents jurisconsultes ne protesteraient-ils pas si, au cas d'une guerre entre la France et l'Allemagne, ces puissances envahissaient la Belgique ou la Hollande, sous prétexte que ces pays seraient ou pourraient devenir, au cours des opérations, « the prize of war » ?

Pour notre part, nous n'admettrons jamais que des convoitises plus ou moins avouables pourraient modifier l'état juridique du pays qui aurait le malheur d'en être l'objet.

SECTION II

CAPTURES

Si, au cours des siècles précédents, nous avons rencontré de nombreuses violations de neutralité consistant en combats dans les eaux neutres, nous trouverions encore beaucoup plus d'exemples de captures de simples navires de commerce. Car, outre que ceux-ci sont moins aptes à la défense, la lutte contre les particuliers était tout particulièrement vive et la guerre maritime, au lieu d'être un rapport de souverain à souverain, était surtout et avant tout un moyen systématique de destruction des richesses de l'ennemi.

(1) *Op. cit.*, p. 81.
(2) *Op. cit.*, III, p. 342.

Au contraire, dans ces dernières guerres, l'on voit encore des exemples de combats en eaux neutres, la guerre russo-japonaise le prouve ; mais, chose curieuse, la capture de navires de commerce ne s'est pas présentée. La raison nous paraît être une raison de fait beaucoup plus qu'une raison de droit. La nature de la violation reste la même dans les deux cas.

Il y a un même recours de l'Etat neutre contre l'Etat violateur, et à l'inverse la responsabilité de celui-ci envers le pays lésé par la violation peut différer selon qu'il s'agit d'un combat ou d'une capture, mais sans modifier la responsabilité en elle-même. Dans les deux cas, il y eu non surveillance ou surveillance insuffisante de ses eaux par le neutre : la nature de sa faute est donc la même.

Il faut remarquer que la destruction d'un navire de guerre constitue un affaiblissement réel pour le pays qui en est victime, mais seulement pour ce pays. Au contraire une capture d'un navire de commerce intéresse le commerce, cosmopolite par essence, tout entier. Les belligérants le savent, et hésitent à soulever contre eux l'opinion publique : l'interdépendance économique des peuples n'est pas un vain mot, et leurs intérêts menacés leur inspireraient une indignation que la violation du droit en lui-même ne leur aurait peut-être pas arrachée. C'est parce que cette solidarité sociale était inconnue que les captures se multiplient au cours des XVIIe et XVIIIe siècles.

§ 7. C'est l'escadre anglaise qui à Bergen attaque 70 vaisseaux marchands hollandais. Le commandant de la place refusa de faire sortir les Hollandais alors en guerre avec l'Angleterre, et demanda même leur aide pour repousser l'attaque, ce qui réussit [1] (1666).

[1] Vattel, *Droit des gens*, III, chap. VII, § 132, p. 66 (1758). — Den Beer Poortugael, *op. cit.*, p. 404.

§ 8. De 1758 à 1762 de nombreuses plaintes de violation des eaux neutres des Provinces-Unies sont adressées par l'Angleterre auprès des Etats Généraux. Ces plaintes tantôt sont accueillies, tantôt ne le sont pas. Ainsi par décision des Etats Généraux est relâché un navire anglais capturé par les Français sur la rade de Texel (23 septembre 1760), mais à l'inverse on ne donne pas suite à une plainte déposée contre un corsaire de Dunkerque qui aurait capturé un vaisseau anglais dans les eaux hollandaises [1].

Nouvelle décision en date du 22 avril 1761 par laquelle une prise faite par un corsaire français est relâchée, comme ayant été faite dans les eaux neutres.

§ 9. Au cours des guerres de la Révolution et du Consulat, de nombreuses captures sont faites dans les eaux neutres. La Cour de cassation jugeant comme cour des prises rendit une série d'arrêts remarquables à ce point de vue. C'est le *Saint-Michel* qui est relâché, comme ayant été pris sous le canon de Bilbao (Cass., 23 ventôse VII), même décision en ce qui concerne le navire danois *Christiana Colbiornson* pris dans le port de Livourne (Cass., 14 ventôse an VII). Une autre décision intéressante est celle qui relâche le bâtiment américain *La Perle* capturé par le corsaire *Légère* sur la côte d'Espagne. Comme on avait invoqué le caractère sauvage de la côte, Portalis répondit dans ses conclusions que « le territoire neutre doit être respecté indépendamment de la force, et à cause de lui-même » (27 thermidor an VIII) [2].

§ 10. Intéressante est l'attitude du gouvernement anglais dans l'enlèvement de navires suédois et français d'un port

[1] Correspondance de l'ambassadeur britannique à La Haye (1758-1762), lettre du 29 septembre 1760.

[2] De Pistoye et Duverdy, *Traité des prises*, I, p. 92 et s. — Merlin, *Répert.*, XIII, p. 180 et s.

danois de la Norvège par deux frégates anglaises. En réponse aux protestations du Danemark, lord Hawkesbrough, secrétaire d'Etat aux affaires étrangères, commença (note du 19 mars 1890) par subordonner la restitution des navires capturés à la solution des difficultés pendantes entre les deux cours. Le Danemark insiste et fait observer avec raison que la violation d'un port ou d'un territoire n'est point, « sous aucun prétexte quelconque », dit la note, « un objet soumis à la décision des tribunaux ».

Lord Hawkesbrough continue dans sa réponse (note du 23 mars) à affirmer que les tribunaux doivent statuer. Le comte Wedel-Jarlsberg, ministre du Danemark à Londres, maintient en termes très fermes la note précédente... Il était inadmissible effectivement que la Cour des prises statuât sur la question de souveraineté du Danemark en ce qui concerne les eaux norvégiennes où l'attentat avait eu lieu : une puissance indépendante ne peut pas permettre à un tribunal étranger de statuer sur une question de cette nature. C'est à quoi l'Angleterre finit par se rendre. Mais il ressort très clairement de la note (24 mars) que ce n'est là qu'une décision d'espèce, commandée par les circonstances spéciales de la cause... « C'est avec beaucoup de satisfaction, écrit lord Hawkesbrough, que le soussigné est actuellement à même d'ajouter que les navires suédois capturés dans le port de Norvège, ainsi que leurs équipages seront immédiatement relâchés, *attendu qu'il n'est pas besoin de recourir préalablement à des procédures pratiques dans les cirçonstances particulières du cas en question* » [1].

§ 11. L'affaire du *Général Armstrong*, que nous avons relatée plus haut, eut pour conséquence un certain nombre de

[1] Ortolan, *op. cit.*, II, appendice, p. 413 et suiv.

captures, en eaux portugaises, de navires de commerce anglais par des bâtiments américains, mais c'étaient là des actes de représailles plutôt que des violations de neutralité proprement dites [1].

Les faits de cette nature deviennent de plus en plus rares et il faut arriver à la guerre de Crimée pour avoir à signaler deux incidents survenus dans les eaux territoriales de Java (Indes néerlandaises) et qui présentent la question sous un jour un peu spécial.

Le 8 juillet 1854, l'*Onny*, navire de commerce russe, mouilla devant la rade de Batavia, derrière une ligne de petits îlots, donc en pleine eau territoriale. Aussitôt un navire de guerre anglais la *Lily*, qui se trouva également dans les eaux hollandaises, leva l'ancre, passa derrière le navire russe et envoya de cet emplacement un canot en prendre régulièrement possession. Deux jours plus tard, il fut remis en liberté, non pas parce que la prise avait été faite dans les eaux neutres, mais parce que le navire se trouvait dans les limites de l'indult accordé par les « orders in Council » de la reine d'Angleterre.

Quelques jours plus tard, une barque hollandaise, la *Nagalant*, fut arrêtée par le même bâtiment de guerre anglais également dans les eaux territoriales javanaises. Elle fut également relâchée avec même des excuses lorsque l'on constata n'avoir point à faire à un navire battant pavillon ennemi [2].

Ces faits étaient trop graves pour que la Hollande ne s'émût point, et le 15 septembre une note de protestation fut adressée au gouvernement de Saint-James.

La réponse de lord Clarendon, en ce qui concerne l'*Onny* est curieuse. Il fit observer : 1° que la *Lily*, qui avait envoyé

(1) De Lapradelle et Politis, *op. cit.*, p. 653, note 3.

(2) Den Beer Poortugael, *op. cit.*, p. 409 et suiv.

une chaloupe prendre le navire russe, *se trouvait* — nous avons vu que le navire de guerre avait fait cette manœuvre uniquement dans une intention de capture, ce qui en rend la légitimité très discutable — *en dehors des eaux territoriales;* 2° que l'officier anglais s'était assuré *autant que possible* que l'*Onny* se trouvait à trois ou quatre milles de la côte.

A cela nous nous répondons : 1° qu'en admettant l'exactitude de cette distance, le lieu où l'*Onny* avait été capturé n'était pas moins eaux hollandaises, car le navire en question se trouvait *en deça* de la bordure des îles qui sépare la rade extérieure de Batavia de la pleine mer; 2° la *Lily* se trouvait en pleine mer, mais non l'*Onny* (1). Or, s'il suffit que le capteur se trouve dans les eaux neutres pour annuler la prise, à plus forte raison cela est-il vrai, si c'est la prise qui se trouve en eaux neutres.

Somme toute, la *Lily* avait employé la manœuvre inverse de celle dont la frégate anglaise *Espeigh* s'était servie pour capturer la barque hollandaise *Twee Brœders* : le bâtiment anglais s'était saisi de ce navire en envoyant, des eaux littorales prussiennes où il était ancré, des chaloupes en haute mer pour faire cette capture (2). La prise fut, de ce chef, annulée par Lord Stowell, et nous doutons fort que l'illustre juge eût légitimé la manœuvre de la *Lily*, en 1855, qui présentait un caractère tout aussi nettement frauduleux. Cela nous paraît d'autant plus certain que la fameuse exception de Bynkershoek, *dum fervet opus* (3), en vertu de laquelle un navire agresseur avait le droit de poursuite en eaux neu-

(1) On remarquera la contradiction des deux arguments. Si l'*Onny* se trouvait effectivement en dehors des eaux territoriales, la manœuvre de la *Lily* ne se comprend plus. Et si la manœuvre de la *Lily* avait été jugée utile par l'officier anglais, c'est qu'il estimait que l'*Onny* se trouvait encore dans la zone protectrice.

(2) De Lapradelle et Politis, *op. cit.*, p. 641.

(3) *Questiones juris publici*, I, ch. VIII.

tres s'il y était entraîné dans l'ardeur de la lutte, n'est plus soutenue de nos jours. Et cependant, dans cette hypothèse, toute préméditation est absente.

Nous en avons ainsi fini avec la question de combats et de captures en eaux neutres. Nous avons insisté sur le respect absolu de ces eaux. Mais, ici comme ailleurs, ce droit entraîne pour le neutre un devoir corrélatif. C'est ce devoir du neutre que nous étudierons dans une troisième section.

SECTION III

SÉJOUR D'UN NAVIRE BELLIGÉRANT A LA SUITE D'OPÉRATIONS DE GUERRE

Nous ne voulons traiter ici du séjour dans les eaux neutres qu'à un point de vue tout spécial, lorsqu'il est motivé soit par un combat, soit par une poursuite.

Pour nous, la libre pratique des eaux neutres doit être le principe [1], mais il y a des cas où le principe qui vient d'être énoncé reçoit des dérogations, lorsque son application tend à porter atteinte à cette neutralité pour laquelle il est institué. Nous voudrions montrer qu'il en est ainsi lorsque le séjour est la conséquence soit d'un combat, soit d'une poursuite.

A. *Séjour, conséquence d'un combat.*

§ **12.** a) *Séjour dans un port.* — Si respectable que soit la liberté du séjour, si désirable que soit le maintien de cette liberté dans le droit maritime, il faut convenir que son exercice peut conduire à des conséquences particulièrement choquantes. Prenons un exemple historique presque classique, celui du *Bouvet,* croiseur français, qui, à la suite d'un

[1] V. *infra,* chap. VI, *Du séjour.*

combat au large, n'échappa à son agresseur le *Meteor*, croiseur prussien, qu'en se réfugiant dans le port de la Havane (1870). L'incident de Chéfou, plus près de nous également, montre les inconvénients d'un droit au séjour pur et simple. Nous avons apprécié sévèrement l'attitude des Japonais [1], cela ne nous met que plus à l'aise pour dire que dans les deux exemples auxquels nous faisons allusion, l'asile accordé aux navires français et russes a eu pour résultat de les sauver d'une défaite certaine. Et quoique la pratique internationale ait longtemps admis la validité de cette conception du séjour, elle ne nous paraît cependant plus cadrer avec les principes internationaux tels que nous les comprenons aujourd'hui. Comment, on dit à l'un des belligérants : Vous n'irez pas plus loin, alors même que cela doit vous dérober les fruits d'une victoire certaine. Et l'on dit à l'autre : Vous êtes poursuivi, entrez dans mon port, refaites-vous et tentez la chance une fois de plus; et après cela on soutiendra que la neutralité a été maintenue!... On nous objectera peut-être que pareil langage sera le cas échéant tenu à l'un aussi bien qu'à l'autre belligérant. Mais qu'importe? Y a-t-il ou n'y a-t-il pas immixtion? voilà toute la question. Et il y a immixtion et le fait qu'elle serait exercée indifféremment en faveur de l'un aussi bien que de l'autre belligérant ne prouve qu'une chose, c'est qu'il y a des cas où l'impartialité conduit en droite ligne à l'intervention. Pourquoi ne pas appliquer ici les règles en usage dans le droit de la guerre terrestre? Les raisons qui justifient une législation différente ne se trouvent pas réunies. L'asile n'étant plus motivé par des besoins spéciaux, inhérents à la vie maritime, un traitement différent de celui qui serait infligé à une armée pénétrant sur territoire étranger n'a plus

(1) V. *supra.*

de raison d'être. Dans les deux cas il s'agit d'une retraite, c'est-à-dire d'une opération militaire ; elle ne saurait par conséquent être accomplie sur territoire neutre ou du moins dans les deux cas le gouvernement neutre ne devrait la tolérer.

« Un navire de guerre est portion de souveraineté », a-t-on écrit [1]. Mais cette fiction ne peut être invoquée ici. La question reste entière. Car tout le débat se résume précisément dans ce fait qu'un neutre tolèrerait sur son territoire une autre souveraineté. D'autres ont cru éviter la difficulté en disant que cette portion de souveraineté qu'est un navire de guerre entraîne le droit, pour ce navire, de réglementer son administration intérieure [2]. C'est là un point important pour la question du séjour une fois que l'on admet que le navire puisse l'invoquer. Cela ne résout donc pas le droit au séjour même.

C'est ce que la doctrine a senti de très bonne heure. Galiani [3], le premier, critique la différence existant à ce point de vue entre le droit de la guerre continentale et le droit maritime. Pour lui, cette différence est inexplicable. Et il demande le désarmement du navire qui, poursuivi, cherche un refuge dans les eaux neutres et l'internement de son équipage. Cette opinion, également celle d'Azuni [4] est qualifiée d'erreur par Hautefeuille [5].

« Le souverain du port, écrit-il, n'est tenu à aucun acte » actif, son rôle est passif, et ce rôle ne cesse que dans le cas » où celui qui reçoit l'hospitalité cherche à en abuser. Un

(1) Rolland, *Rev. gén. dr. int. public*, 1905, p. 144.
(2) Calvo, *op. cit.*, I, ch. III, p. 640.
(3) Galiani, *op. cit.*, 1re partie, chap. X, § 4 *in fine*.
(4) Azuni, *op. cit.*, 3e partie, chap. V, § 12, al. 1.
(5) Cité par Godey, *op. cit.*, p. 107.

» des belligérants ne peut exiger que le neutre qui accorde » asile se livre à un acte actif envers les vaisseaux qui profi- » tent de cette faveur. Sans doute le vainqueur considèrera » cet acte comme une sorte d'immixtion aux hostilités qui a » pour but de lui nuire, de protéger le vaisseau et d'empê- » cher que ses forces soient diminuées par la perte du bâti- » ment sauvé de la capture, mais si on acceptait cette raison » on serait conduit à refuser complètement l'asile à tous les » bâtiments de guerre pour lesquels le refuge dans les ports » neutres est toujours un moyen de salut contre un danger » quelconque.

» L'objection tirée de ce qui se pratique sur le continent à » l'égard des armées de terre ne me paraît avoir aucune » influence. Les troupes qui cherchent un refuge chez le » neutre arrivent nombreuses, désarmées, en troupeau, il y » aurait un grave inconvénient pour le bon ordre à ne pas » s'assurer d'elles, le souverain pacifique peut et doit ou les » chasser de ses États ou les désarmer ; leur permettre de se » reconstituer et de retourner à l'ennemi serait prendre » une part active aux hostilités, car le refuge ne doit être » accordé qu'à titre individuel.

» Mais pour l'asile maritime, il n'en saurait être de même, » les navires, même affaiblis, constituent des unités orga- » nisées qui bien que disposant de moyens d'action consi- » dérables ne présentent aucun danger pour la sécurité du » neutre ».

On nous permettra, malgré tout le respect que nous avons pour la science d'Hautefeuille, de trouver cette défense extrêmement faible.

S'il est vrai que les troupes qui cherchent un refuge chez les neutres et qui arrivent « nombreuses, *désarmées et en troupeau* » constituent un danger pour le souverain neutre, à plus forte raison cela nous paraît exact d'une unité organisée disposant de « moyens d'actions considérables ».

Ailleurs, Hautefeuille ajoute que « le refuge dans les ports neutres est toujours un moyen de salut contre un danger quelconque ».

Sans doute, mais il s'agit précisément de savoir s'il n'y a pas immixtion dans les hostilités en protégeant à un moment donnée un belligérant, non pas contre « un danger quelconque », mais contre son adversaire.

L'affirmative pour le droit de la guerre est incontestable.

L'exception en faveur de la guerre maritime se justifie-t-elle ?

M. Pasquale Fiore a-t-il si tort lorsqu'il écrit qu'un navire belligérant qui se réfugie dans un port neutre pour échapper à la poursuite de l'ennemi doit être désarmé (1)?

Une puissance est libre de fermer soit complètement, soit partiellement son port en temps de paix, de quel droit l'empêchera-t-on d'user de cette faculté envers un navire de guerre en temps de guerre (2)? Bien plus, c'est son devoir, si, en ne le faisant pas, elle s'écarte de la règle de non-immixtion; protéger au préjudice d'une des parties la fuite de l'autre nous paraît un exemple typique d'intervention. Le droit d'asile repose sur un devoir d'humanité, mais qui ne doit pas servir de prétexte à une intervention. Le navire est

(1) *Le droit international codifié,* traduct. Chrétien, p. 376.

(2) L'Institut de droit international parle de la concession d'asile. Il a voulu indiquer par là, surtout après la critique faite du texte primitif par M. Buzzati qui parlait d'un droit pour les neutres, que ceux-ci avaient une liberté absolue de réglementation en matière de droit d'entrée de navires de guerre (*Annuaire,* XVII, p. 762). — Cpr. La résolution de l'Institut de droit international (session de Gand, sept. 1906). — *Le droit d'asile* neutre est le droit de l'Etat neutre de donner, dans les limites de sa juridiction, retraite à ceux qui cherchent un refuge contre les calamités de la guerre. Sur la valeur de ces résolutions, voir *supra, R. G. D. I. P.* (1906), VIII, p. 190.

poussé dans un port neutre non pas par une de ces nombreuses circonstances qui sont une condition même de la vie maritime, mais par suite d'un acte d'hostilité. L'ennemi est arrêté par la ligne de respect, le neutre ici favorise un des belligérants. Cette faveur ne s'explique pas, le désarmement s'impose au même titre que s'impose le désarmement d'une armée qui franchit la frontière d'un neutre.

Il faut distinguer, pour admettre un navire au séjour, entre les causes qui le déterminent. Le séjour motivé à la suite d'actes d'hostilités ne sera pas permis. Nous ne disons pas le principe c'est la fermeture du port, nous disons c'est la liberté de séjour qui est le droit commun, sauf au cas où le séjour serait utilisé à échapper aux conséquences directes d'actes de guerre.

La guerre russo-japonaise semble marquer un pas décisif dans cette voie. Ce sont les Etats-Unis qui internent à Manille les navires russes *Aurora*, *Oleg* et *Jemschug*, qui étaient venus s'y réfugier après la bataille de Thoushima et le croiseur *Lena* de la même nationalité à San Francisco [1].

Dans des conditions semblables et pour les mêmes raisons, le *Kouban* fut désarmé à Saïgon, le *Terek* à Batavia, l'*Anadyr* à Diégo-Suarez [2].

Le désarmement du *Bodry* à Shangaï est peut-être un peu moins correct. Ce bâtiment n'était pas venu solliciter l'hospitalité chinoise mais avait été rencontré désemparé à 70 miles au nord de l'embouchure du Yang-Tsé-Kiang, par un navire anglais qui l'avait pris à sa remorque [3]. Il semble bien que l'on se trouve en présence d'un cas où le séjour est déterminé par un fait de navigation et non plus par un acte de guerre.

(1) V. *infra*.
(2) *Quest. dipl. et col.*, 1905, XIX, p. 104.
(3) *Temps*, 6 juin 1905.

Or et c'est ici que l'on voit que notre système ne se confond pas avec la théorie anglaise de la fermeture pure et simple, dans les cas douteux c'est la règle qui doit être appliquée, c'est-à-dire que l'on doit accorder la libre pratique du port.

Voilà donc ce qui nous sépare des partisans de la fermeture. Voilà maintenant ce qui différencie notre système du droit d'asile comme le comprend par exemple la France. Nous désarmons le navire entré dans le port avec avaries résultant d'actes directs d'hostilités, et si ce sont ces avaries qui ont déterminé le refuge, parce que les actes de guerre sont générateurs du refuge tandis que les partisans du droit de refuge ne distinguent la nature des avaries que pour savoir s'il y a lieu ou non à l'exercice du droit de réparation (V. *infra*).

Ainsi le *Bouvet*, qui, en 1870, avait reçu un boulet dans sa chaudière, aurait dû désarmer suivant notre système. Mais un navire dont un coup de mer brise l'hélice aura droit au refuge — nous discuterons plus loin son droit de réparation — puisque c'est là un acte de navigation.

L'Institut de droit international a adopté un système un peu différent, puisqu'il limite le droit d'asile « aux cas de véritable détresse ». Par suite de : 1° faits de maladie ou d'insuffisance d'équipage; 2° péril de mer; 3° manque de moyens d'existence ou de locomotion (eau, charbon, vivres); 4° besoin de réparation (art. 42-2°, session de La Haye, 1898).

§ 13. b) *Séjour en eaux littorales.* — On doit leur appliquer les mêmes règles. Cela est évident pour ceux qui étendent la théorie de la souveraineté à ces eaux, mais cela s'explique également pour ceux qui considèrent que le droit de l'Etat sur ces eaux est un droit spécial, sans que l'on ait à distinguer si ce droit est une conséquence de la nature juridique de la mer, et si, comme nous le croyons, il se rattache à la théorie générale de la neutralité. Même dans ce cas, un combat peut virtuellement être une menace pour la côte.

Il découle de là que tout refuge pour combat devra y être prohibé, que tout refuge pour toute autre cause doit y être toléré.

B. *Séjour conséquence d'une poursuite.*

§ 14. a) *Séjour dans un port.* — Nous avons à étudier le régime auquel on doit soumettre un navire de commerce poursuivi par un navire de guerre belligérant et qui vient se réfugier dans un port neutre. La question est particulièrement délicate. D'une part, il est évident que retenir ce navire dans le port par assimilation du régime que nous proposons pour un bâtiment de guerre, c'est accorder une aide à l'agresseur dont il n'y a pas, croyons-nous, d'exemples. De l'autre, il est très vrai que l'asile accordé dans de semblables conditions à ce navire équivaut à un secours réel pour le pays auquel il appartient (1). Car — et c'est là notre hypothèse — sans ce refuge, ce navire serait fatalement devenu la proie du bâtiment qui le poursuit. Or, tant que l'inviolabilité de la propriété ennemie sous pavillon ennemi ne sera pas reconnue, la capture devra être considérée comme une opération licite au même titre qu'un combat. Et il nous apparaît très nettement que, s'il est vrai qu'accueillir un bâtiment de guerre qui vient se réfugier pour échapper à l'ennemi est une intervention dans les hostilités — et telle paraît bien être la

(1) Nous nous plaçons au point de vue de la propriété ennemie sous pavillon ennemi (De Boeck, *De la propriété ennemie sous pavillon ennemi,* 1882). Puisque la déclaration de Paris du 16 avril 1856 a consacré 1° l'inviolabilité de la propriété ennemie sous pavillon neutre et 2° celle de la marchandise neutre sous pavillon ennemi. Il va sans dire qu'au cas de contrebande qui supprime l'inviolabilité un pays neutre lui-même pourrait être atteint par un système en principe dirigé contre les belligérants.

pensée qui a inspiré à l'Institut son article 42 précité — il y a intervention non moins caractérisée lorsqu'il s'agit d'un navire de commerce. La seule chose qui diffère, c'est l'importance du dommage que le neutre fait subir au belligérant agresseur, en accueillant le belligérant poursuivi.

Mais il y a ici, à l'encontre des règles de plus en plus sévères qui régissent la situation d'un navire de guerre en ports neutres, une tendance inverse dans la doctrine en ce qui concerne les navires de commerce.

Cette tendance, au surplus, n'est pas nouvelle. De bonne heure on a senti la nécessité de distinguer entre les navires de commerce et les navires de guerre, les premiers devant, autant que possible, être protégés contre les belligérants. C'est ainsi que Galiani fait une application de cette idée lorsqu'il interdit la capture des navires de commerce dans les eaux neutres et qu'il l'autorise pour les bâtiments de guerre [1].

L'Institut de droit paraît également soumis aux mêmes influences. L'art. 41 de son règlement précité porte que les navires de commerce contraints par un accident de force majeure de se réfugier dans un port ennemi ne peuvent être capturés ; « pour le navire de guerre, au contraire, il peut » être généreux de l'accueillir... si non il sera régulièrement » capturé ».

La différence de traitement s'explique : l'inviolabilité de la propriété ennemie sous pavillon neutre fut consacrée par la déclaration de Paris du 16 avril 1856. Ce fut une première conséquence de la reconnaissance par le droit maritime du principe, déjà fortement établi depuis longtemps pour le droit continental, que la guerre est un rapport d'Etat à

[1] *Op. cit.*, I, chap. 10, § 4, p. 452 et s.

Etat ([1]). Le second pas sera fait par la reconnaissance de l'inviolabilité de la propriété ennemie, même sous pavillon ennemi. Historiquement, en effet, la prise maritime est une conséquence logique de la théorie des représailles, c'est-à-dire de la théorie qui légitime, avant déclaration de guerre, certains actes de coercition dirigés contre des particuliers. A ce titre, les représailles sont aujourd'hui condamnées; mais, à l'origine, ces représailles se confondaient avec la guerre. « Décerner des représailles, écrivait le Grand Pensionnaire de Witt, et les exécuter, c'est passer de l'état de paix à l'état de guerre » ([2]). La prise alors comme représailles se comprenait, mais elle doit disparaître comme inutile avec le droit dont elle est une conséquence ([3]). Il n'y a, en effet, aucune raison pour établir une différence avec la guerre continentale. Les décisions dans le genre de celles de l'art. 41 du règlement des navires de guerre dans les ports neutres montrent que l'on sous-entend un principe — l'inviolabilité de la propriété ennemie — qui, en fait, n'est pas reconnu.

C'est sur ce terrain qu'il faut se placer pour maintenir, sans restriction aucune, le droit d'asile des navires de commerce. Vouloir les assimiler avec des bâtiments de guerre sous prétexte que, dans certains cas, il en résulte une violation de la neutralité, ce serait faire œuvre de réaction qui juridiquement ne se justifierait pas. Sans doute, la capture est une opération de guerre qui est encore licite, mais est illicite le principe dont elle découle : à savoir la lutte dirigée contre la propriété privée. Par là même se justifie toute limitation apportée au droit de capture, car elle nous rapproche

([1]) Cette formule, que l'on attribue souvent à Portalis, est en réalité de J.-J. Rousseau, *Contrat social,* I, ch. IV.

([2]) Cité par de Martens, *Précis du droit des gens moderne de l'Europe* (éd. Vergé), II, p. 200.

([3]) En ce sens de Lapradelle et Politis, *op. cit.*, p. 107.

du but, l'inviolabilité de la propriété privée [1]. Et c'est sur ce terrain qu'il faut se placer pour justifier les différences de réglementation, suivant qu'il s'agit d'un navire de guerre ou de commerce.

§ 16. *b) Séjour en eaux littorales.* — Nous n'avons qu'à nous reporter purement et simplement à ce que nous avons dit du séjour en eaux littorales à la suite de combat. La capture en elle-même ne présente peut-être pas pour la côte le danger que présente un combat, mais théoriquement ce danger n'est point exclu et cela est suffisant pour justifier l'assimilation.

On peut nous objecter qu'il est surprenant que nous n'étendions pas aux eaux littorales le régime que nous préconisons lorsque le navire de commerce se trouve dans un port. Les raisons, peut-on dire, qui ont fait adopter ce régime au cas de refuge dans un port, se retrouvent au cas de refuge en eaux littorales.

Cela est exact. Mais ce qui nous paraît non moins exact, c'est que l'Etat riverain n'a plus la puissance nécessaire pour étendre ce régime au delà de son territoire. N'ayant aucun

(1) Peut-être que la prochaine conférence de La Haye fera avancer d'un pas le problème vers sa solution définitive. On sait que son examen est désiré par le Congrès de la paix de 1899 (vœux formulés dans l'acte final du Congrès de la paix de 1899). — M. Roosevelt, dans son message de 1903 (Déc.), appuya de sa haute autorité ce projet auquel le Congrès de Washington consacra une résolution de faveur en qualifiant ce principe de « humane and beneficent » (*Rev. gén. dr. int. pr.*, 1904, Doc., p. 3). — En Angleterre, où l'opposition a toujours été très vive à ce projet, on commence à se rallier à l'avis de Hall et à comprendre à leur juste valeur les raisons qui avaient déterminé l'éminent jurisconsulte à défendre la liberté de la propriété privée dans un très remarquable article (*Contemporary Review*, 1875, p. 737 et s.). — Le passage suivant, emprunté à M. Mac Donnel (*XIX Century*, 1904, p. 699), nous paraît singulièrement suggestif à cet égard : « The interest of England become those of a neutral state and ..... it would be to her advantage on the whole that private property on sea were exempt from a capture ».

droit de souveraineté sur ses eaux littorales, il ne peut exercer son action que dans la sphère réellement étroite que lui confère son droit de protection côtière.

C'est en vertu de ce droit qu'il interdit les captures. De là devoir corrélatif de ne pas favoriser le belligérant poursuivi en lui accordant un asile qui a pour résultat de faire perdre à l'agresseur le fruit d'une opération de guerre.

Le régime dans les ports est différent parce qu'étant assimilé au territoire, le neutre, en vertu de son droit de souveraineté, y exerce un pouvoir absolu. Mais en eaux littorales, une petite partie de cet empire des mers qui est l'empire commun de tous les peuples, on en revient au droit commun, parce que le neutre — sauf dans la mesure où cela est commandé par des intérêts de protection de la côte — n'y exerce aucun droit de commandement.

SECTION IV

RÉSUMÉ

§ 17. Nous résumons notre argumentation dans la formule suivante :

Toute opération de guerre — et par opération de guerre nous entendons tout combat ou capture — est interdite en eaux neutres.

Ces eaux sont ouvertes aux bâtiments de guerre, sauf au cas où leur présence est la conséquence d'une de ces opérations.

Les ports neutres seront toujours ouverts aux navires de commerce, les eaux littorales seulement au cas où leur présence n'est pas la conséquence d'une des opérations énumérées dans le paragraphe premier.

CHAPITRE IV

Acte de puissance publique (enrôlement).

Historiquement, la neutralité se divise en deux périodes bien distinctes. Dans la première, l'idée que la neutralité est incompatible avec des actes directs d'hostilité, se précise peu à peu. Cette notion, très simple au premier abord, ne s'est imposée qu'avec beaucoup de difficultés, comme nous l'avons vu, parce que la neutralité était un procédé politique et non une situation de droit.

§ 1. Puis la conscience internationale s'affine et l'on comprend peu à peu qu'à côté des actes d'hostilité directs, il y en a d'autres plus sournois et par là plus dangereux, qui tendent à se servir d'un neutre contre son adversaire. Au premier rang de ces actes préparatoires d'hostilités que l'on étend aujourd'hui bien un peu en dehors de ses limites raisonnables au grand danger de provoquer une réaction, se place l'enrôlement, qui sert ainsi de chaînon intermédiaire pour rattacher dans la théorie de la neutralité les actes préparatoires aux actes directs d'hostilité.

Et cela s'explique parfaitement. L'enrôlement est une matière un peu équivoque. C'est un acte indirect d'hostilité — un contrat de louage de service qui en lui-même n'est pas un acte d'hostilité — mais qui présente au plus haut degré possible le caractère d'acte de puissance publique — puisqu'il tend à une situation de droit public. Et c'est là ce qui le rapproche de l'acte d'hostilité. Sans doute l'approvisionnement en munitions des pièces de guerre présente à un très haut degré semblable caractère. Cependant, il y a une différence. Ces opérations peuvent à la rigueur être faites par des personnes privées dans un but privé. Ils ne sont pas *per se* actes de puissance publique. De plus, alors même qu'ils sont accomplis dans l'intention de tendre à une situation de droit public, ils le sont par la personnalité privée de l'Etat intéressé et doivent être, à tous égards, considérés comme des contrats du droit privé.

Au contraire, il n'en est jamais ainsi de l'enrôlement. Et c'est parce que cela est vrai qu'au point de vue du droit international, les puissances ont à ignorer les enrôlements faits sur leur territoire pour des expéditions particulières. Ce sont là de simples louages de service, alors même qu'ils sont dirigés contre un autre Etat sans aucun caractère de puissance publique. Car, n'émanant pas d'une personne publique, ils ne peuvent tendre à une situation de droit public. En effet, une situation de droit international public c'est une situation de droit d'une personnalité souveraine. Or, il est bien évident que cette situation ne peut être modifiée que par une autre personnalité également souveraine.

Et c'est parce qu'il en est ainsi que l'expédition préparée par des simples particuliers ou des collectivités dénuées de la souveraineté, est un acte de piraterie et à ce point de vue l'enrôlement par des particuliers peut tomber sous la législation interne du pays où il est fait.

§ 2. Nous avons la rare fortune de pouvoir très exactement établir le moment où l'on a étendu à l'enrôlement des principes jusqu'alors généralement réservés aux actes d'hostilités.

Quoique dans la doctrine l'école Wolf ait déjà montré que l'enrôlement constituait l'exercice d'un véritable droit de souveraineté [1], c'est aux Etats-Unis que revient l'honneur d'avoir donné les véritables fondements d'une législation nouvelle dans le « Foreign Enlistment Act » de **1794**, dont le « Neutrality Act » de **1818**, rendu à l'occasion de l'insurrection des colonies espagnoles, n'est qu'une édition corrigée.

Il est assez intéressant de dire dans quelles circonstances cet Act de **1794** fut rendu.

La France, escomptant le profit que son appui avait donné à la jeune république américaine durant la guerre d'indépendance, crut, selon le mot de M. Dupuis, pouvoir y agir comme en pays allié.

Non content de délivrer des lettres de marque, d'organiser des cours de prises dans les consulats français, elle fit des enrôlements réguliers et transforma les ports américains en bases d'opérations militaires très caractérisées où les navires de guerre français pouvaient venir renouveler leurs provisions de vivres — ce qui était, ce qui est toujours encore licite — mais aussi leurs munitions de guerre.

L'acte, en ce qui concerne l'enrôlement, considère comme délit toute conscription, engagement ou enrôlement sur le sol américain, de troupes, soldats ou matelots pour un service étranger, soit maritime, soit terrestre. Et malgré les protestations de Genêt, ministre de France, cette défense fut énergiquement maintenue.

§ 3. Cet exemple fut généralement imité par les pays civilisés : tous, quoique admettant le droit pour leurs nationaux de s'enrôler, à titre individuel, comme « citoyen du monde », pour nous servir de l'expression de Lorimer, défendent les enrôlements faits chez eux.

[1] Kleen, *op. cit.*, p. 261.

Certains, comme la France (voir déclaration de neutralité de 1898 et 1904), l'Italie, la Belgique (art. 14 de l'arrêté royal réglant l'admission des bâtiments de guerre étrangers dans les eaux et ports belges du 18 février 1901), prohibent purement et simplement cette opération.

D'autres, comme la Hollande (art. 7-4, loi du 12 décembre 1892 sur la nationalité), suivant en cela l'exemple donné par l'Angleterre (art. 4 Foreign Enlistment Act, 1870), subordonnent l'enrôlement au consentement du pouvoir exécutif. Ce qui est défendu par cet acte, qui, sur beaucoup d'autres points, se rapproche de l'act américain, ce n'est pas l'enrôlement, mais l'enrôlement *sans la permission du pouvoir royal*. C'est donc laisser la porte ouverte à l'arbitraire, et effectivement il y a deux faits qui le prouvent. En 1861, durant la guerre de Sécession, l'Angleterre défendit les enrôlements, tandis que la déclaration de neutralité de 1870 ne contient aucune défense à cet égard (1). Aussi un certain nombre d'Anglais — entre autres lord Kitchener — participèrent-ils à la guerre.

Ces principes sont généralement approuvés par la doctrine (2). Et avec raison, car l'enrôlement est un acte de puissance publique. La question s'est posée au cours de la guerre de Crimée, où les Etats-Unis et les Etats allemands ont protesté à plusieurs reprises contre le recrutement de matelots fait chez eux par l'Angleterre (3).

Pour le point de vue plus spécial qui nous occupe ici, il n'y a pas d'exemple de navires de guerre levant des troupes

(1) Kleen, I, p. 264, *op. cit.*

(2) Cependant permettent l'enrôlement : Bluntschli, *op. cit.*, art. 762 ; Hefter sur Geffcken, trad. Bergson, p. 349 ; Travers Twiss, *op. cit.*, édit. française, 1889, II, n. 223. Et d'une façon générale les partisans de la théorie de l'impartialité, Lorimer, *op. cit.*, p. 244, contre Oppenheim, *op. cit.*, II, p. 336.

(3) Despagnel, *op. cit.*, 2e édit., p. 698.

dans un port neutre. Ces actes doivent être considérés comme de véritables actes hostiles, car ils constituent des empiétements sur les droits de souveraineté du pays dans le port duquel se trouverait le navire. C'est ce qu'écrivit Jefferson à Genêt (*American State papers*, I, p. 67) [1].

«...... It is, disait l'éminent Américain, the right of every » nation to prohibit acts of sovereignty from being exercised » by any other within its limits... ».

Genêt avait soutenu que les actes incriminés rentraient dans les attributions des consuls français.

§4. C'est en vertu de ces principes que nous approuvons la conduite des autorités anglaises de Falmouth, qui empêchèrent au début de la guerre hispano-américaine l'embarquement à bord du torpilleur américain *Sommer*, d'un équipage de marins étrangers recrutés à Londres et que ces autorités obligèrent à y retourner [2].

Despagnet décide « qu'en cas de relâche forcée un navire belligérant peut compléter dans un port neutre son équipage devenu insuffisant, de manière à pouvoir atteindre le port le plus proche de son pays » [3].

En ce sens, Hall (*op. cit.*, § **218**); Kleen s'y oppose [4]. Cette mesure, dit-il, pourrait permettre la reprise des hostilités. C'est là confondre le droit d'une mesure avec son utilité pour celui qui pourra profiter de l'exercice de ce droit.

Nous repoussons également une distinction déjà proposée par Hautefeuille [5] et que Calvo reprend [6]. D'après ces

[1] Hall, *op. cit.*, p. 514.
[2] *J. C.*, 1898, p. 425.
[3] Despagnet, *op. cit.*, p. 698.
[4] *Op. cit.*, I, p. 270.
[5] *Op. cit.*, II, p. 108.
[6] *Op. cit.*, III, § 1085.

auteurs, il faudrait seulement permettre l'enrôlement des nationaux du pays qui fait la levée. Mais pourquoi? Ce qui donne son aspect d'acte de puissance publique à l'enrôlement, c'est le but de l'acte plutôt que la forme dans laquelle il est fait. Cette forme reste la même quelle que soit la nationalité des individus à qui l'on s'adresse, c'est toujours un contrat bilatéral. Le but, lui aussi, reste le même, il y a toujours tendance à une situation de droit international public et c'est précisément pour cela que la distinction proposée n'a aucun intérêt.

§ 5. Despagnet ne permet l'enrôlement d'un équipage complémentaire qu'au cas de relâche forcée. En d'autres termes, le droit à l'enrôlement est une conséquence du droit d'asile. Accorde-t-on l'asile, on accordera le droit à l'enrôlement, considéré comme un secours contre un danger de mer.

De plus, nous serons ici partisan de la règle du port national le plus proche, ainsi que le propose notre éminent et regretté maître. Permettre un enrôlement sans condition aucune, c'est vraiment par trop tenter le belligérant. Il lui serait si facile de détourner l'enrôlement de son but innocent, de s'en servir comme moyen d'augmenter ses forces militaires et de tirer ainsi des renforts du port où cet enrôlement aurait été effectué. C'est la définition même que donne Hall d'une base d'opérations (1).

Et ici, comme cela arrive si souvent, ce ne sont pas les difficultés pratiques qui s'opposeraient à cette précision.

Quoi de plus simple que, arrivé dans le port national, le navire belligérant débarquât l'équipage provisoire, ainsi qu'on pourrait lui demander d'en faire la déclaration écrite

(1) *Op. cit.*, p. 628.

dans le port où il a pris cet équipage? Cela se pratique déjà pour l'embarcation de la provision de charbon [1].

La pratique est en ce sens, exception faite pour la précision que nous préconisons. C'est ainsi que durant la guerre hispano-américaine, les autorités de Port-Saïd permirent à la flotte espagnole de l'amiral Camara d'embarquer des chauffeurs [2]. L'Espagne, à la différence des Etats-Unis à Falmouth, passe un simple contrat de louage de service du droit privé, dont le but est de rendre possible une simple opération de navigation qui est du domaine de n'importe quelle activité privée. Les neutres doivent la permettre, à la condition, bien entendu, de laisser les deux belligérants profiter indistinctement de cette faculté, au même titre qu'ils le permettraient à une puissance non belligérante ou à une individualité privée quelconque.

Une objection cependant demeure. Sous prétexte de permettre aux puissances belligérantes de faire, dans un port neutre, les enrôlements nécessaires pour la navigation, on leur permet en réalité d'utiliser une unité de combat qui, sans ce secours, serait réduite à l'inaction. N'y a-t-il pas là assistance accordée à l'un des belligérants contre l'autre, immixtion dans la lutte, c'est-à-dire violation de la neutralité au moment où on prétend la respecter ?

C'est l'argument-type de l'Ecole anglaise que nous retrouverons souvent dans la suite. On s'en sert pour défendre l'enrôlement, pour paralyser le droit au charbon du belligérant, demain on l'invoquera — si l'on osait être logique de l'autre côté de la Manche — pour combattre le ravitaillement, car nous le demandons, un équipage restauré, n'est-ce pas un équipage doublé ?

(1) V. *infra*.
(2) La guerre hispano-américaine, Lefur, *R. G. D. I. P.*, 1899, p. 210.

M. Politis va jusque-là, et il a de plus compris l'eau douce dans les provisions [1]. N'est-elle pas indispensable à l'alimentation des chaudières [2]? D'autant plus indispensable que les machines employées à bord des navires de guerre pour filtrer l'eau de mer seront toujours trop exiguës pour purifier les grandes quantités nécessaires pour cet usage. L'argument est donc sérieux par les inquiétantes proportions qu'il prend et il l'est davantage encore par les conséquences qu'il entraîne. Rien moins que la neutralité rejetée sous la dépendance du droit de la guerre avant même qu'on ait pu l'en affranchir complètement.

Le raisonnement est emprunté à la théorie anglaise de la contrebande. Et voilà pourquoi nous croyons *mutatis mutandis* pouvoir nous servir de la formule que donne M. de Boeck pour juger sa valeur. « Ce n'est pas, écrit l'honorable professeur, en effet, l'importance pour la guerre, c'est le lien avec » la guerre qui sert à classer les marchandises au point de vue » de la contrebande. *Ce n'est pas directement mais d'une » manière indirecte que la houille augmente les moyens offensifs et défensifs des belligérants.* La houille est un agent de » locomotion, le commerce en doit être libre » [3]...

Eh bien, nous plaçant au point de vue qui nous occupe, nous disons : la navigation étant une opération pacifique en elle-même, sera autorisé tout ce qui tend à la faciliter, car cet acte n'aura pas de *lien* avec la guerre, quelle que puisse d'ailleurs être son *importance* pour la guerre.

L'enrôlement sera donc autorisé, chaque fois qu'il aura pour but la navigation, comme ce fut le cas pour la flotte espagnole à Port-Saïd, car dans ce cas l'opération est, nous

(1) *R. G. D. I. P.*, 1901, p. 360 et s.
(2) XXX, *Rev. de Paris*, oct. 1904.
(3) *Op. cit.*, p. 620.

l'avons déjà dit, un contrat du droit privé. Au contraire, cet enrôlement est-il destiné par lui-même à des fins militaires comme ce fut le cas pour le torpilleur *Sommer*, il sera interdit. Il y aurait là opération de puissance publique, puisqu'il tend directement par lui-même à une situation de droit international public, et qu'un Etat (en dehors même de toute idée de neutralité ou de guerre) ne peut pas tolérer qu'un autre Etat fasse sur son territoire des actes de puissance publique.

Le critérium que nous préconisons ici a été appliqué dans une matière différente, il est vrai, par l'homme d'Etat anglais sir W. Vernon Harcourt, célèbre aussi par ses fameuses lettres au *Times* sur la neutralité, sous le pseudonyme d'Historicus. A propos de vente de navires de guerre à un belligérant, il écrit les significatives paroles qui suivent : « To build is nothing unless the vessel be armed for war and despatched, *it is in those acts that the real breach of neutrality consists* » (1) [c'est nous qui soulignons].

Le juriste anglais envisage les conséquences directes de l'opération. La construction n'a pas d'importance, elle ne tend qu'indirectement à une violation de neutralité. Au contraire la « véritable brèche à la neutralité » consiste dans l'armement et dans le départ du navire.

Il y a collaboration à un acte de puissance publique puisque cet acte par lui-même tend à une situation de droit international public. C'est la notion que nous appliquons en matière d'enrôlement, et qui domine, à vrai dire, tout le débat chaque fois que se pose un problème de neutralité.

§ 5 *bis*. C'est également de l'appréciation du but que poursuit le navire que dépend la solution de la question de savoir

(1) Note appended to the Report of the neutrality commission of 1867 cité par Lawrence, *op. cit.*, p. 182.

si un navire a droit aux services des pilotes d'un Etat neutre.

Lors de la guerre russo-japonaise passèrent successivement le grand Belt et le petit Belt les escadres de Nebogatow (20 février 1905) et quelques mois plus tôt Rodjesvensky avait accompli le même trajet, en deux groupes (le premier du 17 au 19 octobre 1904, le second du 18 au 20 novembre 1904). Ces escadres furent pilotées par des pilotes danois [1]. Cela était-il parfaitement légal ?

Si l'on voulait s'en tenir à la règle posée par Heffter [2], on pourrait remarquer qu'il y avait là un acte ayant le caractère d'un secours auxiliaire — Kriegshülfe — accordé à l'un contre l'autre. Si en effet doit être prohibé « tout avantage qui a pour but de rendre plus solide le système d'attaque ou de défense » [3], à plus forte raison ne devrait-on pas interdire la mise au service du belligérant de pilotes d'un Etat neutre sans lesquels certaines passes seraient impraticables ? Ce sont en effet ces pilotes qui rendent l'attaque ou la défense possible dans certains cas.

Nous ne le croyons pas [4]. Le pilotage, en effet, est un service de navigation qui devra être accordé, et telle était la situation des flottes malheureuses de Nebogatow et Rodjesvensky, chaque fois qu'il s'agit d'une opération de navigation et non de guerre. Sans cette opération de navigation, l'opération de guerre ne serait pas possible, nous objectera-t-on.

Mais c'est le motif et non la cause du déplacement. Or, c'est à la cause de la navigation qu'il faut s'en tenir. Une puissance neutre n'a à connaître ni à apprécier le motif.

(1) Waultrin, La déclaration de neutralité des Etats scandinaves pendant la guerre russo-japonaise, *R. G. D. I. P.*, 1906, p. 92.

(2) Heffter, *Droit international de l'Europe*, § 146.

(3) Heffter, *op. cit.*, § 115.

(4) *Contra* Oppenheim, *op. cit.*, II, p. 382.

Et voilà pourquoi nous ne saurions, contrairement à M. Loudon qui cite le fait, approuver la conduite des autorités hollandaises d'Ambou, qui refusèrent à la corvette française *Sibylle,* au mouillage dans la rade d'Ambou [1] de la faire remorquer hors du détroit de Bœra.

Si l'on refuse le droit au pilote, on rendra illusoire, pour les belligérants, la liberté de navigation dans les passes. Veut-on en arriver là?

Même au cas où cette navigation serait en rapport direct avec une opération militaire, par exemple au cas de fuite, le neutre ne pourrait pas refuser le pilotage aux belligérants. Ce n'est que si pareil secours ne pouvait être accordé qu'à l'un des deux belligérants que le neutre devrait s'abstenir de se mettre au service de l'autre : il y aurait alors intervention dans la lutte au profit d'un belligérant contre l'autre.

L'hypothèse nous paraît plus théorique que pratique : presque toujours les pilotes sont nécessaires pour des passages situés dans les eaux littorales. Le navire poursuivi, en s'y engageant, se trouverait *ipso facto* soumis au désarmement [2].

§ 6. Les principes que nous venons de développer sur l'enrôlement dans un port neutre reçoivent leur application également en eaux littorales, si l'on considère le droit d'un pays côtier sur la mer littorale comme un droit de souveraineté. C'est ce que firent certainement les Etats Généraux lorsqu'ils protestèrent, le 9 juin 1762, contre l'enrôlement par des navires de guerre anglais de marins appartenant à un navire marchand anglais stationné dans leurs eaux [3]. Mais pour nous, qui croyons que l'Etat littoral n'a qu'un droit

[1] Loudon, *De drie regelen van het tractaat van Washington,* thèse Utrecht, 1894, p. 48.

[2] Voir *supra.*

[3] Den Beer Poortugael, *op., cit.,* p. 404, note.

réduit sur la mer qui baigne sa côte, pareil acte ne saurait donner lieu à critique.

La seule chose que nous envisagions, c'est le dommage que peuvent occasionner certains actes à l'Etat côtier. Or ici le dommage n'existe pas : pas plus que dans la pleine mer, l'Etat ne pourra défendre dans la mer littorale un semblable acte. La limitation au principe de la liberté des mers — nécessitée par la sécurité de la côte — n'intervient donc pas ici. C'est ce que nous résumons ainsi :

Une puissance neutre est tenue d'interdire les actes d'enrôlement là où s'étend son droit de souveraineté.

CHAPITRE V

Actes de personne privée.

PRÉLIMINAIRES

§ 1. Ces actes constituent tous des actes bilatéraux qu'on peut ramener aux rubriques suivantes :

Achat de munitions.

Réparations.

Ravitaillement (charbon, vivres, eaux douce).

Vente des prises.

Toutes ces opérations sont étroitement dépendantes de la solution que l'on donne à la question de savoir jusqu'à quel point la guerre suspend ou modifie les relations commerciales entre neutres et belligérants. Il y a entre ces deux notions lien étroit, disons-nous, mais non pas identification. Ainsi si certaines marchandises sont déclarées contrebande, c'est-à-dire si pour ces marchandises les relations commerciales entre belligérants et neutres sont suspendues, il s'en suivra logiquement qu'un croiseur belligérant ne pourra pas s'en approvisionner dans un port neutre. Si le transport d'une certaine marchandise est interdit, à plus forte raison cette interdiction pèsera-t-elle sur la livraison, cause de la défense. Un pays neutre qui le permettrait engagerait gravement sa responsabilité puisqu'il permettrait sur son territoire la violation d'un principe — la suspension des relations commerciales pour une certaine marchandise — dont il ne pourrait contester la validité, puisque l'on reconnaît aux belligérants le droit d'établir eux-mêmes la liste des marchandises dont le transport est prohibé en temps de guerre [1].

Voilà le rapport qui existe entre ces deux relations, transport des marchandises et livraison; cependant il n'y a pas, ajoutions-nous, identification, car il est bien clair qu'en admettant que l'on parvienne à bannir du droit international la notion de contrebande [2], la question, par exemple, de savoir si un croiseur belligérant pourra prendre dans un port neutre, à son bord, cette marchandise dont on viendrait de proclamer la liberté de transport, ne sera point encore résolue. On pourrait fort bien soutenir que cette règle de Washington, qui défend de transformer un port neutre en base d'opérations, continuera à garder toute sa valeur. Admettons pour un instant la liberté du commerce des munitions de guerre, cela veut dire que le transport vers les pays belligérants en sera autorisé. Cependant il demeure d'un intérêt de premier ordre pour un bâtiment belligérant de pouvoir ou non s'en pourvoir dans un port neutre, sans avoir besoin de toucher un port de son pays, parfois très éloigné. Le rapport qui unit ces deux relations, transport de marchandises d'une part et leur tradition de l'autre, est d'une nature toute négative. Prohibition de transport entraîne défense de livraison, mais la réciproque ne serait pas exacte et nous concevons très bien prohibition de livraison avec liberté de transport (voir cependant section IV, § 15).

La question des opérations bi-latérales faites par un bâtiment de guerre dans un port neutre et cela est vrai de l'une quelconque de ces opérations, achats de munitions ou actes

[1] Sur l'opportunité d'une réforme, cf. Lawrence, *R. G. D. I. P.*, 1901, p. 4.

[2] Cf. Thonier, *op. cit.*

de ravitaillement, réparations ou vente des prises, se rattache directement à la théorie générale de la neutralité.

Est-on partisan d'un système où les droits des neutres découlent des droits des belligérants, droits qui n'ont souvent pas d'autre mesure que leur intérêt, on restreindra ces opérations bilatérales dans un cercle d'autant plus étroit qu'une base juridique solide fait davantage défaut.

Croit-on, au contraire, que les devoirs des neutres prennent leur origine dans leurs droits et immédiatement les objections que soulèvent certaines pratiques contemporaines disparaissent avec la situation anormale qui avait causé leur apparition.

SECTION PREMIÈRE

ÉQUIPEMENT DE GUERRE

§ **2**. Nous ne nous occuperons, dans cette section, que des opérations qui ont pour but l'augmentation de la puissance militaire du navire. Le titre même de notre travail exclut tout ce qui a trait à l'armement proprement dit, qui crée la puissance militaire et, à plus forte raison, ne nous occuperons-nous pas de vente de bâtiments de guerre par des neutres à des puissances belligérantes [1].

Nous avons développé notre théorie de l'enrôlement, acte de puissance publique; les principes que nous aurons à appliquer maintenant sont d'un ordre tout différent, l'équipement étant un acte préparatoire d'hostilité fait par un Etat en sa qualité de personne privée.

L'équipement, c'est le fait d'embarquer soit des munitions, soit des armes et cet acte peut porter ombrage à l'autre bel-

(1) Cf. Loudon, *op. cit.*

ligérant, mais certainement pas à l'Etat sur le territoire duquel cette opération est accomplie, à la différence de l'enrôlement. Et cela est si vrai que même en temps de paix cette dernière opération ne saurait être tolérée, tandis que l'on conçoit très bien un navire s'équipant dans un port neutre en temps de paix.

§ 3. En temps de guerre, si cet équipement a été longtemps toléré, ce fut par suite de la confusion qui régnait en matière de neutralité. On conçoit qu'à une époque où l'on voyait un Etat non impliqué dans un conflit fournir à l'un des adversaires des secours en troupes et en argent, le fait d'approvisionner en munitions dans un port neutre un des belligérants — parfois les deux — ne devait soulever ni surprise ni objection. Mais l'un des premiers symptômes par lesquels se révéla le caractère transactionnel de la neutralité, fut l'obligation pour les neutres de s'abstenir de toute forme de secours qui serait en lui-même une immixtion dans les hostilités. Toutes les fois que cet armement prenait un caractère nettement agressif, comme par exemple le fait de toucher un port uniquement pour y prendre des munitions, le neutre sentait tout ce que cette opération avait d'inadmissible.

De là interdiction de fournir ces secours par voie conventionnelle pour une guerre déterminée, et ce sont ces conventions qui, en se répétant, forment le principe d'interdiction absolue qui n'est plus sérieusement contesté aujourd'hui [1].

Lorimer est un des auteurs qui, par exception, admettent l'équipement; il explique qu'il doit en être ainsi parce que d'après lui le navire belligérant a le droit de se réclamer de la neutralité, aussi longtemps qu'il se trouve en eaux neutres et qu'il n'a pas commencé le combat. En d'autres termes,

[1] Sauf peut-être par quelques auteurs anglais : Phillimore, *op. cit.*, III, § 156; Hall, § 225; Lorimer, *op. cit.*, pp. 255, 269, 271.

l'auteur anglais assimile l'équipement à la contrebande, en ce sens que ce qu'il considère illicite, c'est le transport des armes ou munitions hors de la zone neutre. Or cela est inexact. Du temps où la prohibition d'équipement n'était qu'un droit pour le neutre, et non un devoir comme cela est le cas aujourd'hui, le délit d'équipement était considéré en lui-même, abstraction faite de tout transport.

L'embarquement des munitions était l'acte illicite. C'est la tradition qui constitue le secours, et, à notre avis, avec raison.

L'évolution qui s'est accomplie en matière d'équipement est l'évolution classique de la neutralité. D'abord liberté complète d'équipement parce que à vrai dire la neutralité n'existait pas, puisque c'est la période durant laquelle on a pu très justement caractériser l'état juridique des souverains non impliqués dans la lutte par les mots « *aut hostes.... aut socii* ».

Puis est venue une seconde période qui s'étend du traité de Westphalie (1648) aux grandes guerres de la Révolution et de l'Empire.

Durant cette période, la prohibition d'équipement était un droit pour le neutre, non un devoir. Comme exemple, on peut citer — entre beaucoup d'autres — le traité conclu le 11 juillet 1670 entre l'Angleterre et le Danemark où l'on voit stipuler que le contractant ne fournira à aucun ennemi agresseur (« attaquant » dit Kleen) des articles d'équipement, et ne tolèrera pas que ses sujets en fournissent sous peine de voir considérer un tel acte comme insurrectionnel (1).

La troisième période, où la défense d'équipement appa-

(1) Dumont, VII, p. 133, art. 3.

raît avec le caractère d'un devoir pour le neutre, et non plus d'un simple droit, part, ainsi que nous venons de le dire, des guerres de la Révolution. C'est la législation américaine qui nous a donné la théorie non plus basée sur un droit conventionnel, mais sur des bases nettement juridiques, quoique l'occasion qui la fit surgir eût un caractère nettement politique [1].

Il va sans dire que nous avons en vue ici uniquement l'équipement d'un navire de guerre belligérant dans un port neutre. La distinction classique entre la personnalité du vendeur et les différentes solutions qu'elle entraîne suivant que l'on se trouve en présence du souverain lui-même ou d'un de ses sujets, n'intervient pas ici. Il ne s'agit plus en effet de savoir si tel acte de commerce constitue une aide pour l'un des belligérants, mais bien si cet acte peut être toléré par un gouvernement alors même qu'il est accompli par un simple particulier, et si cet acte tend à transformer le lieu où il est accompli en base militaire en augmentant la force combative d'une machine de guerre. La question ainsi posée, il ne peut y avoir qu'une réponse : le gouvernement doit assurer la neutralité et intervenir, s'il le faut, dans des opérations individuelles, parce que ces opérations mettent en cause l'État lui-même puisque les opérations incriminées sont accomplies sur son territoire.

§ 4. Nous déduisons de là que si ces actes avaient lieu dans la mer littorale qui ne tombe pas sous la souveraineté de l'Etat adjacent, la question de livraison disparaîtrait et ferait place à la question du transport, c'est-à-dire qu'il faudrait distinguer entre un transport d'équipement fait par un gouvernement et celui fait par des particuliers. Le premier

(1) V. *supra*, chapitre IV, *L'enrôlement*.

condamné, le second toléré, aux risques et périls des intéressés [1].

Il nous semble qu'il y ait certains signes avant-coureurs d'une évolution en ce sens.

§ 5. C'est d'abord l'article 14 de l'arrêté royal belge du 18 février 1901 [2] qui stipule que « les bâtiments spécifiés à » l'article ci-dessus [bâtiments de guerre ou navires en cour- » ses] ne peuvent, à l'aide de fournitures *prises sur le territoire » belge,* augmenter de quelque manière que ce soit leur maté- » riel de guerre... »

Donc, pour qu'il y ait violation, il faut que l'équipement se soit fait de terre. Par conséquent la fourniture d'armes qui provient d'un transport mouillé dans les eaux neutres sera licite.

On le conteste vivement, à tort à notre avis si l'on rejette la notion de souveraineté des eaux territoriales, mais avec raison si l'on considère la mer littorale comme le prolongement du territoire. C'est ce que fait l'arrêté royal en question, et à ce point de vue l'art. 14 manque peut-être d'une base juridique solide.

En second lieu, nous attirons l'attention sur la circulaire du 27 février 1904, du ministre de la marine française. Elle a trait au séjour, dans les ports français, des bâtiments belligérants... « lesdits navires [les navires admis au mouillage], dit la circulaire, ne peuvent, à l'aide de ressources *puisées à terre,* augmenter leur matériel de guerre... », etc. [3].

Nous concluons de là au droit reconnu par la France

(1) L'équipement fait par particuliers dans ces conditions sera interdit s'il tend à transformer le territoire en base d'opérations hostiles.

(2) Guillaume, Admission des bâtiments de guerre étrangers dans les eaux et ports belges, *R. D. I.*, 1901, p. 345, le texte dans le *Moniteur belge,* 27 février 1901.

(3) Voir Annexe A.

d'embarquer des munitions de guerre ou des armes en eaux littorales. Cela est tout à fait d'accord avec notre théorie de la mer littorale : un embarquement de munitions pas plus qu'une levée de marins ne présente un danger pour la côte. En conséquence, on ne saurait valablement s'y opposer.

Cela nous paraît d'autant plus être la pensée conductrice de la circulaire du 27 février, qu'elle établit, à la différence de l'arrêté belge du 18 février 1901, deux régimes bien distincts. L'un pour les ports et rades (art. 1, 2, 3, 4), l'autre pour la mer littorale (art. 5).

Le premier texte (art. 1, 2, 3, 4) contient de nombreuses et précises prescriptions, le second (art. 5) s'énonce en une ligne et résume toute notre théorie de la mer littorale : « Il est interdit aux belligérants de se livrer à aucun acte d'hostilité dans toute l'étendue des eaux territoriales » ([1]).

C'est donc dire qu'en dehors de cette interdiction générale l'Etat ne se reconnaît aucun devoir, autre que celui qui découle de son droit, sur une étendue de mer sur laquelle il ne se reconnaît pas souverain.

Que telle soit la pensée doctrinale de la France, cela me paraît assez évident, que maintenant elle ait su tirer des principes posés les conséquences pratiques qu'ils contiennent, c'est une autre question à laquelle nous répondrons beaucoup moins affirmativement.

Mais le mérite demeure cependant d'avoir formulé une conception nouvelle qui se dresse en face de cette autre conception du pays qui prétendit jadis à l'empire des mers, et qui n'y a peut-être jamais complètement renoncé.

Nous avons cité les textes français, nous croyons intéressant de finir en donnant le texte anglais qui règle la même matière

([1]) Annexe A.

(Circulaire du secrétaire d'Etat aux affaires étrangères du 10 février 1904) (1). « Pendant la durée du présent état de guerre, il sera défendu à tous les navires de l'un ou de l'autre belligérant de se servir d'aucun port ou rade dans le Royaume-Uni, île Man, ou les îles de la Manche, ou dans aucune possession ou dépendances étrangères de Sa Majesté, *ou aucune eau sujette à la juridiction territoriale de la couronne britannique*... dans le but de se procurer des facilités d'équipements militaires »... (règle 1re).

SECTION II

LES RÉPARATIONS

§ 6. La réparation consiste à peu près exclusivement en la substitution, par les machinistes du bord, de pièces neuves toutes faites aux pièces détérioriées. Au point de vue juridique, il y a là de véritables actes de commerce tout comme les actes de ravitaillement, car, dans les deux cas, il s'agit de savoir si la livraison de certains objets est ou n'est pas licite. L'assimilation que nous faisons d'ailleurs, entre les actes de ravitaillement d'une part et les réparations de l'autre, aura pour conséquence de les soumettre à un régime parallèle. C'est ainsi qu'au point de vue du transport, M. Holland permet la liberté du commerce pour les vivres (2) et pour les pièces détachées (ce dernier point résulte de ce qu'il autorise, entre autres, le transport des chaudières) (3), et qu'au point de la livraison l'éminent professeur permet à

(1) Annexe B.

(2) La doctrine, d'une façon générale, admet ce droit et la pratique suit. — Calvo, *op. cit.*, IV, § 2630. — Bonfils-Franchille, *op. cit.*, n. 1475-1479. — Cependant *Contra* Arendt, *Essai sur la neutralité de la Belgique*, p. 124.

(3) Holland, *R. D. I.*, 1905, p. 359, *op. cit.*

un navire belligérant de se fournir en provisions de bouche et de procéder à des réparations (1).

§ 7. Ce point de vue nous paraît plus exact que celui défendu par M. Lefur dans ses remarquables études sur la guerre hispano-américaine (2). D'après cet auteur, il faudrait rapprocher au point de confondre les deux choses, la réparation avec la vente par les neutres aux belligérants de bâtiments de guerre ou avec l'armement. « Car, dit-il, l'aide est à peu près la même dans les deux cas, on met dans les deux cas une machine de guerre à la disposition de l'ennemi ».

Cette affirmation, ainsi généralisée, est tendancieuse. Elle suppose repoussée une distinction capitale faite, à ne pas en douter, par la pratique entre la réparation, réparation militaire et celle qui est une réparation de navigation.

§ 8. L'article 42 du Règlement de l'Institut (session de La Haye, 1898), qui consacre le système, ne dit pas ce que l'on doit entendre par « réparation de navigation ». Et les instructions françaises du 27 février 1904, reproduction textuelle de celles du 26 avril 1898, ne sont pas plus explicites. Et cela est également vrai de toutes les autres déclarations de neutralité.

Ce silence a eu pour conséquence de nombreuses difficultés.

§ 9. Durant la guerre hispano-américaine, le croiseur américain *Harvard* entre à Fort-de-France et s'y répare longuement. D'où vives protestations du côté espagnol. Et protestations non moins vives aux Etats-Unis lorsque l'on vit le Paraguay accorder la plus grande latitude au torpilleur espagnol *Temerario* pour les mêmes réparations. Si bien que le Paraguay finit par nommer une commission qui accorda un mois à ce navire pour achever ses réparations.

(1) Holland, art. cité.

(2) Lefur, *R. G. D. I.-P.*, 1899, p. 210 (chronique des faits internationaux).

Cette procédure nous paraît beaucoup préférable au système employé par certains pays — entre autres le Japon, déclaration de neutralité de 1898, art. 5 [1] — qui mesurent le délai accordé pour effectuer les réparations à la distance qui sépare le port neutre où elles sont faites du port national du belligérant le plus proche.

Ce système nous paraît ici tout particulièrement dangereux. Il a pour conséquence, après avoir posé en principe le droit à la réparation, de le supprimer en fait, si les avaries ne sont pas de nature à rendre la navigation impossible, du moins lorsqu'il s'agit d'effectuer une petite distance. Le droit à la réparation ne dépendra donc plus seulement de la nature de ces réparations — c'est le système de l'Institut — mais encore du degré d'éloignement des navires de leurs ports — c'est le système japonais —; les pays les plus éloignés du théâtre de la guerre seront donc ceux qui profiteront de cette dernière règle.

A-t-on voulu par là venir au secours du pays éloigné qui se trouve dans cet état d'infériorité par rapport à son adversaire? Mais c'est en cela précisément que consistent l'erreur et le danger. On ne peut équilibrer les forces des belligérants sans sortir du domaine de la neutralité.

Durant la même guerre l'Egypte permit aux bâtiments de l'amiral espagnol Camara de faire des réparations à Port-Saïd et dans la rade de Suez. Conduite parfaitement légale si l'on admet que la nécessité de réparations (et c'est bien l'opinion unanime) est un cas de relâche forcée, ce qui permet, en vertu de l'art. 4-3 de la convention de Constantinople du 29 octobre 1888, de prolonger le stationnement au delà de la limite de 24 heures déterminée par l'art. 4 de cette même convention.

(1) *J. C.* (1904), p. 192 et *R. G. D. I. P.* (1899), Doc., p. 31.

Durant la dernière guerre de 1904-1905, une des divisions de Rodjesvensky, celle qui atteignit Madagascar en passant par le canal de Suez, fit des réparations à Djibouti puis à Majunga dans les chantiers de l'Etat [1]. Nous n'avons pu contrôler ce dernier point, mais en le supposant exact, et nous n'avons aucune raison d'en douter, nous croyons que la France n'est pas sortie du domaine légal, en ouvrant ses chantiers nationaux à la flotte russe. Les réparations de navigation sont une conséquence de l'interdépendance qui unit les peuples devant un danger commun, la mer. Il est donc légitime, nous disons plus, indispensable, que l'Etat, lui, ne se soustraie pas à la solidarité qui en résulte. Et il nous paraît que, du moment que les réparations de navigation sont permises, il est au moins peu digne de ne pas mettre à la disposition de ceux qui peuvent invoquer ce droit les moyens pratiques pour l'exercer. Un pays qui se respecte ne peut pas, en entravant l'application d'un principe, limiter la portée d'un principe qu'il a lui-même émis.

C'est ce que disait déjà Hautefeuille. « Il est même dans » l'usage que le gouvernement neutre fournisse aux bâtiments » de guerre belligérants entrés dans ses ports, les bois, agrès » et objets nécessaires pour réparer les avaries qu'ils ont pu » souffrir, soit par accident de mer, soit dans un combat et » et qui ne se trouvent pas ordinairement dans le commerce. » Ces objets peuvent être tirés des arsenaux de la nation neu- » tre, mais ils doivent être payés par le belligérant. Le neutre, » en lui vendant ces objets indispensables pour reprendre la » mer et continuer sa navigation, ne viole pas ses devoirs, ne » fait pas acte d'hostilité contre l'autre partie » [2].

[1] Nagaoka, *R. G. D. I. P.*, 1905, p. 625. « La guerre russo-japonaise au point de vue international ».

[2] *Op. cit.*, I, p. 234.

§ 10. Aussi les autorités danoises exagérèrent leurs devoirs, lorsqu'ils refusèrent, le 22 novembre 1904, à un contre-torpilleur russe la grue de Frederikshavn pour réparer ses avaries [1]. Par contre, nous approuvons pleinement la conduite des autorités françaises à Majunga.

Cependant, nous devons reconnaître que le système de réparation de navigation, tel qu'il est compris, ne donne pas toute la satisfaction qu'on est en droit d'en attendre.

§ 11. Doit-on comprendre toujours, dans n'importe quelle circonstance, sous la rubrique de réparations permises celles qui sont nécessaires pour permettre au navire de naviguer? Il semble bien que oui. Mais alors un navire qui aura des avaries de navigation par suite des faits de guerre, d'un combat par exemple, pourra invoquer la disposition de l'art. 42 du règlement de la Haye?

Et cependant, dans ce cas, il n'y a pas de trace des motifs qui ont déterminé et qui justifient cette disposition.

En second lieu, une avarie qui touche à la partie militaire du navire causée par une fortune de mer, ne pourra-t-elle pas être réparée, quoique nous nous trouvions bien ici en présence d'un dommage provenant d'un fait de navigation, d'un de ces mille dangers spéciaux inhérents à la vie maritime que l'on ne rencontre que là et qui ont donné au droit maritime cette physionomie si spéciale?

Nous remarquons tout de suite que les difficultés soulevées par la première question, ont peu de chance de se produire, si l'on adopte la théorie du refuge telle que nous l'avons exposée. Chaque fois que la cause de la relâche est un fait de guerre, comme ce fut le cas du *Bouvet* en 1870, ou des croiseurs *Aurora* et *Oleg*, en 1905, la question d'asile ne se posera

(1) Waultrin, art. cité, *R. G. D. I. P.*, 1906, p. 92 et s.

pas et tombera par conséquent le droit accessoire de réparation [1].

§ 12. Mais il n'en sera pas toujours ainsi. Un navire, après avoir reçu des avaries de navigation à la suite d'un combat, peut être obligé de se réfugier dans un port neutre uniquement par suite de ces réparations, à un moment où il est hors de l'atteinte de l'ennemi et où apparaît alors le cas de relâche forcée pour réparations.

Nous avons un exemple de cette situation dans l'entrée dans le port de la concession allemande de Kiao-Tcheou, du cuirassé russe *Czarewitch,* qui, en compagnie de trois contre-torpilleurs, avait réussi à s'échapper de Port-Arthur, non sans recevoir des avaries de machines causées par des boulets des canons japonais [2]. Les autorités allemandes n'en permirent pas la réparation, et cela n'était certainement pas encore conforme aux principes admis.

Cependant la réparation, dans ce cas, a quelque chose de choquant. L'infériorité du navire résulte de faits de guerre, et on lui permet d'y remédier en territoire neutre...!

La vérité, c'est que la notion de réparation doit être précisée. Il faut maintenir le principe de la réparation de navigation, mais ne plus la considérer en elle-même *abstraction faite de sa cause.* Il faut au contraire rechercher cette cause, et voir ensuite dans quelle relation elle se trouve avec l'avarie.

Les hypothèses suivantes peuvent alors se présenter :

1° L'avarie est une avarie de navigation, causée par un fait de navigation. La réparation en sera nécessairement permise ;

2° L'avarie est une avarie de navigation, causée par un fait de guerre. La réparation sera refusée, parce que le dommage

(1) Voir *supra,* chap. III, sect. 3.

(2) Voir *supra,* chap. III, sect. 1.

résulte d'un fait de guerre et qu'il y a violation de la neutralité si l'on cherche à diminuer au profit de l'un des belligérants les conséquences de ce fait de guerre.

C'est en vain que l'on nous dira que l'autre belligérant, le cas échéant, peut escompter un profit analogue. Cet argument provient de la confusion jetée dans le débat par une notion d'impartialité souvent mal interprétée. Un fait contraire à la neutralité garde son caractère illégal, alors même que les deux parties en profitent. Au surplus, la question n'est pas de savoir si un belligérant a intérêt à permettre telle ou telle mesure pour pouvoir, le cas échéant, en profiter à son tour. C'est là une question d'opportunité qui appartient au domaine de la politique.

Le juriste se demande si telle ou telle mesure est ou n'est pas conforme au droit, en laissant au diplomate le soin d'exprimer tout le profit possible des règles ainsi posées en dehors de toute préoccupation nationale.

3° L'avarie est une avarie de guerre causée par un fait de guerre. Les mêmes arguments qui nous ont fait refuser la réparation en cas d'avarie de navigation causée par un fait de guerre se retrouvent avec plus de force encore dans cette hypothèse et imposent une solution analogue.

4° L'avarie est une avarie de guerre causée par un fait de navigation. Le dommage ne résultant pas d'un fait de guerre, il semblerait que la réparation devrait en être autorisée. Il y a cependant une raison très sérieuse pour décider la négative : cette réparation a pour résultat direct l'augmentation du navire à la sortie du port neutre, non comme navire, c'est-à-dire moyen de locomotion, mais comme machine de guerre. Or n'est-ce pas là intervenir dans la lutte et faire servir le port neutre comme base d'opération?

La réponse ne saurait être douteuse. Nous voyons donc

que, pour qu'il puisse y avoir lieu d'admettre un navire à se réparer dans un port neutre, il faut qu'il y ait harmonie entre la cause et l'effet, que tous les deux soient de même nature, des résultantes de la vie maritime.

L'article 42 de l'Institut est ainsi conçu : « Les réparations ne sont permises que dans la mesure nécessaire pour tenir la mer. Immédiatement après, le navire doit quitter le port et les eaux neutres ».

Nous proposerions, en tenant compte des observations que nous venons de développer, la rédaction suivante : « Les réparations ne sont permises que dans le cas où l'avarie est une avarie de navigation, causée par un fait de navigation ».

Cette modification ne nous paraît pas devoir entraîner des complications d'ordre pratique. Il sera facile de savoir si une avarie de navigation résulte d'un fait de navigation ou d'un fait de guerre. C'est une question de fait sur laquelle il n'est guère possible d'avoir deux opinions : il suffirait de s'en rapporter à la déclaration écrite du commandant. Les chances d'erreur sont minimes et les chances de fraude également. D'autant plus que les informations de la presse, d'une part, les rapports des attachés navals, de l'autre, forment autant de moyens de contrôle.

La sanction au cas improbable mais possible de fraude est tout indiquée : l'internement du navire fraudeur jusque après la guerre, ou, s'il était déjà parti au moment de la découverte de cette fraude, le refus de réparation à tous navires de même pavillon. Ce qui serait une application très logique du système qui considère un bâtiment comme personnifiant le souverain lui-même.

Si la déclaration de la nature de l'avarie doit appartenir au commandant du navire, en revanche ce serait, à notre avis, aux autorités locales à fixer, une fois saisies de la nature et de l'importance de l'avarie, le délai nécessaire pour faire la réparation.

SECTION III

RAVITAILLEMENT

§ 13. Dans un sens large on peut définir le ravitaillement, l'opération qui consiste à renouveler tout ce qui est nécessaire à la vie matérielle de l'équipage. Par conséquent nous ne limitons pas le ravitaillement aux provisions de bouche, comme on le fait d'habitude, mais nous l'étendons même au charbon, qui est un élément indispensable à la vie. Nous nous empressons d'ailleurs d'ajouter que ce n'est pas là sa fonction unique, ni même sa fonction principale : la houille est une alimentation pour le bâtiment lui-même, et c'est parce que cela nous paraît exact que nous rattachons son étude à la théorie du ravitaillement pris cette fois-ci dans son sens étroit, à la différence de certains auteurs qui l'assimilent aux armes et munitions (1).

La question des provisions de bouche et la question du charbon se sont posées vers la même époque, la solution que l'on donne à l'une commande la solution que l'on donnera à l'autre, et cela est si vrai qu'à une époque où l'on ne soupçonne pas le premier problème, le second n'est pas soulevé. Nous faisons allusion au fait suivant. En 1861, un croiseur des Etats conférés entre à Curaçao pour se fournir en charbon et en vivres. Le ministre américain à La Haye proteste, mais en employant cet argument que l'admission dans un port néerlandais d'un navire de guerre de ces Etats en révolte implique leur reconnaissance officielle (2). Nous n'avons pas

(1) Politis, La question du charbon, *R. G. D. I. P.*, 1901, p. 360 et s.
(2) Loudon, thèse citée, p. 69.

à discuter ici cette prétention dont les Etats-Unis se servaient souvent. Dans la doctrine, elle est généralement rejetée (1). Ce que nous voulons seulement mettre en lumière, c'est que l'on ne conteste pas plus le droit au charbon que le droit aux vivres.

Cependant, nous consacrerons un paragraphe distinct à la question du charbon nécessitée par l'ampleur qu'elle a prise ces dix dernières années, par suite de la divergence des opinions sur la nature de l'acte de charbonnage — acte de ravitaillement, disons-nous, acte d'équipement, affirment de très bons esprits — et aussi, une fois position prise dans ce débat, par le régime que l'on peut préconiser.

§ **14**. *Charbon.* — Le problème est d'origine toute récente (2).

a) C'est durant la guerre de Sécession, si féconde pour la formation du droit maritime, que se pose pour la première fois la nécessité de réglementer la matière. Mais ce n'est point là un premier pas fait dans la voie de la suppression de ce droit, ainsi que semble l'affirmer M. Politis; qui dit réglementation, dit par cela même reconnaissance de ce droit. Et qu'on ne nous oppose pas les fameuses instructions anglaises du **31** janvier **1862** rendues sur les instances des Etats-Unis et qui posent les principes du port national le plus proche et du délai de trois mois (3). C'est-à-dire que, d'après

(1) Vattel, *op. cit.*, III, chap. XVIII, § 292-293. — De Martens, *Précis du droit des gens*, II, chap. III, § 264. — Wheaton, *op. cit.*, I, p. 35. — Bluntschli, *R. D. I.*, II, 1870, p. 453 et s. Opinion impartiale sur la question de l'*Alabama* et la manière de la résoudre.

(2) Ce qui est récent, c'est la question de livraison du charbon, la question du transport, qui rentre dans la théorie de la contrebande, avait déjà été posée au cours du XVIIe siècle. Du moins, le traité de Saint-Germain en Laye, conclu entre l'Angleterre et la France, le 24 février 1677, comprend dans son art. 4 le charbon parmi les marchandises qui ne doivent être considérées comme contrebande. Une stipulation expresse pour l'écarter comme marchandise prohibée paraissait donc nécessaire dès cette époque. Du Mont, *Rec.*, VII, p. 328.

(3) Politis, art. cité, *R. G. D. I. P.*, 1901, p. 360 et s.

ces règles, un navire belligérant ne sera autorisé qu'à prendre la quantité de charbon nécessaire pour gagner le port le plus proche de son pays, et qu'il ne pourra renouveler sa provision dans le même port qu'à l'expiration d'un délai de trois mois, calculé à partir du jour où il a achevé son premier chargement. Il y a ici réglementation si sévère que, à vrai dire, il y a suppression du droit. Aussi nous hâtons-nous de faire remarquer que ces règles ne sont que l'expression d'une politique particulière et non la formule d'un principe de droit international.

Nous osons d'autant plus le dire que, comme l'a fait observer mon distingué compatriote, M. van Karnebeek, ces principes ne furent point consacrés par l'arbitrage de Genève (1). « And whereas in order to import any supplies of coal a cha-» racter inconsistent whit the 2e rule [2e règle de Washington] » prohibiting the use of neutral port as base of naval opera-» tion for a belligerant, *it is necessary they said supplies should » be connected whith special circumstances of time or persons » or place which may combine to give them such a charac-» ter* » (2).

Il résulte clairement de ce passage que le droit au charbon reste entier, sauf si l'exercice de ce droit tend à transformer le port neutre en base d'opération comme il en est un exemple très caractérisé à nos yeux dans la guerre russo-japonaise. Mais c'est là une question de fait, et la solution à intervenir dépendra des circonstances et variera d'une espèce à l'autre.

La doctrine est très divisée, ainsi que la pratique. Certains pays, comme la France, se placent strictement sur ce terrain, certains autres suivent les règles du 31 janvier 1862, en choisissant tantôt la première (la règle du port le plus proche)

(1) « *Onze Eeuw* », nov. 1905.

(2) *Papers relating to the Trealy of Washington*, IV, p. 346.

tantôt la seconde (la règle des trois mois) ou parfois les deux ensemble. Nous avons déjà dit que ces règles aboutissent fatalement à la suppression du droit. Et l'on ne nous cache pas que ce sera là le point final de l'évolution [1].

Nous verrons tout à l'heure s'il y aurait lieu de se féliciter de ce « progrès ». Pour l'instant, avant d'examiner l'état actuel de la question, nous dirons quelques mots de l'application faite des règles du 31 janvier durant la guerre franco-allemande, application qui forme la période de transition entre la liberté complète, qui était le régime antérieur à 1862 et le régime actuel que l'on peut faire courir de la guerre hispano-américaine, et qui est le régime de réglementation complète devant fatalement aboutir soit à un retour aux idées libérales, soit à la prohibition complète.

b) D'une note adressée, le 15 décembre 1870, par lord Granville au comte Bernstoff, ambassadeur de Prusse à Londres, il résulte que la liberté de commerce pour la houille sera complète, sauf les restrictions édictées par le règlement du 31 janvier 1862, avec cette double conséquence : 1° l'Angleterre refuse de laisser la flotte française s'approvisionner dans les ports anglais pour une croisière dans la Baltique, ce qui était une application pure et simple de la règle du port national le plus proche ; 2° l'Angleterre ne permet l'exportation de la houille que par des navires de commerce et à destination directe d'un port déterminé. Et cela dans le but d'empêcher un transbordement possible en cours de route à bord d'un croiseur belligérant [2]. En fait, c'était interdire l'approvisionnement de charbon par un croiseur belligérant dans un port neutre. Et, en droit, il nous paraît évident que l'obligation de ne permettre le transport de

[1] Politis, article cité.

[2] Selosse, *J. C.*, 1898, p. 444 et s. Le charbon contrebande de guerre.

houille que par des navires de commerce, à l'exclusion de bâtiments guerre, ne soit une violation criante de la règle du port national. Cette règle n'interdisant pas le transport par bâtiment de guerre la tolère très certainement. En second lieu, la défense de transbordement en cours de route que Calvo qualifie de « scrupule exagéré » est illégale. Le droit de réglementation d'un Etat expire là où commence la haute mer, à quoi il faut assimiler les eaux littorales si l'on admet du moins notre théorie.

c) Son attitude fut, croyons-nous, plus correcte lorsque, durant l'expédition française de Chine (1884-1885), l'Angleterre appliqua purement et simplement les règles du 31 janvier 1862. Mais l'exemple de 1870 ne fut pas perdu; le Japon interdit la fourniture en pleine mer, règle à la fois moins rigoureuse et moins légale [1].

d) Tels étaient les précédents lorsque éclata en 1898 la guerre hispano-américaine.

Trois systèmes se trouvèrent en présence.

Certains pays, comme l'Angleterre [2], le Danemark [3], le Japon [4], adoptèrent et la règle du port national le plus proche et celle des trois mois (Règle du 31 janvier 1861).

D'autres se contentent soit de la première de ces règles — port national le plus proche — soit de la seconde, règle des trois mois : sont partisans de la première règle les Pays-

(1) Dépêche du ministre de France à Tokio au ministre des affaires étrangères en date du 13 septembre 1884, *Livre jaune,* Affaires de Chine et du Tonkin, n. 87.

(2) Annexe B, Règle 3e.

(3) *R. G. D. I. P.*, 1898, Doc. (p. 6, art. 2), le Danemark parle du port « non bloqué ». Il fut d'ailleurs amené, à la suite d'incidents survenus à l'île Saint-Thomas, à aggraver cette disposition en y ajoutant la nécessité d'une autorisation préalable du gouvernement déterminant la quantité que le belligérant pourra embarquer (*Temps,* 14 juillet 1898).

(4) *R. G. D. I. P.,* 1898, Doc. (art. 6, p. 31).

Bas [1], de la seconde la Chine [2], la Belgique [3] et le Brésil [4], qui pose une limite raisonnable sans préciser.

Enfin, d'autres puissances se réfèrent purement et simplement aux usages internationaux [5], c'est à ce groupe que se rattachent la France et l'Italie, en spécifiant l'une dans la circulaire du 26 avril 1898 [6], l'autre dans son art. 249 du C. de com. marit. (reproduit dans l'art. 9 de la déclaration de neutralité du 15 avril 1898), que le combustible sera fourni dans la mesure nécessaire à « la sécurité de la navigation ».

Ce sont les pays qui rapprochent le régime du charbon du régime des vivres, par opposition aux partisans de la doctrine anglaise, qui tendent à la prohibition complète en voulant le confondre avec le régime des équipements de guerre.

En 1904 la situation change peu. Beaucoup de puissances, entre autres la France et l'Angleterre, répètent textuellement leurs déclarations de 1898.

c) Les règles anglaises continuent dans la doctrine à recruter de nombreux adhérents même sur le continent. C'est M. Nys [7] qui s'y rallie et à sa suite toute une série d'écrivains comme MM. Politis [8], Lefur [9], Nagaoka [10].

En Allemagne, c'est M. Perels [11] qui leur prête l'appui de sa haute compétence. Et cependant, il est bien difficile à

[1] *R. G. D. I. P.*, 1898, Doc. (p. 33, 2e note du 3 mai 1898. Cette règle fut appliquée notamment à Willemstad (Curaçao) le 21 mai 1898.

[2] *R. G. D. I. P.*, 1898 (art. 3-2, p. 5).

[3] Cette règle fut codifiée par l'arrêté royal du 18 février 1901 auquel on ajoute la règle du port national le plus proche (art. 13).

[4] *R. G. D. I. P.*, 1898 (art. 10, p. 2).

[5] République Argentine, Portugal, Russie, etc.

[6] Annexe A, arg. art. 3.

[7] *J. C.*, 1906, p. 629.

[8] *R. G. D. I. P.*, 1901, p. 360.

[9] *R. G. D. I. P.*, 1898, p. 640.

[10] *R. G. D. I. P.*, 1905, p. 625.

[11] *Das Internationale offentliche Seerecht der Gegenwart*, édit. 1903, p. 216.

l'heure actuelle de considérer la doctrine britannique comme l'expression du droit international. C'est la France qui maintient hautement dans sa déclaration et dans ses instructions, le véritable point de vue, qui fut celui du Tribunal de Genève, qui est également celui de l'Institut de Droit international (1).

Le droit au charbon existe, mais ne doit pas être exercé dans de telles conditions qu'il y ait transformation du territoire en base d'opérations.

Ce point de vue qui n'a rien de révolutionnaire, bien au contraire, est préconisé par M. von Stengler que l'on prétend être le représentant des milieux maritimes officiels de l'Allemagne. Cet auteur veut restreindre les règles anglaises du port national le plus proche et des trois mois aux « hæfen und Küstengewassen innerhalb das operationgebiet » (2).

Il faut donc, d'après cette nouvelle précision, pour que les règles puissent s'appliquer, que les ports ou eaux territoriales se trouvent à proximité du théâtre des opérations. Dans ce cas, on pose, non sans quelque vraisemblance, il faut le reconnaître, l'opération de charbonnage comme une présomption de base d'opérations. Et c'est probablement cette idée qui a suggéré à la Suède, à la Norwège et au Danemark leur ligne de conduite si spéciale en cette question (3).

f) Le moins que l'on puisse dire, c'est que, dans cette difficile matière, existe une confusion complète; il y a presque autant de systèmes que d'auteurs et dans de pareilles conditions les vives critiques dont l'attitude de la France a fait l'objet sont un peu prématurées. Il importe de ne pas laisser dire ou croire que ce qui n'est encore qu'un système soit

(1) Session de la Haye, 1875, *Annuaire,* I, p. 139.

(2) Marine Rundschau, 1905.

(3) V *infra.*

consacré par le droit comme l'expression de sa pensée. Nous faisons allusion au charbon pris en eaux françaises par les flottes russes durant la dernière guerre. Le raid qu'accomplit la marine russe mit en présence des droits également respectables et, au premier abord, également inconciliables.

Partie le 23 septembre 1904, la flotte de Rodjesvensky s'arrêta entre Brolykke et Fakkebjerg, du 17 au 19 octobre, à cause des courants; elle en profita pour faire du charbon et continua le 20 dans la baie d'Alboek, au sud de Skagen (Danemark). Ces opérations ne soulevèrent aucune objection parce que faites en eaux littorales où elles sont autorisées, tandis qu'elles étaient défendues dans les rades et ports — lorsqu'ils étaient ouverts. C'est ainsi que le croiseur russe *Szommrovn* fut invité à prendre hors de rade la houille que lui apportait un transport (1).

L'accueil dans les eaux françaises fut tout autre et c'est cet accueil qui provoqua une protestation très fortement argumentée de la part de M. Nagaoka, attaché à la légation du Japon à Paris, dans un article déjà cité. L'honorable diplomate reproche à la France d'avoir permis à la flotte russe d'effectuer un chargement de charbon à Cherbourg, le 13 octobre, puis d'avoir permis à la division qui atteignit Madagascar en passant par le canal de Suez de faire du charbon à Alger (30 octobre) et à Djibouti et d'avoir laissé le gros de la flotte, qui contourna le cap de Bonne-Espérance, charbonner à Dakar. Opération qui se renouvela dans la baie de Kamranh (près de Saïgon) où la flotte séjourne du 3 au 27 avril (2) (3).

(1) Waultrin, art. cit., *R. G. D. I. P.*, 1906, p. 92.

(2) V. *infra Séjour*.

(3) La France soutint que les achats de charbon étant faits à des particuliers, les autorités ne pouvaient intervenir dans un contrat de droit privé. Cet argument

Le grand grief de M. Nagaoka, c'est que le gouvernement français ait assimilé la flotte russe de la Baltique « à des navires isolés regagnant leurs ports nationaux ». Tandis que, au dire de notre honorable contradicteur, la question est tout autre : « La situation de cette flotte, écrit-il, était toute par- » ticulière, par la nature même de sa navigation qui était de » se rendre en Extrême-Orient et d'y prendre part à des com- » bats. Elle constituait une véritable expédition hostile. » Accorder des facilités et prêter des secours aux navires » qui la composaient, c'était dès lors augmenter la force » d'une expédition hostile et aider à ses agissements belli- » queux ».

Nous comprenons que l'attitude de puissances de deuxième ordre, telles que le Danemark, la Suède, la Norvège, agréait infiniment davantage. Mais à supposer, et c'est ce que nous discuterons dans un instant, que cette attitude soit l'attitude de l'avenir, il n'en est pas moins vrai que la France, qui a sur le séjour une conception toute différente, règlerait également tout différemment le droit au charbon, conséquence de ce séjour. Aussi M. Nagaoka ne conteste-t-il pas le droit du gouvernement français de régler comme il l'entend la question, quoiqu'il accorde ses préférences aux règles anglaises. Ce qu'il affirme, c'est que les Russes n'étaient pas en droit d'en invoquer les bénéfices.

Et pourquoi pas? Cette flotte constituait une « véritable expédition hostile ». Mais un cuirassé ne se trouve-t-il pas dans

n'est pas nouveau, il fut déjà employé par l'Angleterre dans les difficultés survenues lors des croisières de l'*Alabama*. Cf. Passenaud, *De l'attitude des neutres vis-à-vis des escadres belligérantes*, thèse Dijon, 1906, p. 132. Il nous paraît très contestable que l'Etat ne soit pas tenu du fait de ses sujets, car le droit international par le canal de l'Etat lie les simples particuliers. Cette notion est conforme à la notion moderne de la responsabilité. — *Contra* Anzilotti, *Teoria generale della responsabila dello stato nel diritto internationale*, 1902.

le même cas? Ne constitue-t-il pas une unité de combat organisée?

Entre un contre-torpilleur et une division de cuirassés, il y a une différence de degré non de nature. Et pourquoi refuserait-on à l'un un droit que l'on accorderait à l'autre?

Aussi M. Nagaoka cherche-t-il à distinguer et à préciser ce qui, d'après lui, donne à l'un sa qualité d'expédition hostile. Et il croit le trouver dans « la nature de la navigation ».

Un navire cherche-t-il à gagner un port de sa nationalité, la navigation sera réputée innocente. Au contraire, cette navigation a-t-elle pour but de « prendre part à un combat » et aussitôt cette navigation devient un acte hostile en lui-même. C'est là une confusion partagée ou peut-être inspirée par M. Pillet, qui, préconisant à propos du séjour la règle de 24 heures, écrit que « cette solution tient davantage compte des progrès accomplis par la navigation ». Comment l'éminent professeur ne sent-il pas toute l'équivoque de cette notion?

Une observation préalable. Nous ne comprenons pas comment le fait de regagner un port national constitue une navigation innocente. Car ce port peut être bloqué et alors le fait de le joindre ne devient-il pas une navigation belliqueuse? Mais admettons que ce que le Danemark a cru devoir spécifier (en parlant du port national, il a soin d'ajouter « non bloqué ») [1] est sous-entendu. Il n'en reste pas moins vrai que le navire qui rallie ce port peut y prendre des ordres pour une croisière, ou simplement servir pour concourir à la défense du littoral : la navigation aurait pour but des opérations hostiles, serait-elle cependant considérée comme innocente?

[1] V. *infra*.

Ceci dit, reprenons la critique des formules de MM. Pillet et Nagaoka. La règle des 24 heures, dit-on, tient compte des besoins de la navigation, c'est donc dire que cette navigation peut, le cas échéant, être un instrument de guerre, car, si cela n'était, nous ne comprendrions pas pourquoi il en serait question dans la détermination des lois de la neutralité. Or c'est cela qui nous paraît inexact. La navigation peut indifféremment servir à des fins pacifiques ou belliqueuses. Si jusqu'à présent l'on n'a pas voulu définir la navigation par son but, c'est qu'il est indispensable de la considérer comme un acte neutre, qui n'est en lui-même, en dehors de toute idée de cause, ni hostile, ni amical.

g) Toute la solidarité maritime repose sur cette notion. Que l'on y touche et tout ce que l'on a si laborieusement édifié s'effondrera. Que l'on ne s'y trompe pas, les principes anglais travaillent à la consécration de ce système en considérant le charbon comme une arme de combat.

M. Nys, qui adopte le système anglais, plaide les circonstances atténuantes [1]. La navigation n'en recevra pas un coup aussi mortel qu'on pourrait le croire au premier abord. Les belligérants « pourront se faire accompagner par des » transports de charbon ; ils pourront en acheter aux sujets » des Etats neutres qui agiront à leurs risques et périls, et qui » le chargeront en pleine mer où aucun Etat n'exerce aucune » juridiction ».

Somme toute, c'est le système danois qui a même, et ce fait est extrêmement intéressant, permis le charbonnage en eaux territoriales [2]. Cependant, au point de vue pratique, nous faisons toutes réserves sur la possibilité d'une pareille opération.

[1] *J. C.*, 1906, p. 923.
[2] V. *supra*, p. 160 et note 1.

Semmes, le commandant fameux de l'*Alabama,* raconte dans son journal qu'ayant voulu faire du charbon en pleine mer, par temps calme, il dut y renoncer [1].

Le seul progrès que l'on ait fait depuis, c'est de rendre l'opération possible par temps exceptionnel. Autant dire jamais. Mais c'est là discuter une conséquence de la défense de livraison.

Les partisans de cette défense se classent en deux catégories.

Les premiers prohibent la livraison, parce qu'ils la considèrent comme un prolongement de la théorie de la contrebande.

Il faut d'ailleurs faire observer qu'en ce qui concerne le charbon, cette marchandise, réputée innocente par la France, est considérée comme contrebande par l'Angleterre et aussi par l'Allemagne [2], puisque cette puissance prend en considération la destination ennemie, lorsqu'elle est destinée à des usages militaires [3].

Donc lorsque la doctrine anglaise justifie son système en assimilant le charbon aux munitions de guerre, également contrebande de guerre, elle commet une erreur, relevée par M. Lefur [4] et M. de Lapradelle [5], et dont ils se prévalent, le premier, pour se borner à souhaiter une limitation de livraison, et non plus comme le fait M. Politis [6] par exemple, l'interdiction absolue, le second, pour combattre le

[1] Journal, p. 279, cité par Godey, *op. cit.*, p. 131, note.

[2] Lawrence, *op. cit.*

[3] Conférence de Berlin 1884-1885 (Actes et documents de Martens et Stœrk, *Nouveau rec. de traités,* 2e série, I, p. 266).

[4] Art. cit.

[5] La nouvelle thèse du refus du charbon aux belligérants dans les eaux neutres, *R. G. D. I. P.*, 1904, p. 533 et s.

[6] Art. cit.

principe même de l'interdiction. Il y a, dit M. de Lapradelle, entre les armes et munitions d'une part, le charbon de l'autre, cette différence essentielle que les unes sont « *per-se* » contrebande de guerre et que l'autre ne l'est pas. Il se peut qu'avec un chargement de charbon qu'aurait obtenu un croiseur belligérant, celui-ci regagne un de ses ports nationaux le plus proche, et cela est tellement possible que l'on en a fait une présomption (**2**e règle du **31** janvier **1862**).

h) On nous dira que la théorie allemande de la destination ennemie en matière de contrebande n'aboutit pas à cette contradiction il est vrai ; mais elle aboutit, si on la transfère à la théorie de la livraison, et il faut le faire nécessairement, la prohibition de transport impliquant prohibition de livraison, à l'interdiction absolue de livraison. Cela paraît — pour l'heure — un peu rigoureux, et M. von Stengel, dans son article cité [1], se contente, en face de la présomption anglaise, de dresser la présomption de contrebande, mais seulement si le port neutre se trouve « *in dem Operationgebiet* ». Hors de là — si nous saisissons bien la pensée de l'auteur — la livraison sera permise pour toute destination, même pour un port neutre, alors que le transport pour cette destination restera interdit. Il y a là, semble-t-il, une contradiction aussi forte que celle relevée dans la théorie anglaise. La notion de zone d'opérations militaires de M. von Stengel n'a rien de commun, comme on le pourrait croire au premier abord, avec ce que M. Oppenheim appelle « the region of war » que cet auteur définit « that part of the surface of the earth in which the belligerants can prepare and execute hostilities against each other » [2]. Définition qui limite la région de guerre aux seules régions soumises à la

[1] V. *supra*.
[2] *Op. cit.*, II, p. 88.

souveraineté des belligérants. Ce n'est pas non plus le théâtre de la guerre qui est « that part of a territory, or the open sea on which hostilities actually take place » et qui n'est par conséquent qu'une subdivision de la région de guerre.

Alors qu'est-ce?

La région voisine du théâtre de la guerre, mais qui cependant n'est pas « région de guerre », comme ne tombant pas sous la dépendance de l'un ou de l'autre des belligérants?

Dans son article, M. van Karnebeek semble bien le considérer ainsi, car s'inspirant manifestement du principe de M. von Stengel, il déclare la livraison de charbon faite à Madagascar licite, mais condamne par contre celle faite à Camranh.

Demander la raison de cette différence de traitement c'est se demander où commence et où finit une zone d'opérations.

M. van Karnebeek dit que Camranh était compris dans cette zone étant donnée la proximité de Vladivostok, que l'on peut atteindre sans escale intermédiaire. Mais Vladivostok est un port russe. Même en s'en tenant à la règle du port national le plus proche, on aurait dû permettre aux bâtiments russes la fourniture. Il était bloqué, observe-t-on. Mais les déclarations de neutralité — sauf celle du Danemark — ne distinguent pas entre ports libres ou bloqués.

La proximité du Japon ne nous intéresse pas davantage.

Cette proximité est très relative, et si l'on voulait prendre cette distance comme mesure, cela reviendrait à supprimer le droit au charbon dans les eaux européennes.

Enfin la flotte japonaise croisait aux environs. Mais c'est là un fait qui peut être ignoré des autorités neutres, un fait qui peut surgir du jour au lendemain, en pleine opération de charbonnage. Devrait alors l'interrompre ? Obliger le croiseur à débarquer la quantité déjà embarquée ? Ou lui permettrait-on de gagner le large avec ce charbon, ce qui reviendrait à faire dépendre le refus du charbon non pas de la présence d'une force ennemie, mais du moment où cette présence serait connue ? Ce qui nous paraît inadmissible.

Nous en avons ainsi fini avec la doctrine qui prohibe la livraison de charbon comme étant une forme de contrebande.

Les auteurs qui, à l'exemple de M. Nys, rattachent cette interdition à cette règle plus générale en vertu de laquelle un territoire neutre ne peut servir de base d'opération, supposent que le charbon est arme de combat.

i) Or cela précisément est contesté et contestable. Que, grâce au charbon, les adversaires puissent se rejoindre, c'est l'évidence même. Mais M. de Lapradelle le fait remarquer avec beaucoup de raison : « La question n'est pas de savoir » si de telle ou telle concession l'un des belligérants a plus » besoin que l'autre, mais simplement si telle ou telle conces» sion est contraire au droit de la neutralité ».

Et cela n'est pas le cas pour la livraison de charbon. Que l'on nous énumère un objet qui ne puisse indirectement servir dans la lutte. Tout a son utilité. Si l'on estime que le charbon est arme de combat, on pourra en dire autant de l'eau, indispensable aux chaudières. Et c'est ce que fait très logiquement M. Politis [1].

Nous voilà donc avertis. Ce n'est plus seulement le charbon qui est compris dans les objets prohibés comme augmentant la force combative d'une unité de combat, c'est encore la boisson et demain ce sera le lard ou le jambon, considéré comme « arme de combat » [2].

Il n'est que temps de réagir contre cette prétention qui veut mesurer les droits des neutres sur les intérêts des belligé-

(1) Art. cité.

(2) V. *infra*.

rants. Le charbon est un moyen de locomotion, non de com bat. A ce titre on n'a pas à en limiter, ni à plus forte raison a en prohiber la fourniture. Mais sa réglementation s'impose.

j) Car si la navigation cessait, dans un cas déterminé, d'être opération innocente pour devenir une action hostile, le droit au charbon tomberait.

Nous faisons allusion aux croisières. Croiser, c'est naviguer dans un but de police militaire. On conçoit un navire qui combat sans charbon, on ne conçoit pas qu'il croise les soutes vides. Le droit à la houille subsistera-t-il cependant pour ce navire? Non. Dans ce cas, et dans ce cas seulement, la prohibition se justifie ou plutôt s'impose. Et ce serait pour empêcher que le charbon embarqué dans un port neutre ne fût employé à cet usage, que nous serions très disposé à approuver la note datée du 10 février 1904 du gouvernement égyptien, qui causa une si vive émotion et où ce gouvernement subordonne l'autorisation du droit de charbon à une déclaration du navire qui en fait la demande.

Voici la déclaration exigée.

« Je....., commandant le navire de guerre....., au service de S. M. Impériale, empereur de....., déclare sur l'honneur, par la présente, que la quantité de charbon actuellement à bord du navire sous mon commandement ne dépasse pas..... tonnes, et je m'engage sur l'honneur que le navire sous mon commandement, après avoir quitté le port de....., procèdera [1] immédiatement et par route directe vers le port de..... » [2].

Ce que nous approuvons c'est le principe de l'autorisation nécessaire donnée sur déclaration du commandant qui devrait — et c'est là ce qui distinguerait profondément notre décla-

[1] Le texte anglais dit : « Will proceed at once by the direct road to the port of... ».

[2] *R. G. D. I. P.* (1904), doc., p. 11.

ration de celle du gouvernement égyptien — indiquer que ce charbon est destiné à la locomotion du navire :

Je....., commandant le navire de guerre....., au service de....., déclare sur l'honneur, par la présente, que la quantité de charbon que je demande à embarquer à bord du navire sous mon commandement me servira à rallier directement ma destination ».

Il va sans dire que le fait de croiser sera constitué par l'opération qui consiste à se détourner de la route avec une intention de chasse. Il serait en effet absurde, comme le remarque très judicieusement M. Lawrence (²), que, si un navire avait fait sa provision dans un port neutre pour gagner un autre port, il ne pût pas incidemment arrêter ou poursuivre un navire rencontré au hasard du voyage.

C'est sous l'influence de ces idées que nous nous séparons ici de ceux qui défendent avec nous la doctrine libérale et que nous approuvons la déclaration du gouverneur de Malte du 12 août 1904, qui ferme son port aux belligérants pour l'approvisionnement du charbon, tout au moins « si ce charbon doit servir à intercepter les vaisseaux neutres soupçonnés de transporter de la contrebande de guerre » (³).

Cette hypothèse d'exception sert, dit-on, pour mieux infirmer la thèse [de la prohibition du charbon] dans la pratique (⁴). Nous sommes d'un avis diamétralement opposé.

Pour nous, embarquer du charbon destiné à croiser et gêner le commerce même ennemi, c'est faire opération hos-

(¹) Comme sanction à une déclaration mensongère, on pourrait proposer le retrait de l'autorisation du charbon au belligérant dont l'officier aurait manqué à la parole.

(²) *Op. cit.*, p. 188.

(³) Le vapeur russe *Krabi* avait fait provision de charbon à Port-Saïd, et organisa de véritables croisières dans la Méditerranée (il arrêta le paquebot-poste anglais *Osiris*).

(⁴) De Lapradelle, article cité, p. 560.

tile, car c'est se servir du charbon comme instrument de lutte, puisque c'est ici la navigation qui est l'acte belliqueux et non plus un simple moyen pour accomplir cet acte. La fourniture du charbon dans ces circonstances transforme le port neutre en base d'opérations. Elle doit être interdite. Et nous demandons avec d'autant plus d'insistance cette mesure de rigueur dans ce cas très spécial que, nous en sommes convaincus, c'est à la confusion causée par l'usage de se servir du charbon pris en port neutre pour croiser, qu'est due l'hostilité que certains milieux nourrissent contre le droit au charbon innocent.

k) Par contre, dans les eaux littorales, la distinction n'est pas utile, l'Etat riverain n'ayant aucun droit sur ces eaux, autre que celui qui est nécessité par la sécurité de sa côte.

l) Notre théorie se ramène aux propositions suivantes :

1° La question du charbon ne se pose que pour les ports neutres ;

2° Dans ces ports le droit au charbon est maintenu ;

3° Tout navire belligérant pourra embarquer dans un port neutre la quantité de charbon qui lui est nécessaire. Il devra à cet effet se munir d'une autorisation qui lui sera délivrée par les autorités locales sur déclaration, par l'officier commandant le bâtiment, que ce charbon est destiné à des fins de navigation.

§ 15. *Vivres et eau douce.* — Nous avons défini le ravitaillement *lato sensu,* tout ce qui est nécessaire à la vie matérielle du bord. *Stricto sensu,* on peut comprendre sous cette terminologie, toute opération qui a pour but d'assurer la subsistance à l'équipage.

a) Jusqu'à ces dernières années, le ravitaillement paraissait l'acte le plus innocent du monde. Comme les neutres peuvent fournir des vives aux belligérants dans la guerre continentale [1], on en déduisait tout naturellement qu'un navire de guerre belligérant pouvait s'en approvisionner. Malgré la formule que nous avons posée [2], et exceptionnellement, la liberté de transport entraîne ici la liberté de livraison.

Mais ces principes qui paraissaient, il n'y a pas bien longtemps, des vérités si évidentes qu'elles en étaient naïves, sont aujourd'hui fortement battus en brèche.

Comme il arrive souvent, c'est la pratique qui a introduit des idées nouvelles, la doctrine s'est empressée de coordonner ces éléments et elle l'a fait avec tant d'habileté qu'il devient nécessaire de montrer où se trouve, d'après nous, l'erreur qui vicie le jeu d'un raisonnement d'ailleurs élégant et même séduisant à certains égards.

L'art. 42-4 du règlement de l'Institut sur le régime légal des navires et de leurs équipages dans les ports étrangers [3] assimile les vivres au charbon et n'en permet la fourniture que dans la mesure nécessaire pour arriver au port le plus voisin de leur nation. Et c'est pendant la guerre hispano-américaine que les règlements restrictifs se suivent.

C'est le Brésil qui, tout en limitant la fourniture de vivres à la quantité nécessaire pour atteindre le port national le plus proche conformément à l'art. 42, ne permet un deuxième ravitaillement dans un autre de ses ports qu'en cas de force majeure ou si le navire revient après un délai raisonnable qui permet de croire qu'il a déjà quitté les côtes du Brésil et revient de son voyage de retour (art. 8-9, déclar. du 29 avril 1898) [4].

(1) Despagnet, *op. cit.*, p. 697.

(2) V. *supra*.

(3) Session de la Haye, 1898, *Annuaire*, XVII, p. 273.

(4) *R. G. D. I. P.*, 1898, doc. p. 2.

Pour la fourniture du charbon, les règles du 31 janvier 1862 fixent la durée de ce délai raisonnable à trois mois, ici il n'y a pas de limite. Mais les motifs qui ont décidé et la règle anglaise et la règle brésilienne sont les mêmes. Dans l'un comme dans l'autre cas, on estimait que la fourniture, soit de vivres, soit de charbon, constituait un appui accordé aux belligérants, et cela n'est guère douteux. Aussi bien, là n'est pas la question.

b) Et cela est si vrai que la livraison de fournitures médicales n'est pas seulement permise, mais encore encouragée, avec infiniment de raison. Cependant ces fournitures facilitent le fonctionnement d'un service — le service sanitaire — qui aura son contre-coup sur la marche des opérations stratégiques elles-mêmes. Est-ce que la livraison de journaux illustrés, revues et jeux divers destinés à distraire le soldat, n'est pas autorisée? Cependant par l'influence que ces distractions ont sur le moral du troupier, ne constituent-elles pas une supériorité d'une armée sur l'autre? On ne les a pourtant jamais défendues.

On le voit, pour qu'il y ait violation de la neutralité, il ne suffit pas que l'acte que l'on prétend être une de ces violations, constitue un appui pour l'un des belligérants, il faut encore que cet appui présente un certain caractère et ce caractère c'est d'être un appui, qui *directement, par lui-même,* tend à un acte belliqueux (1).

Telle est, par exemple, la livraison d'armes ou de munitions ou encore d'un navire de guerre, parce que ces livraisons peuvent être immédiatement employées dans la lutte : ce sont des armes de combat.

Si donc les règles prohibitives que nous venons de signaler

(1) V. *infra*.

ont une base juridique, c'est que l'on considère que le charbon et les vivres ont ce caractère.

Nous avons discuté la question en ce qui concerne le charbon [1]. Comme nous reconnaissons [2] que le charbon a sensiblement le même caractère que les vivres, nous pourrons être très bref dans les observations que nous suggère le régime commun auquel on veut les soumettre et que nous repoussons.

La doctrine a raison de proposer un même régime pour les deux catégories, mais ce régime doit être un régime de liberté, non de prohibition.

c) Nous nous bornerons ici à présenter deux observations. Le régime auquel on soumet les vivres s'appuie sur le raisonnement suivant : Les provisions de bouche étant indispensables à un équipage, celui-ci pourra être aussi bien mis hors d'état de nuire par la famine que par un combat. En bonne logique, cela devrait conduire au refus brutal. On n'a pas osé en arriver là. D'autant plus qu'il eût été au moins étrange de refuser livraison d'une marchandise dont le transport sur le théâtre de la guerre demeure autorisé. Aussi se souvient-on à temps que l'approvisionnement doit demeurer libre. Mais liberté ne doit pas être synonyme de licence. La neutralité exige une limite à ce droit. Une fois engagé dans cette voie, l'on arrive inéluctablement à la règle du port le plus proche, sans s'apercevoir que cette règle qui devait préciser la neutralité parvient à l'affaiblir. Voici comment.

Tandis que l'on définit la neutralité « la non-participation à la guerre » [3], la règle du port national le plus proche peut avoir pour effet une intervention dans la lutte en obligeant

[1] V. *supra*.
[2] V. *supra*.
[3] Lefur, *R. G. D. I. P.*, 1899, p. 57.

un navire à retourner à un de ses ports, alors que son plan originaire pouvait être tout autre. Cela serait surtout vrai si, comme l'a fait très logiquement le Brésil, on ajoute une seconde règle qui n'est qu'un moyen d'assurer l'exécution de la première, mais cela peut également se produire pour les Etats qui, comme le Japon [1] ou les Pays-Bas [2], ne se servent que de la règle du port national le plus proche.

d) Mais il y une raison plus impérieuse encore de protester.

Le système de la limitation manque de base juridique.

Il confond deux choses qu'il importe soigneusement de distinguer: l'assistance et l'appui. L'assistance dans la lutte est toujours un appui, mais un appui ne constitue pas nécessairement une intervention.

L'assistance seule doit être prohibée d'une façon absolue, l'appui seulement dans le cas où il se confond avec elle.

Au cas de fournitures médicales, il y a appui, il n'y a pas assistance. D'autres fois la distinction ne sera pas toujours aussi aisée à apercevoir, il arrive même que le même acte peut suivant certaines circonstances être un appui ou une assistance, la réparation nous en donne un exemple. Il y aura appui, opération légale par conséquent, si la réparation est une réparation de navigation, nécessitée par un fait de navigation.

Il y aura assistance si elle tend à effacer les conséquences d'un acte de guerre.

Le ravitaillement, lui, est un appui. Il est basé sur une nécessité de navigation, non de guerre.

Cela paraît être encore l'opinion dominante. L'Angle-

(1) *R. G. D. I. P.*, 1898, doc., p. 31.
(2) *R. G. D. I. P.*, 1898, doc., p. 33.

terre (1), la Chine (2), la France (3), l'Italie (4), le Portugal (5), la Russie (6) limitent la fourniture aux besoins de l'équipage, soit expressément, soit en se référant aux usages internationaux.

Et cette limitation n'a pas d'autre raison que la crainte de voir la livraison, en dépassant cette limite, d'ailleurs très classique, dégénérer en un moyen déguisé de transport de ces vivres. Ce transport est admis. Mais les puissances continentales veulent garder leur liberté d'appréciation sur la question. C'est leur meilleure arme contre la théorie de suppression du droit au charbon.

e) Nous concluons donc :

Le droit au ravitaillement est admis et ne cesse que lorsqu'il devient un acte d'intervention dans la lutte, c'est-à-dire lorsqu'en lui-même il constitue un moyen d'action hostile.

SECTION IV

VENTE DES PRISES

§ 16. M. Kleen définit la prise « la propriété (navire ou marchandise) capturée ou saisie par les forces navales d'un belligérant comme étant ennemie, parce qu'elle appartient à un ennemi ou lui est délivrée à titre de renfort » (7).

Cette prise, d'après une procédure spéciale que nous n'avons pas à étudier ici, est validée ou invalidée par des juridictions qui sont des tribunaux appartenant tantôt à l'or-

(1) V. Annexe B (2e règle).
(2) *R. G. D. I. P.*, 1898, doc. (p. 5).
(3) V. annexe A.
(4) Art. 249 C. com. marit. d'It.
(5) *R. G. D. I. P.*, 1898, doc. (p. 34).
(6) *Ibid.* (p. 36).
(7) *Op. cit.*, II, p. 429.

dre judiciaire tantôt à l'ordre administratif statuant sur le fond et sur la forme de la saisie. Ils rendent donc de véritables jugements.

Au cas d'invalidation, la prise est restituée à son propriétaire avec dommages-intérêts s'il y a lieu.

Au cas où la prise est validée, où elle est déclarée « bonne » selon l'expression consacrée, l'Etat capteur en devient propriétaire. La possession de fait devient une possession de droit en vertu d'un titre translatif de propriété reconnu comme mode d'acquérir du droit international.

Devenu propriétaire de la prise, l'Etat capteur en dispose à son gré. Il l'adaptera à ses besoins, ou plus généralement il la vendra. La question de savoir s'il a le droit d'accomplir cette opération dans un port neutre forme précisément l'objet de notre section.

Nous supposons, bien entendu, admis le droit fortement contesté du séjour d'un navire de guerre en eaux neutres avec prise [1].

Jusqu'avant les guerres de la Révolution, la vente des prises dans les ports neutres était largement pratiquée [2]. Puis, par voie conventionnelle, on voit apparaître quelques dérogations à cette pratique : c'est le traité de 1794, conclu entre la Grande-Bretagne et l'Union américaine, qui défend cette vente, disposition que l'on retrouve dans le traité de 1800 conclu entre la Grande-Bretagne et la France.

Par contre, le traité intervenu en 1782 entre la Hollande et les Etats-Unis stipule expressément au profit de cette première puissance le droit de vendre ses prises dans les ports américains. C'est même sur ce texte que s'appuya Genêt pour

(1) V. *infra*.

(2) Bynkershoek, *op. cit.*, chap. XV.

réclamer semblable droit lors de la guerre de la Révolution [1].

La vente d'une prise n'est, qu'on le remarque, ni un acte préparatoire d'hostilité, ni un acte d'hostilité proprement dit. Elle en serait plutôt un acte complémentaire. Et toute entrave à cet acte est une entrave au droit de prise lui-même.

§ **17**. Il n'est d'ailleurs pas douteux qu'un puissant mouvement de prohibition du droit de vente se manifeste. Cela résulte d'abord de l'interdiction de séjour de navires de guerre avec leurs prises qu'édictent la plupart des puissances maritimes, et en second lieu de l'interdiction de vente, même au cas où les Etats n'interdisent pas ce séjour (Angleterre, France).

Cependant cette défense de vente n'est encore qu'un droit pour le neutre, ce n'est pas un devoir. Mais que cette phase soit un état transitoire, cela nous paraît d'autant plns probable que dans d'autres parties de la neutralité elle a constitué le pont entre la liberté complète et l'interdiction absolue.

§ **18**. A notre avis, le principe de l'interdiction est mauvais. La vente des prises devrait être permise, à la condition bien entendu que le vendeur fût réellement propriétaire de la chose vendue, et il l'est lorsque le tribunal compétent a validé la prise. C'est ce qu'écrit Phillimore, et il se base sur une série d'arrêts de cours d'amirautés anglaises : « La vente de la prise conduite dans un port neutre et opérée dans le but d'exécuter un jugement n'est pas interdite par le droit international » [2]. Bluntschli l'approuve [3], et avec lui la majorité des auteurs.

[1] Passenard, *De l'attitude des neutres envers les escadres belligérantes*, thèse Dijon, 1906, p. 52.

[2] *Op. cit.*, III, § 379.

[3] Bluntschli, *op. cit.*, art. 857.

Cependant Bulmerincq [1] et avec lui Dudley-Field [2] sont d'une autre opinion.

L'éminent jurisconsulte, critiquant les Etats-Unis qui permettent le déchargement et la vente des prises en ports neutres, dit qu'il y a là assistance accordée par des neutres aux belligérants dans l'exercice du droit de prise, et cela sans que l'on ait à distinguer si la légitimité de la prise est ou n'est pas constatée par les instances du capteur et d'après la jurisprudence de son pays.

C'est là, semble-t-il, une erreur.

Il importe infiniment, au contraire, que la prise soit ou ne soit pas validée.

Si elle ne l'est pas, on peut parler avec raison d'une assistance accordée par des neutres aux belligérants dans l'exercice du droit de prise.

Mais si la validation est intervenue, on se trouve en présence d'un mode d'acquisition de la propriété unanimement admis. Et de quel droit prétend-on limiter l'exercice de ce droit de propriété, en limitant le droit d'*abuti* qui en est une caractéristique ?

Ce n'est point parce que ce mode d'acquérir prend sa source dans la guerre. A ce compte, toute propriété, quelle qu'elle soit, devrait être également condamnée, car l'occupation qui en est le fait originaire est fondée sur la conquête.

La vérité c'est qu'une fois qu'une prise est validée, le belligérant capteur est censé en avoir été toujours propriétaire et les lois de la neutralité ne trouvent pas ici d'application.

Certains auteurs exigent, outre ce jugement du tribunal des prises, une possession de fait de 24 heures, et que le jugement soit rendu avant l'entrée de la prise dans les eaux neutres.

(1) *R. D. I.*, 1879, p. 637 et s.

(2) Projet d'un code international, art. 977, p. 702.

Nous admettons ce dernier point en ce qui concerne les ports, car un souverain ne peut statuer là où commande une autre souveraineté, mais nous le repoussons pour les eaux littorales parce qu'elles sont *res communis;* chaque souverain y peut exercer librement son activité puisqu'il ne trouve pas dressé devant lui un autre souverain.

Mais la nécessité d'une possession de fait doit être rejetée. Il se peut que cette possession de fait soit exigée par la législation interne du pays capteur pour valider la prise. Mais le neutre n'a pas à en tenir compte. Il n'a pas à accorder au jugement du tribunal des prises un exequatur. Cette décision a une portée internationale. Et c'est ce qui explique la nécessité d'une réforme en ce qui concerne les autorités chargées de statuer; elles doivent, ayant à rendre des jugements internationaux, avoir aussi un caractère international.

M. Pillet [1], tout en exigeant, en ce qui concerne la vente de la prise, sa condamnation, est moins exigeant pour le butin — on distingue parfois « le butin » cargaison du navire, du navire lui-même qui constitue alors la prise — qui peut, d'après cet auteur, être vendu sans jugement si les circonstances l'exigent.

Cette distinction nous paraît arbitaire.

La vente du butin, tout comme la vente de la prise, doit être effectuée par le propriétaire, pour être valable.

Or, le navire belligérant qui vend la prise dans un port neutre n'est propriétaire de cette prise et du butin embarqué à bord, que s'il y a titre translatif de propriété : or, ce titre fait défaut tant que n'intervient pas le jugement validant la capture.

[1] *Lois actuelles de la guerre,* 2e éd., p. 308.

Doit également être rejetée l'opinion de M. Oppenheim, qui ne permet la vente — après condamnation — que pour les prises qui ne peuvent plus tenir la mer (unseaworthy) (1). Cette opinion s'explique parce que le jurisconsulte anglais confond la vente des prises en eaux neutres avec leur séjour, ce sont deux ordres d'idées pourtant toutes différentes.

Enfin, nous ne comprenons pas si la vente d'une prise, condamnée il va sans dire, est permise, pourquoi elle ne peut l'être que dans des cas exceptionnels. L'Etat capteur a le droit ou n'a pas le droit de faire cette vente.

C'est en vain que de Neuman appuie de sa haute autorité cette façon de voir : « Permettre au belligérant d'accumuler les prises sur son territoire, écrit-il, d'en établir un véritable marché serait lui prêter assistance, sinon au sens littéral du mot, du moins en équité et par l'effet » (2).

Le jurisconsulte allemand reconnaît lui-même qu'il n'y a pas là assistance au sens propre du mot, mais seulement par « l'effet ».

La notion de neutralité est assez délicate pour ne pas bannir avec un soin extrême tout ce qui pourrait la compliquer inutilement. Ce qui n'est pas indispensable est dangereux.

D'ailleurs cette assistance « par l'effet » c'est une assistance qui, en réalité, n'en est pas une. Tout au plus constitue-t-elle un appui.

Or, l'appui n'est pas une violation de la neutralité (3).

§ 19. Nous concluons que la règle sur la vente des prises ne comporte aucune exception et cette règle nous la formulons ainsi :

(1) *Op. cit.*, II, p. 350.

(2) Neuman, *Gründriss des heutigen europaeschen Volkenrecht*, p. 215, traduction Riedmatten.

(3) V. *supra*.

La vente des prises dans un port neutre est autorisée.

Bien entendu faut-il que le vendeur, conformément aux principes de droit international, en soit légalement propriétaire (1).

(1) L'art. IX du règlement de la neutralité voté à Gand par l'Institut de droit est en ce sens (session de Gand, août 1906), *R. D. I. L. C.*, VIII, p. 591.

CHAPITRE VI

Du séjour.

Dans notre section III du chapitre II nous avons étudié le séjour comme suite d'une opération de guerre (combat ou capture). Nous envisageons maintenant le séjour comme déterminé par des faits de navigation.

A notre avis, ces deux formes de séjour, que nous appelons refuge dans le premier et asile dans le second cas, doivent être distinguées. Nous avons condamné le premier, et avons fait pressentir que nous admettrions le second.

Deux cas doivent être examinés : le navire de guerre se présente seul, ou il se présente avec prise.

SECTION PREMIÈRE

SÉJOUR D'UN NAVIRE DE GUERRE ACCOMPAGNÉ DE PRISE

§ 1. En cette matière encore, le droit international se trouve à un tournant de son histoire.

Le droit d'asile n'était guère contesté. « Ainsi s'il est vrai » de dire avec Vattel, écrit Ortolan, que celui qui veut passer » dans un pays neutre avec des troupes doit en demander la » permission au souverain de ce pays, nous croyons que cela » doit s'entendre du territoire continental et non pas des mers » qui baignent ce territoire ».

« Les règles relatives à l'accès et au séjour momentané des » bâtiments dans les ports et dans les rades étrangers restent » les mêmes en temps de paix et en temps de guerre » (1). Cette opinion, nous la retrouvons sous la plume de MM. Funck-Brentano et Sorel (2).

« En temps de paix, les Etats ferment leurs frontières con- » tinentales à tout corps armé, l'ouvrir en temps de guerre et » permettre à un corps armé de se réfugier sur le territoire » constitue, pour un Etat neutre, un acte d'hostilité ; il doit » s'en abstenir. Il en est tout autrement dans les coutumes du » droit maritime : en temps de paix, les eaux territoriales et les » rades d'un Etat sont généralement, et sauf certaines excep- » tions déterminées, ouvertes aux navires de guerre des autres » Etats : les fermer en temps de guerre constituerait un acte » d'hostilité. De là ressort le droit d'asile ».

Même note dans Calvo (3) et Geffcken (4) qui basent le droit d'asile sur une nécessité de navigation.

Mais une réaction s'est produite. Du droit à l'asile les belligérants ont fait l'abus de l'asile : l'histoire nous le montre, et les exploits de l'*Alabama* ne sont qu'un épisode, particulièrement intéressant, et qui explique, si il ne la justifie pas, la réaction qui se produit à l'heure actuelle.

Le premier exemple que nous fournisse la pratique de la fermeture des ports posée comme principe, c'est Lübeck qui nous la donne en fermant, en 1848, son port.

Bientôt l'Allemagne, en 1854, suivit en interdisant aux belligérants Cattaro. C'est à tort que Gessner raconte que, durant cette guerre, Thorbecke, le célèbre homme d'Etat

(1) Ortolan, *op. cit.*, II, p. 242.
(2) *Précis du droit des gens* (1877), p. 418.
(3) Calvo, *op. cit.*, IV, § 669, p. 540.
(4) Geffcken sur Heffter, *op. cit.*, p. 147, note 10.

hollandais rappela au gouvernement l'*obligation* d'interdire l'entrée des ports néerlandais en vertu d'une ordonnance de 1756 [1].

La vérité, c'est que développant une interpellation sur la neutralité des Pays-Bas, Thorbecke fit un rappel historique à cette ordonnance. Mais le droit à l'asile n'était pas en cause, c'est ce qui ressort très nettement des débats, et notamment de la réponse du ministre des affaires étrangères, Baron van Hall [2].

Mais par contre, la Suède-Norvège et le Danemark, — cette dernière puissance pour le seul port de de Christianso —, suivent l'exemple de l'Autriche (déclaration du 2 avril 1854).

Cette union des pays scandinaves de 1854 — copiée à peu de chose près sur le projet Bernadotte de 1833 —, fut renouvelée en 1904. Le 17 et le 30 avril de cette année, la Suède-Norvège et le Danemark proclamèrent des règles de neutralité communes [3].

Le Danemark se réserva d'interdire aux bâtiments de guerre des parties belligérantes, l'accès des eaux territoriales (intérieures) comprises au sud de l'île Seeland entre le méridien d'Omo et celui de Stage. L'abord de ces eaux fut protégé par des défenses sous-marines fixes, ainsi que celui de la rade et du port de Copenhague, avec possibilité de lever les interdictions en cas de force majeure reconnue, mais seulement après qu'un avis dans ce sens aurait été publié. Des mesures identiques furent prises en Suède et en Norvège. Tous les ports dans les détroits du Skaggerat, Kattegat, Sund et les Belts furent fermés.

On retira aux belligérants toute base navale dans les ports,

(1) Gessner, *Le droit des neutres sur mer*, p. 77, note.

(2) *Verslagen der Handelingen der Staten Generaal*, 2e kamer, 1854, p. 1094.

(3) *R. G. D. I. P.*, 1904, doc., p. 14-25.

ce qui est logique, puisqu'on les assimile au territoire. On leur enlève également le droit de stationnement dans les eaux littorales, ce qui s'explique plus difficilement à notre avis. D'autant plus que ces pays firent, en matière du droit au charbon, par exemple, une distinction entre le régime des ports et celui des eaux littorales qui, semble-t-il, aurait dû également trouver une application ici [1].

La fermeture de ces ports souffre une exception importante au cas de détresse maritime, que l'on étend non seulement aux fortunes de mer, mais encore au droit de ravitaillement et de réparation. A juste titre, car ce sont là — nécessité de ravitaillement, nécessité de réparation — des obligations inhérentes à la vie maritime.

§ 2. Somme toute, le système se rapproche beaucoup de celui que l'Institut de droit a proposé dans sa session de la Haye (1898). « Un navire belligérant se réfugiant dans un port neutre devant la poursuite de l'ennemi ou après avoir été défait par lui, ou faute d'équipage pour tenir la mer doit y rester jusqu'à la fin de la guerre... » (art. 42-3).

La concession d'asile sera accordée, au contraire, pour une des causes suivantes : 1° défaite, maladie ou équipage insuffisant ; 2° péril de mer ; 3° manque de moyens d'existence ou de locomotion (eau, charbon, vivres) ; 4° besoin de réparations (art. 42-2).

En d'autres termes, un navire belligérant n'a droit à l'asile que pour un cas de détresse de navigation. Sur ce point, et sur ce point seulement, il y a une différence avec le droit continental. Seulement cette différence même risquera de s'effacer facilement.

L'énumération limitative de l'art. 42 est déjà une entrave

(1) V. *supra*.

à la notion de détresse de navigation et, comme l'a dit très bien M. Pierantoni, réglementer l'exercice du droit d'asile, c'est effectivement ouvrir la porte aux querelles entre belligérants et neutres. Et cependant, telle quelle, cette énumération n'a pas satisfait tous les membres de la savante compagnie. M. Rahusen notamment critique l'expression « péril de mer », trop vague à son gré [1] et veut resserrer cette notion : le cercle dans lequel se meut la notion de détresse de navigation en serait encore rétréci.

Sommes-nous trop pessimiste, mais il nous semble que pour fermer les ports même au cas de détresse, il n'y a qu'un pas, étant donnée l'idée actuelle du droit d'asile, et que ce pas pourra facilement être franchi. Il suffira de considérer le péril de mer comme une aide dont profite l'un des belligérants au préjudice de l'autre, ce qui entraîne l'interdiction pour le neutre d'ouvrir ses ports au premier, si ce n'est en le désarmant.

Le droit continental et le droit maritime se confondront alors. L'unité aurait été obtenue au détriment du droit. Une fois de plus, dans ce droit transactionnel qu'est le droit de la neutralité, ce seraient les intérêts belligérants qui l'emporteraient sur le droit des neutres. Il y aurait une fois de plus, sous prétexte de maintenir cette neutralité qui ne serait point menacée, substitution de la souveraineté belligérante à la souveraineté neutre pour la réglementation d'un droit qui ne regarde que cette dernière.

En second lieu, il faut établir deux régimes : l'un pour les ports, l'autre pour les eaux littorales.

§ 4. A. *Régime des ports.* — Les ports ont la même nature juridique que le territoire. Il s'en suit que le régime qui

(1) *Annuaire,* XVII, p. 263.

devrait leur être appliqué est le régime auquel on soumet le territoire, c'est-à-dire la fermeture absolue pour le souverain belligérant. On y a songé à la conférence de Wiesbaden en 1881, et, si l'on n'y a pas donné suite, c'est parce que l'impossibilité matérielle de sauvegarder la neutralité s'y opposait (1).

Cet argument ici nous paraît assez étrange; si quelques lieux paraissent facilement défendables, ce sont les ports, puisque cette défense se bornera à une surveillance qui s'exercera à l'entrée de la rade sur une étendue par conséquent limitée. Il nous semble qu'il y avait une raison beaucoup plus forte pour repousser cette assimilation complète, la solidarité qui unit les peuples marins élevant des dangers communs : les dangers de la mer. Interdépendance qui fait défaut dans les rapports de la mer territoriale et qui devra suspendre les règles du droit continental. Voilà pourquoi nous posons en principe la liberté des ports, sauf au cas de séjour déterminé par un fait de guerre.

Nous renversons la proposition généralement admise; nous ne disons pas fermeture des ports, sauf au cas de détresse; nous disons liberté, sauf au cas de fait de guerre.

Nous avons déjà eu l'occasion d'indiquer qu'il ne s'agit pas ici d'une question de mots (2). Dans le doute, c'est la libre pratique du port qui se présumera. De plus, l'on ne se trouve pas, comme avec le système de l'Institut, exposé à voir restreindre les exceptions à la fermeture. Pour restreindre la liberté, il faudrait étendre les exceptions. Or, il est un fait constant, c'est que l'esprit, dans ce besoin d'unité qui le caractérise, est plus prompt à réduire les exceptions pour

(1) Den Beer Poortugael, *Het Internationaal Moritiem Recht*, 1888.
(2) V. *supra*.

s'en tenir au principe qu'à diminuer le principe en étendant les exceptions.

§ 5. Donc, c'est la liberté qui est le principe. Liberté qui n'est pas absolue et qui nécessite une réglementation pour déterminer l'étendue de son champ d'application.

Cette réglementation se présente à trois points de vue :

Au point de vue de la durée du séjour, du nombre des navires qui sont admis à en profiter ; enfin, au point de vue de leur ordre d'arrivée ou de départ s'ils appartiennent aux nations en guerre.

§ 6. *a) Durée du séjour.* — La plupart des pays limitent ce séjour à vingt-quatre heures (Danemark [1], Etats-Unis [2], Pays-Bas [3], Russie [4]; ces deux dernières puissances permettent expressément la possibilité du prolongement.

Il n'y a guère que l'Angleterre [5], le Brésil, la France, le Portugal qui ne limitent pas le séjour. Avec raison, car, malgré l'opinion généralement répandue, ce n'est pas une règle du droit international.

C'est l'opinion de M. Holland [6].

La règle des 24 heures appliquée à la durée du séjour est empruntée au célèbre règlement français de 1681 qui défendait aux corsaires avec prise un séjour de plus de 24 heures dans les ports français. Cette règle fut appliquée durant la guerre de Sécession, par l'Angleterre, ainsi que l'a déclaré le gouvernement à la chambre des communes, le 3 juin 1861.

(1) *R. G. D. I. P.*, 1898, doc., p. 6.

(2) Mais belligérante elle a d'autres tendances, parmi les causes qui permettent la relâche, elle classe la relâche *pour échapper à l'ennemi* (art. 17, U. S. War code 1900), trad. *J. C.*, 1902, p. 51.

(3) *R. G. D. I. P.*, 1898, doc., p. 33.

(4) *R. G. D. I. P.*, 1898, doc., p. 33.

(5) Annexe B (règle 2e).

(6) *Times*, 21 avril 1905.

Six mois plus tard, sur les instances de M. Adam, ministre des Etats-Unis à Londres, on trouve cette règle étendue aux navires de guerre, même sans prise. Cela cependant n'était nullement l'intention du gouvernement anglais, ainsi que le montre la dépêche envoyée aux gouverneurs des colonies et lue à la chambre par lord Russel.

Etant donné l'intérêt de la question, nous la citons :

« Her Majesty Governement, as you are aware, is desirous of observing the strictest neutrality in the contest between the United States and the so styled confederate States of North America. With the view more thoroughly to carry out that principle we propose to interdict the armed ships and also privateers of both parties from carrying prises made by them into the ports, harbours rodsteads or water of the United kingdom, or any of Her Majesty's colonies or possessions » (1).

§ 7. *b*) Limitation du nombre des navires.

Parfois, comme le fit la Hollande dans son arrêté du 2 février 1893 (2), qui fixa à trois le nombre des navires belligérants qui seraient admis dans ses ports, on apporte une limitation aux forces ennemies que l'on veut recevoir.

Cette mesure est très ancienne. Le premier exemple que nous en ayons trouvé se rencontre dans le traité de 1604 conclu entre l'Angleterre et l'Espagne (3), d'autres exemples nous sont fournis par le traité de Whitehall signé en 1667 entre l'Angleterre et la Hollande qui fixe à huit le nombre de vaisseaux que l'on veut admettre, et par celui d'Utrecht (1713), où il est dit que quatre bâtiments de guerre belligérants seulement, pourront séjourner dans le port de Malte.

(1) Hansard, *Parliamentary Debates*, 1861, CCXIII, p. 472.

(2) Art. 1er cité par Guillaume, art. cité *R. D. I.*, 1901, p. 345.

(3) Le nombre des navires à admettre est fixé à 6 ou 8 (Du Mont), *Rec.*, V, 2e partie, p. 626.

La mesure a une utilité incontestable et sera employée surtout par des puissances de second ordre. Elle permet de refuser l'entrée d'une force armée qui par son importance pourrait susciter des difficultés. Il est évident qu'en dehors d'une règle expresse, cette limitation ne se suppose pas. Ce fut là, sans doute, la raison qui fit revenir les autorités espagnoles sur les objections qu'elles firent à l'entrée d'une escadre française placée sous les ordres du contre-amiral Jurieu dans le port de la Havane en 1825 (1). Au point de vue du droit strict, la mesure nous semble bien critiquable. Elle est difficilement conciliable avec cette idée directrice du droit d'asile que le séjour est demandé comme moyen de protection contre un danger : gros temps, avarie, etc. Or, cette protection, ou on la doit ou on ne la doit pas. La doit-on, on ne saurait la limiter à un certain nombre de navires qui prétendent avoir tous droit à l'asile. N'est-on pas tenu à l'asile, alors pourquoi l'accorder dans certains cas, la refuser dans d'autres?

On nous répondra que cela est vrai si l'on envisage l'asile comme un droit, mais que cela cesse de l'être lorsque l'on admet la théorie de l'Institut de droit, la théorie de la concession (art. 42 précité).

Cet argument ne nous convainc pas. Il s'agit, en effet, de savoir si une fois que la concession est faite, on peut l'appliquer dans certains cas, et ne pas l'appliquer dans certains autres, alors que le motif de la concession est toujours identique.

On nous dira encore que l'Etat neutre peut limiter une concession ou même un droit, en vertu de sa souveraineté. Mais précisément la question est de savoir si cet acte souve-

(1) Daninos, *Du droit d'asile dans les eaux neutres*, th. Paris (1905), p. 55, note.

rain qu'il accomplit, et qu'il a le droit d'accomplir constitutionnellement parlant, est conforme au droit international.

Au point de vue constitutionnel, un Etat peut intervenir dans la lutte en équipant, par exemple, des navires de guerre. Mais il y aura là une illégalité flagrante au point de vue du droit des gens.

§ 8. Ordre de départ des bâtiments belligérants.

C'est la célèbre règle des 24 heures, qui ne doit pas être confondue avec la règle qui limite le séjour des navires à 24 heures.

La règle que nous examinons ici se rapporte à l'espace de temps qui doit séparer les sorties de bâtiments ennemis qui se rencontrent dans un port neutre.

Cette règle, qui commença à être mise en pratique au cours des guerres maritimes du XVIIIe siècle, a donné lieu à de nombreuses et intéressantes applications.

En 1759, une escadre française commandée par M. de Castillon entra à Cadix et fut bientôt rejointe par une escadre anglaise très supérieure en force. Etant entrée la première, l'escadre française avait le pas sur son adversaire pour sortir, mais comme l'état de la mer était tel que la sortie devenait une opération pleine d'aléas, M. de Castillon résolut de ne point profiter de la faveur. L'officier commandant l'escadre anglaise demanda alors à sortir en prétendant que le délai de 24 heures imparti à l'escadre française courait du moment où lui-même avait pris la mer. Les autorités espagnoles refusèrent et retinrent l'amiral anglais durant 24 heures à compter du moment où la flotte française appareilla. Agir autrement eût été subordonner le départ des bâtiments français au départ des bâtiments anglais, derniers arrivés.

(¹) Ortolan, *op. cit.*, II, p. 294.

La règle des 24 heures pose un principe complètement opposé.

C'est la crainte de se voir appliquer la règle des 24 heures qui fit que la frégate *Kearsage* se présenta à l'entrée de la rade de Cherbourg, mais sans y pénétrer (14 juin 1864).

On discute la question de savoir si la règle des 24 heures doit être appliquée seulement dans les relations des marines belligérantes ou encore entre navires de guerre belligérants et navires de commerce contre lesquels le droit de visite, de poursuite ou de saisie pourrait être exercé. M. Godey (1) notamment écrit : « Le principe est déjà suffisamment rigoureux ; les navires chargés de contrebande s'exposent, en pleine mer, à courir le risque de la capture et leur situation n'est pas si intéressante qu'on doive, dans leur intérêt, retenir indéfiniment au mouillage le navire de guerre belligérant prêt à partir ; les ports de refuge, surtout s'ils étaient très fréquentés, pourraient devenir ainsi, si l'autorité locale manifestait quelque malveillance, de véritables traquenards pour les navires de nations en guerre ».

L'objection ne nous paraît pas contrebalancer les avantages que présente une précision en ce sens. L'inconvénient n'est sérieux que si « l'autorité locale manifestait quelque malveillance ». Or c'est là un soupçon tout gratuit, qui ne peut pas être présumé.

La règle des 24 heures est édictée pour prévenir que les eaux neutres ne deviennent le théâtre de l'acte hostile qu'est un combat. Mais la prise et la poursuite, qui en est le préliminaire, véritable opération qui fait corps avec la saisie, sont de véritables opérations hostiles qu'à ce titre il importe de prohiber (2).

(1) *Op. cit.*, p. 146.

(2) C'est ce que la déclaration japonaise de neutralité dit très justement : « 1° On

Voilà pourquoi nous sommes surpris qu'il faille un texte pour faire appliquer des principes généraux pourtant bien établis. Cependant cela est fort utile ainsi que le montre l'incident du *Linois* en 1870.

Le gouvernement japonais, dans l'art. 3 de sa proclamation de neutralité, avait ainsi réglementé la matière.

« Si des navires de guerre appartenant aux deux parties entrent dans le même port, le navire appartenant à l'une des parties ne pourra partir que 24 heures après l'aube ».

C'est en s'appuyant sur ce texte que le croiseur français le *Linois,* qui se trouvait dans le port de Tokio avec le navire de commerce allemand *Rein,* prétendit avoir le droit de l'arrêter comme il le fit dans le golfe de Yedo, juste en dehors des eaux japonaises; le texte précité ne pouvait être invoqué, d'après le commandant, pour les navires de commerce mais seulement pour les bâtiments de guerre.

Or, très justement, le chargé d'affaires de Prusse, M. von Brandt, fit remarquer, dans sa dépêche du 11 octobre 1870, qu'il ne s'agissait pas tant de savoir jusqu'à quel point le texte de la déclaration était restrictif, mais bien si les principes généraux perdaient toute valeur s'ils n'étaient point invoqués expressément. Il considérait en effet — et avec raison — que la poursuite du navire allemand par le *Linois* constituait une violation au principe de droit qui veut que les ports neutres ne servent pas comme base d'opération [1].

§ 9. Sur ces trois règles, nous n'admettons donc guère que la dernière.

ne permettra pas aux bateaux de guerre ou aux bateaux employés à la guerre de puissances belligérantes d'accomplir dans les eaux territoriales de notre empire *aucun acte de guerre, visite, inspection,* ou capture des bateaux marchands... ». *R. G D. I. P.*, 1898, doc., p. 31.

[1] Takahashi, La neutralité du Japon pendant la guerre franco-allemande, *R. D. I.*, 1901, p. 264.

La seconde, tout en rentrant dans la catégorie des actes permis à un Etat dans un intérêt politique dont il est seul juge, ne nous paraît pas ressortir au domaine du droit international [1].

Quant à la première, tout en étant partisan d'une réglementation, le délai de 24 heures nous paraît trop absolu.

Le droit au séjour découle de la solidarité maritime : les navires belligérants peuvent, tout comme des navires de commerce inoffensifs, chercher dans un port neutre un refuge contre des dangers qui menacent les uns et les autres. Si l'on reconnaît ce droit, il faut permettre l'exercice de ce droit dans une mesure telle que les belligérants pourront effectivement en user. Or, le pourront-ils si l'on impose une limitation générale, sans que l'on puisse savoir si oui ou non ce n'est pas là supprimer le droit au séjour lui-même ? Il paraît plus logique de mesurer la durée du séjour sur sa cause.

C'est, au surplus, ce que l'on a si bien compris que beaucoup de déclarations de neutralité [2], après avoir posé le principe de 24 heures, y apportent des dérogations si nombreuses (au cas de ravitaillement, de réparations par exemple, d'aucuns parlent même vaguement de relâche forcée) [3], que pratiquement elles constituent la règle. Il paraît peut-être plus exact de poser cette cause du séjour comme déterminant le séjour lui-même, ainsi que le fait l'Institut de droit dans son art. 42-4° (session de La Haye, 1898) [4].

Comme à la différence de ce règlement, nous posons en

(1) Voir *supra*.

(2) Danemark, Portugal.

(3) Pays-Bas, Russie.

(4) *Annuaire,* XVII, p. 273 et s.

principe le droit au séjour (cf. art. 42-2), nous demanderions l'adjonction d'un paragraphe supplémentaire et voudrions voir être dit que « si le séjour est causé par un motif non énuméré dans le paragraphe ci-dessus (§ 4 de l'art. 42), les autorités locales statueront sur la durée du séjour qui sera règle juridique avant même que le gouvernement ait approuvé la décision prise : cette confirmation gouvernementale devra cependant intervenir dans le plus bref délai possible, et notification sera faite aux puissances intéressées ».

B. *Régime des eaux littorales.* — Faut-il étendre ce régime aux eaux littorales ?

La réponse dépend évidemment du caractère juridique que l'on reconnaît à ces eaux. Et cependant ce caractère n'a pas eu sur la matière l'influence qu'il méritait.

Tous les Etats soumettent les eaux littorales au régime de leurs ports. Même la France, qui cependant établit, comme nous l'avons vu, deux régimes bien distincts (art. 2 et 3, instruction ministérielle du 26 avril 1898, reproduite à l'occasion de la guerre russo-japonaise, cf. annexe A), a les mêmes règles pour le séjour, du moins en ce qui concerne la durée.

Nous avons critiqué cette liberté en ce qui concerne les ports, nous l'approuvons pour les eaux côtières.

La pratique actuelle semble bien, nous ne nous le dissimulons pas, s'aiguiller dans une direction tout opposée.

Et nous croyons qu'il serait injuste et superficiel d'attribuer uniquement à des préoccupations politiques l'agitation que souleva au Japon et chez « son grand frère anglais » l'attitude de la France en la matière.

Il y a au fond du problème deux conceptions juridiques du séjour différentes, qui influent sur la théorie générale de la neutralité, l'une qui paraît rallier la quasi-unanimité, l'autre que soutient la France, et qui possède toute notre confiance : la défendre sera exposer nos propres idées.

A part des questions de réparations et de ravitaillement de charbon que nous avons examinées plus haut, on reprocha à la France le séjour des flottes russes à Nossi-Bé (île de Sainte-Marie), à Madagascar, enfin dans les eaux de l'Indo-Chine principalement dans les baies de Kam-ranh et de Hon-Kohé). Ce séjour, d'après l'opinion japonaise, constituait, par sa durée, une violation de la neutralité, comme étant un moyen de faciliter les opérations militaires russes.

La France se borna à contester les faits tels que la version japonaise les présentait. C'est du moins ce qui résulte de la note officielle que voici publiée par le gouvernement du mikado.

« Tokio, 23 avril 1905. — Le gouvernement français, en apprenant que la flotte de la Baltique était arrivée à la baie de Kamranh, donna au Gouverneur Général de l'Indo-Chine instruction de faire exécuter strictement les règles de la neutralité française.

» Par la suite, le gouvernement japonais adressa au gouvernement français une protestation et le gouvernement français adressa à son tour de nouvelles instructions spéciales au Gouverneur pour être transmises aux Russes, les invitant à quitter les eaux territoriales françaises le plus tôt possible. Le Gouverneur répondit par télégramme qu'il avait pris toutes les mesures nécessaires, conformément aux instructions reçues.

» En même temps, la France s'adressait au gouvernement russe, lui demandant de donner instruction à l'amiral Rodjesvensky de quitter les eaux territoriales françaises. Le gouvernement russe répondit qu'il avait déjà donné des instructions en ce sens.

» Le gouvernement français a donné l'assurance qu'il a pris et prendra à l'avenir toutes les mesures nécessaires pour que la neutralité soit rigoureusement observée » (1).

Cette attitude, à notre avis, est à la fois un aveu et un désaveu (2).

Un aveu, parce qu'il n'y avait aucune raison d'exiger le départ d'une flotte, si ce départ n'était pas exigé par le droit international.

Mais c'est également un désaveu, car « l'acceptation de la note japonaise ci-dessus reproduite permet de soutenir que la France ne semble pas persévérer dans sa doctrine du séjour illimité dans les eaux françaises des navires belligérants qui se conforment aux lois de la neutralité ».

Or, si comme un homme d'Etat japonais l'a dit : « Il n'y a aucun déshonneur » — bien au contraire — « à modifier une règle, de manière à la mieux accorder avec la justice et l'équité, si on s'aperçoit qu'elle y est, dans certaines dispositions, opposée » (3), il est encore à démontrer que ce fut là le cas de la règle sur le séjour.

La prétendue violation de la règle du séjour avait eu lieu, non pas dans un port, mais dans les eaux littorales, c'était donc l'art. 5 de la circulaire du 26 avril 1898 que l'on aurait dû rappeler. Ce texte ne prohibe pas le séjour, il ne le limite pas, il l'ignore, par conséquent il le tolère.

Et pourquoi, en effet, interdire ou réglementer le séjour en eaux côtières ? Parce qu'il peut, le cas échéant, nuire à l'un des belligérants? Nous savons ce que vaut cet argument et jusqu'où il peut entraîner. Et puis, en vertu de quel droit

(1) *J. C.*, 1905, p. 502 (Faits et informations).

(2) Comparer cette attitude avec celle adoptée par la France dans l'incident occasionné par le ravitaillement du charbon également à Kamranh, *supra*.

(3) *Le Matin*, 16 mai 1905.

imposerait-on aux belligérants une limitation à leur activité? Ce n'est point en vertu d'un droit de souveraineté sur ce ruban de mer que possèderait l'Etat riverain. Nous nions l'existence de ce droit et les instructions françaises le nient avec nous, sous peine de devenir incompréhensibles. Sera-ce en vertu de son droit de sécurité? Mais ce droit *sui generis* lui est accordé dans un but bien déterminé, la défense de son territoire, but qui est en même temps la limite du droit. De là, l'interdiction par l'Etat riverain de se livrer à une certaine distance de sa côte à des actes hostiles, mais le séjour n'est pas acte hostile et tombe donc en dehors de ce domaine.

§ **11**. Non, pour nous, le séjour en eaux littorales et seulement en eaux littorales est une conséquence du droit de passage. Ce droit de passage implique le droit de séjour. C'est le point de vue auquel s'arrête l'Angleterre dans son « Territorial water juridiction act » de **1878**, par lequel elle revendique la juridiction aussi bien sur les navires qui passent dans ses eaux que sur ceux qui y séjournent.

En sens inverse, nous devons citer l'art. 8 du projet de l'Institut de droit international [1] (session de Paris **1894**) qui distingue au point de vue de la juridiction entre les navires et ceux qui séjournent dans les eaux côtières.

« Les navires de toute nationalité, par le fait seul qu'ils se trouvent dans les eaux territoriales, à moins qu'ils n'y soient seulement de passage, sont soumis à la juridiction de l'Etat riverain ».

L'objection que nous formulons contre ce texte et l'opinion qu'il représente est que le séjour est toujours provisoire, qu'il se présente avec tous les caractères du passage, sans lequel il ne se conçoit pas.

[1] *Annuaire,* XIII, p. 330.

Y a-t-il séjour lorsqu'un navire est immobilisé par les brumes pendant vingt-quatre heures dans les eaux côtières? Non, évidemment, il y a ici passage, parce que l'on se reporte au motif du séjour.

Y a-t-il passage lorsqu'un navire traverse des eaux littorales et y demeure pendant vingt-quatre heures ou quarante-huit heures? Evidemment oui, et cependant s'il mouillait au même lieu il y aurait soit séjour, soit passage, suivant la cause du mouillage.

Nous ne contestons pas que le séjour se présente comme une opération distincte du passage; ce que nous disons, c'est qu'il se présente comme un droit incident au droit de passage, qu'il doit être par conséquent soumis aux mêmes lois, en vertu de l'adage *Accessorium sequitur principale*.

La question revient donc à savoir si l'on admet le passage.

Si nous pensions que la mer territoriale était soumise à la souveraineté de l'Etat au même titre que le territoire, nous conclurions, avec M. Kleen, au rejet de ce droit (1).

Le droit de passage est incompatible avec l'idée de souveraineté, et si on le voit apparaître au moyen-âge dans le droit continental, c'est en laissant intacte l'idée de possession qui, durant la féodalité, était avec la coutume le « principal générateur du droit » (2). « Lors des guerres privées » du moyen-âge, écrit M. Verraes, le vassal qui permettait à » un autre vassal de traverser son fief pour attaquer un tiers » n'était pas considéré comme coupable à l'égard de ce vassal. » *Il était admis que l'assaillant se bornait simplement à* » *faire ainsi usage de routes publiques du pays* » (3).

Pour nous, le droit *sui generis* est le droit que l'Etat rive-

(1) *Op. cit.*, I, p. 508.
(2) Esmein, *Eléments de droit constitutionnel*, p. 163.
(3) *Les lois de la guerre et de la neutralité*, Bruxelles, 1906, II, p. 52.

rain possède sur la mer littorale, droit institué dans l'intérêt de sa sécurité, dans un intérêt de protection de la côte. « Le fait de naviguer ne constitue pas intrinsèquement un acte dommageable » (1). L'Etat riverain n'a donc pas à intervenir.

A cela, M. Kleen répond que le fait de marcher ne constitue pas non plus « intrinsèquemont » un acte dommageable.

« La marche est une action inoffensive en elle-même, mais » qui devient coupable du moment qu'elle se fait par des » troupes belligérantes à travers le territoire d'un neutre ; il » en est de même de la navigation par ses eaux ».

Pas pour ceux qui estiment que la mer, même la mer littorale est le patrimoine commun de tous les peuples, où tous ont un droit égal à se mouvoir librement, et que c'est cette communauté de droits qui permet de parler de l'interdépendance maritime.

C'est de ce principe de la liberté des mers que découle la liberté de communication des détroits. Comment concilier cette liberté avec la prohibition du droit de passage?

M. Kleen répond : ces détroits sont libres, parce que sont libres les grandes routes maritimes et leurs communications. C'est un cas exceptionnel.

Mais c'est renverser l'ordre des propositions. Si le principe est liberté de communication, le régime de libre pratique des détroits n'est point une exception, mais une simple application de la règle. Ce qui sera exceptionnel, ce sera le régime d'interdiction des eaux littorales.

Et on ne peut baser cette exception que sur une idée de souveraineté.

Rejetant ce postulat, nous rejetons le régime d'interdiction

(1) Calvo, *op. cit.*, IV, § 2653, p. 528.

qui en découle, et nous nous prononçons pour le droit de passage et pour le droit au séjour qu'il entraîne.

Il demeure entendu que les deux parties pourront également user et de ce séjour et de ce passage.

On nous objectera que ce séjour, comme cela est le cas lorsqu'il s'agit d'une opération de concentration, soulèvera des protestations comme favorisant les actes militaires de l'un des belligérants. Mais n'exagère-t-on pas la portée de cette aide? Sans doute il sera interdit à l'autre belligérant d'empêcher par la force cette opération de s'accomplir dans les eaux littorales. Mais cette opération pourra presque toujours être paralysée par des manœuvres faites en dehors de la zone neutre, si l'escadre ennemie est sur les lieux, et si elle n'y est pas, la concentration pourra se faire sans aucun inconvénient à quelques milles au delà de la ligne de respect.

Peut-il se présenter des cas où la liberté du séjour aura profité à l'un des belligérants, ne faudrait-il pas plutôt que d'en rendre la théorie de la neutralité responsable, considérer ces faits comme une de ces mille vicissitudes bonnes ou mauvaises qui s'attachent aux entreprises humaines et qu'il sera toujours impossible d'éliminer?

§ **12**. De ce que le droit d'un Etat sur ses ports et sur sa mer littorale est d'une nature toute différente, nous concluons donc à deux règles différentes en ce qui concerne le régime de ces deux surfaces de mer.

La première est territoire, territoire où, par suite de l'interdépendance maritime, les droits de souveraineté voient dressés en face d'eux les droits de l'humanité et qui, dans cette mesure, perdront un peu de leur caractère de principes absolus, mais territoire quand même.

La seconde est une *res communis*, patrimoine de tous les

peuples, où tous exercent des droits égaux. Mais cette liberté est tempérée par la nécessité d'assurer le respect du territoire du souverain riverain et c'est ce qui explique la limitation apportée à l'activité des belligérants dans ces eaux.

Voilà pourquoi le séjour sera toléré sans entraves dans la mer littorale et toléré mais réglementé dans les ports.

SECTION II

SÉJOUR AVEC PRISE

§ 13. Nous avons assimilé la prise à l'opération hostile qu'est le combat, parce qu'elle peut être l'occasion d'une lutte, et qu'en tout cas elle est caractéristique d'un état de guerre. Aussi faut-il approuver la déclaration japonaise du 30 avril 1898 d'avoir expressément fait cette assimilation (1).

Il en résulte qu'à la différence des croiseurs non accompagnés de prise, ceux qui en convoient une se verront interdire radicalement le séjour en eaux littorales.

Le convoi des prises est un acte hostile, qui fait corps avec la prise elle-même dont elle est l'aboutissant logique.

§ 14. Quel devra être maintenant le régime des ports ? La plupart des puissances (2) édictent l'interdiction de séjour pur et simple, alors qu'elles accordent aux bâtiments de guerre isolés un séjour illimité. Celles (3) — la France (4) notamment — qui permettent le séjour illimité aux croiseurs isolés le restreignent à 24 heures, par exemple, lorsqu'ils sont accompagnés de prise.

La législation des Etats-Unis s'écarte par bien des points

(1) V. *supra*.
(2) Brésil, Danemark, Italie, Japon, Portugal.
(3) L'Angleterre (annexe B) défend le séjour avec prise.
(4) Annexe A.

de la législation européenne. Tandis que cette dernière interdit généralement le séjour avec prise, sauf les cas de détresse maritime, les Etats-Unis accueillent les navires belligérants avec prise, non pas seulement contre les périls de mer, mais encore contre les hasards de la guerre [1].

D'autre part le droit accordé aux commandants de prises de conduire leurs prises où ils le veulent, est absolu, aussi bien en ce qui concerne les ports ou eaux littorales, que pour la durée même du séjour. Enfin les corsaires se trouvent traités comme des bâtiments de guerre, ce qui se comprend, les Etats-Unis n'ayant pas adhéré à la déclaration de Paris. De cette réglementation nous n'empruntons qu'un principe, c'est le droit au séjour des navires escortés de prise.

a) Le droit au séjour dans les ports a une base toute différente de celle du séjour en eaux littorales. Et les motifs qui commandent d'accueillir dans un port neutre un navire de guerre isolé se retrouvent avec plus de force encore ici, car cette hospitalité aura une influence directe sur le droit de destruction des prises.

Ce droit fut exercé avec fréquence durant la guerre anglo-américaine de 1802-1814 et durant la guerre de Sécession. M. Oppenheim raconte que les instructions américaines envoyées aux commandants des navires durant cette première guerre recommandent cyniquement ce moyen, « parce qu'un croiseur, si heureux qu'il fût, ne pourrait jamais capturer qu'un certain nombre de navires, tandis que, par la destruction immédiate, chaque capteur pourra continuer à capturer et diminuer ainsi régulièrement la flotte marchande ennemie » [2].

(1) Bulmerincq, Rapport à l'Institut de droit sur les prises, *R. D. I.*, 1879, p. 637 et s.

(2) *Op. cit.*, II, p. 200.

b) Il y a aujourd'hui une tendance à restreindre ce droit. En effet, en face du système américain qui est le droit de destruction non limité, encore aujourd'hui (art. 14, U. S. war Code, 1901) en vigueur puisque ce texte permet la destruction « in case of military or *other necessity* », nous trouvons le système anglais qui ne tolère la destruction qu'au cas où la prise n'est pas en état de tenir la mer pour gagner le port du capteur et, en second lieu, lorsque l'on ne peut donner à la prise un équipage de garde (1).

Ce système, qui est beaucoup plus respectueux des droits de la propriété privée sur mer que ne l'est l'art. 50 sur le règlement des prises voté par l'Institut de droit international (session de Gand), énumère cependant l'éloignement d'un port national du capteur comme une des deux causes justifiant la destruction de la prise (2).

Le seul moyen, à notre avis, de restreindre la portée de cette cause de destruction sera d'ouvrir les ports neutres aux bâtiments convoyant des prises (3).

c) Il ne faut permettre le libre accès que de ces ports, parce que le fondement juridique de cette liberté ne se retrouve plus, ainsi que nous l'avons indiqué à plusieurs reprises pour la mer littorale. Le droit d'asile dans le premier cas se rattache à l'idée de solidarité maritime, dans le

(1) Holland, *Law Prize*, §§ 303-304. — *Manuel de l'amirauté anglaise*, p. 86. — Takashi, *International law during the chino-japanese war*, app. VIII. Ce texte ne comprend pas moins de cinq causes légales de destruction.

(2) M. de Boeck, *op. cit.*, p. 306, après avoir étudié à fond le droit de destruction (p. 290-306), conclut à la limitation de ce droit au cas de nécessités militaires. C'est aboutir à la suppression pure et simple.

(3) C'est à cette préoccupation que répondait déjà l'édit (« plakkaat ») des Provinces-Unies du 6 janvier 1711 qui, parmi les causes permettant à un corsaire et *à fortiori* à un bâtiment de guerre d'amener la prise dans leurs eaux, classait le fait que cette prise aurait été faite « dans des mers très éloignées ». Cité par Bulmerincq, *R. D. I. L. C.*, 1879, p. 637 et suiv.

second c'est à la liberté de navigation qu'il faut ramener le droit de passage, et par conséquent le droit de séjour. Cette liberté de navigation intervient lorsqu'il s'agit d'un acte de locomotion, non lorsqu'il s'agit d'une opération de guerre. Le convoi d'une prise en est une. Intervient alors le *devoir* pour la neutre d'interdire tout acte de ce genre, devoir qui correspond au droit d'exiger le respect d'une bande de mer longeant son territoire.

Au contraire l'accès de son port devra être toléré en tant que demeure la cause qui détermine la base juridique de ce séjour, en tant que l'on se trouve en présence d'un séjour causé par un fait de navigation.

C'est d'ailleurs ainsi que l'ont compris les pays qui pratiquent ou ont pratiqué la liberté de séjour.

La France, dans sa déclaration du 6 mai 1877, dit « qu'il ne sera permis à aucun navire de guerre de l'un ou de l'autre belligérant d'entrer et de séjourner avec des prises dans les ports ou rades de France et de ses colonies pendant plus de 24 heures, *hors le cas de relâche forcée ou de nécessité justifiée...* » [1].

Ce qui, à notre avis, doit se lire « nécessité de navigation justifiée ».

Car si l'on veut faire concorder les droits des neutres avec les droits des belligérants — et il faut le faire nécessairement — on reconnaîtra que le séjour des navires isolés étant défendu lorsque ce séjour est motivé par un fait de guerre, à plus forte raison cette disposition s'appliquera-t-elle au navire escorté de prise qui fuit par exemple devant l'ennemi.

Quel que soit notre désir de protéger la propriété privée, nous reconnaissons qu'il sera impossible d'ouvrir les ports

[1] Bulmerincq, *R. D. I. L. C.*, 1879, p. 648 et suiv. Rapport présenté à l'Institut à la session de Gand, 1880.

neutres à ce navire; ce ne serait plus un simple appui accordé à l'un des belligérants que l'autre pourrait invoquer également le cas échéant, mais une véritable assistance caractérisée par ce fait que l'on soustrairait l'un des belligérants à l'action hostile de l'autre ([1]).

§ 15. Il faudrait assimiler, croyons-nous, une prise « amarinée », c'est-à-dire naviguant avec un équipage de prise, à une prise convoyée.

A part les Etats-Unis, qui assimilent expressément une prise sous les ordres d'un officier public à un bâtiment de guerre ([2]), on ne trouve pas de disposition réglementant la question.

Les pérégrinations du *Saint-Marc* nous offrent un bien curieux exemple des inconvénients de ce silence.

Le *Saint-Marc* fut capturé en 1871 par le croiseur allemand *Augusta*, le mauvais temps obligea ce bâtiment à se réfugier avec sa prise dans le port de Plymouth — on lui accorda l'hospitalité dont peuvent bénéficier les corsaires accompagnés de prises : un séjour de 24 heures.

Même principe fut appliqué par la Hollande, lorsque ce croiseur toujours escorté par sa prise se présenta dans un de ses ports.

Au contraire, la Norvège permit au *Saint-Marc*, naviguant avec un équipage de prise, de demeurer dans le port d'Hindole du 16 février aux derniers jours de mars.

Pourquoi cette différence de traitement ? L'officier commandant l'équipage de prise avait une commission en règle.

([1]) L'art. 59 du règlement des prises porte au contraire que « le navire saisi ne pourra être conduit dans le port d'une puissance neutre que pour cause de péril de mer, ou lorsque le navire de guerre *sera poursuivi par une force ennemie supérieure* ».

([2]) Voyez l'avis de l'Attorney général du 28 avril 1855, cité par Bulmerincq, Rapport à l'Institut de droit, *R. D. I. L. C.*, 1879, p. 6.

Dès lors, il représentait le souverain et agissait en vertu d'une délégation régulière. Se trouvant à bord d'un simple torpilleur, cela eût certainement été décidé, mais pourquoi en serait-il autrement, parce que dans l'exercice de ses fonctions il se trouve commander un navire de commerce : sa mission — toute de surveillance et de contrôle — reste la même. Ce n'est pas le navire qui donne sa qualité à l'équipage, mais bien l'équipage au navire. Ce qui fait que l'on peut dire qu'un navire de guerre est une portion du souverain, c'est le commandement. Le commandement disparaît-il et immédiatement disparaît le caractère de souveraineté, pour renaître là où le commandement se trouve.

CHAPITRE VII

Responsabilité de l'Etat au cas de violation de la neutralité.

§ 1. Dans notre introduction (chapitre II), nous avons essayé de montrer que les devoirs des neutres se classent sous deux types : devoir d'abstention, devoir d'impartialité.

De là résulte que la violation de la neutralité se résoudra en un agissement actif, alors que le neutre aurait dû garder l'abstention, et en une abstention alors que le droit international lui prescrivait une attitude active.

Comme exemple d'une violation de la première catégorie, on peut citer l'assistance (sous quelque forme que ce soit) accordée à l'un des belligérants ou même aux deux, alors que le neutre aurait dû s'abstenir, c'est-à-dire assurer par tous les moyens en son pouvoir — l'abstention ne se confond donc pas avec la passivité — une non-immixtion, dans la lutte, de ceux sur qui il commande.

Est une violation de la seconde catégorie tout appui donné à l'un des belligérants et refusé à l'autre. Dans ce cas, il y a eu abstention envers un belligérant, action envers l'autre, alors que tous les deux peuvent prétendre à un concours actif donné par le neutre.

§ 2. L'État, dans ces différentes hypothèses, est responsable. Tantôt cette responsabilité sera directe, tantôt elle sera indirecte.

Il y aura responsabilité directe lorsque la violation de neutralité est accomplie par l'Etat. Elle sera indirecte lorsque ce seront des simples particuliers qui se seront rendus coupables d'une non-observation de la loi internationale. On discute beaucoup la question de savoir si le droit international s'impose directement aux individus ou si, en passant par l'intermédiaire de l'Etat dont ils relèvent, cette loi ne devient pas une loi interne. Ce dernier système est soutenu notamment par M. Anzilotti (1).

Il nous paraît que la question, au point de vue international, ne présente pas un intérêt aussi grand que l'on serait tenté de le croire au premier abord.

Dans les rapports de droit public, l'Etat représente les particuliers, c'est à lui qu'on s'adresse et c'est lui qui répond. Et cela est tout à fait logique dans le droit international public où l'on examine les rapports de droits qui s'établissent entre souverainetés.

Si un simple particulier viole une loi de droit international, comme ce particulier n'a pas d'existence juridique en ce qui concerne le droit public, il est naturel que l'on s'adresse à la personne juridique qui le représente, c'est-à-dire à son souverain.

La question de savoir si des règles de droit international sont des règles obligatoires pour les particuliers ne présente qu'un intérêt pour l'Etat dont ces particuliers relèvent. Suivant que l'on se décidera ou non pour l'affirmative, on reconnaîtra à cet Etat un droit de recours contre les particuliers qui lui fera défaut au cas où la négative est acceptée.

Cela posé, quelle est la situation d'un Etat victime d'une violation de la neutralité ? On a soutenu que dans ce cas le

(1) *Op. cit.*

neutre est « victime », mais n'est pas coupable. C'est, dit-on, une affaire à régler entre l'Etat belligérant qui a violé la neutralité, et le neutre; l'autre belligérant n'a pas à intervenir, ni à formuler de réclamation. Car, affirme-t-on, ce sont les droits des neutres qui sont méconnus et non ceux de l'autre belligérant (1).

Ce raisonnement est absolument fallacieux. Sans doute les droits des neutres sont méconnus, mais il n'y a pas qu'une méconnaissance de droits, il y a encore une violation de devoirs. Comme M. Kleen l'a dit excellemment, « en exigeant du belligérant qu'il s'abstienne de toute hostilité dans ses eaux [et cela serait évidemment vrai partout où le neutre est souverain] le neutre s'oblige par là même à le [l'autre belligérant] protéger contre toute agression de l'adversaire » (2).

Par conséquent on peut assimiler le cas où les droits du neutre sont violés à l'hypothèse que nous allons examiner maintenant, où il ne tient pas ses obligations.

§ 3. On fait en cette matière une distinction que l'on retrouve à peu près chez tous les auteurs.

Les violations très graves des devoirs de neutralité peuvent être considérées comme un *casus belli*, non les violations qui présentent un caractère de moindre importance.

Mais qu'entend-t-on par violations graves de neutralité ? Généralement on ne le dit pas, et il est certain qu'il est très difficile de donner une définition d'une violation présentant tous les caractères requis.

Cependant nous croyons qu'un certain nombre d'éléments devront être réunis pour que l'on puisse considérer cette violation comme justifiant immédiatement une ouverture des hostilités.

(1) Historicus, *Letters* (1863), p. 161.

(2) De Lapradelle et Politis, *op. cit.* (note de M. Kleen), p. 655, note 3.

a) Il faut que cette violation consiste dans la violation du devoir d'abstention, c'est-à-dire qu'elle porte sur la continuation de relations de souverain neutre avec souverain belligérant que la neutralité, précisément, a pour but de suspendre [1].

b) Il faut, en second lieu, que l'Etat neutre ait commis dans la continuation de ces relations, une série d'actes qui prouve clairement l'intention hostile ou tout au moins la négligence grossière.

c) Enfin il faut qu'il y ait urgence pour le belligérant lésé de réparer le tort causé par l'attitude du neutre, et que seules des opérations militaires puissent effacer ou tout au moins contrebalancer les effets de la violation.

Si ces trois conditions se trouvent réunies il pourra, en vertu des principes de la neutralité, déclarer la guerre au neutre coupable. Mais dans ce cas il aura soin — en supposant que dans les guerres ordinaires cette formalité ne soit pas de rigueur — de faire précéder les premières hostilités d'une déclaration de guerre qui sera un élément obligatoire pour constituer un état de guerre légal. Dans ce cas la déclaration jouerait un peu le rôle que certaines formes données à certains actes jouent dans les relations de la vie privée.

En aucun cas le belligérant ne sera recevable à prétendre que la rupture des relations pacifiques résulte de l'attitude illégale du neutre.

§ 4. Mais la plupart des violations de neutralité présenteront rarement ce caractère, par contre ceux qui touchent au devoir d'impartialité, violations simples, seront beaucoup plus nombreuses.

[1] Comme exemple de ces relations nous pouvons citer : le droit de passage sur le territoire continental accordé par le neutre, la cession faite après l'ouverture de la guerre de bâtiments militaires, la transformation d'une partie du territoire neutre en base d'opérations, etc.

Dans l'application du devoir d'impartialité, il entre en jeu un élément d'appréciation subjective qui pourra être très dangereux. De plus, ce devoir d'impartialité intervient pour toutes les relations entre belligérants et neutres non suspendues par la guerre, c'est-à-dire qu'il réglemente toutes les questions qui se rattachent indirectement aux hostilités, or c est là un domaine très vaste et très varié. De plus, à ce domaine se rattachent de nombreux intérêts particuliers et tout le commerce international porte sur des objets qui ne servent jamais directement à la guerre, mais qui tous peuvent y servir indirectement. Il n'est donc pas étonnant que ce soit à l'occasion de ce devoir d'impartialité que les difficultés surgiront surtout.

Nous ne voulons d'ailleurs nullement opposer la violation du devoir d'abstention à la violation du devoir d'impartialité. Très souvent une violation d'un devoir d'abstention présentera un caractère de gravité analogue à celle d'un devoir d'impartialité. Ce que nous avons simplement voulu dire [1], c'est que la première violation pourra, si d'autres éléments se trouvent réunis, présenter un caractère de gravité que n'aura jamais une violation du devoir d'impartialité, pour cette raison que les devoirs d'abstention régissent des rapports d'Etat à Etat, tandis que dans le second cas, ils portent sur des rapports qui n'étant pas suspendus par la guerre, comme le sont les premiers, ne sauraient être soumis à un contrôle aussi précis.

Ces violations ordinaires de neutralité ne constituent pas un *casus belli*, et doivent être exclusivement réglées par voie d'arbitrage.

Le tribunal statuera *ex bono et æquo* sur les dommages et intérêts dus pour cette violation. Cette responsabilité pécu-

(1) V. *supra*.

niaire, depuis la fameuse affaire de l'*Alabama* (1), s'étend sur tous les actes postérieurs à l'infraction, et seulement pour les actes dommageables directs, — les dommages indirects, depuis cet arbitrage, sont écartés comme étant d'appréciation trop difficile et susceptibles de donner des résultats exagérés (2).

§ 5. La violation de la neutralité constitue un délit que nous appellerions en droit pénal un délit d'habitude, en ce sens qu'il est nécessaire qu'il y ait un certain nombre de faits répétés qui établisse nettement le fait brutal de la violation. Cette intention est nécessaire, mais elle est suffisante, et l'intention de nuire ne constitue pas un élément de violation de la neutralité, mais seulement une circonstance de fait qui donnerait au belligérant, dans certains cas, le droit de la considérer comme un *casus belli* (3). Là, d'ailleurs, doit se borner l'imputabilité de l'Etat neutre dans l'intention de ne pas respecter la neutralité. Cette intention peut résulter soit du dol, soit de la négligence grossière (*culpa lata*).

Mais elle peut également être causée par une imprudence légère (*levis*) ou très légère. Y aura-t-il cependant lieu à responsabilité ?

Certains auteurs soutiennent la négative (4).

Bien à tort, avec M. Kleen, « nous ne voyons pas la raison pour laquelle un gouvernement serait dégagé, dans les rapports internationaux, de la responsabilité de sa négligence, fût-elle encore moindre, lorsque la législation intérieure rend le citoyen responsable de toutes les conséquences de sa négligence, que celle-ci soit grave ou légère » (5).

(1) V. *supra.*

(2) Despagnet, *op. cit.* (3e édit.), p. 819.

(3) V. *supra.*

(4) Bluntschli, *op. cit.*, art. 779. — Fiore, *op. cit.*, § 1567-1569. — Oppenheim, *op. cit.*, II, p. 389.

(5) *Op. cit.*, p. 140, note 1.

La responsabilité du neutre est donc engagée par la moindre imprudence.

Mais quand y a-t-il imprudence? Le traité de Washington, dans ses trois règles ([1]), en a donné une définition qui ne définit pas grand'chose, ainsi qu'il arrive souvent.

« Le gouvernement neutre est tenu :

» 1° D'user *de toute la vigilance nécessaire* [« *due diligence* »] pour empêcher la construction, l'armement et l'équipement, dans les limites de sa juridiction, de tout navire que l'on peut raisonnablement supposer croiser ou entreprendre des opérations hostiles contre une puissance avec qui il entretient des relations pacifiques.... »

Qu'entend-on par « *due diligence* » ? Il y eut presque autant d'interprétations que d'autenrs.

Le tribunal de Genève en donna une qui souleva, surtout en Angleterre, de vives protestations. Pour lui, suivant en cela la voie que lui avaient indiquée les Etats-Unis ([2]), le degré de surveillance d'un Etat neutre doit être proportionnel aux risques que le défaut de surveillance occasionnerait à l'un ou l'autre des belligérants.

C'est là un point de vue qui ne cadre plus guère avec les conceptions modernes de la neutralité, qui refusent d'admettre tout ce qui mettrait la neutralité sous la dépendance du droit de la guerre.

Les neutres n'ont pas à se préoccuper de l'influence que l'inobservation des obligations qui leur incombent serait susceptible d'avoir. Ils doivent assurer le respect de leurs obligations, avec toute la vigilance que commandent les circonstances et les conditions particulières dans lesquelles se présente chaque espèce.

([1]) Cpr. le texte *in extenso* dans Phillimore, *op. cit.*, III, § 151.

([2]) Oppenheim, *op. cit.*, II, p. 393.

Une forme rudimentaire de la vigilance ainsi définie, c'est d'établir des lois de neutralité qui déterminent exactement les devoirs des sujets neutres.

Puis l'Etat neutre devra assurer par des sanctions suffisamment énergiques le respect de ces prescriptions. C'est ainsi que le « Foreign Enlistment Act » anglais de **1870** punit l'enrôlement illégal et la complicité de cette infraction, de prison avec ou sans « hard labour » (art. 4, 7). La même pénalité frappe tous ceux qui participent à la construction de navires de guerre prohibée en vertu de l'art. 1er des trois Règles de Washington ou à l'organisation d'une expédition hostile contre un des belligérants avec qui l'Angleterre entretient des relations de neutralité (art. 8); de plus le navire est confisqué (art. *ibid.*). L'art. **13** stipule que l'emprisonnement n'excèdera pas une durée de deux ans (1).

En France, l'art. 54 C. pén. porte que : « Quiconque aura, par des actions hostiles non approuvées par le gouvernement, exposé l'Etat à une déclaration de guerre, sera puni du bannissement, et si la guerre s'en est suivie de la déportation ».

Ce texte ne mérite pas toutes les critiques qu'on lui a faites. Sans doute, il a le tort de n'avoir en vue que les violations de neutralité du premier degré, celles qui sont bien des « actions hostiles », puisqu'elles tendent à une intervention directe dans la lutte, mais le législateur de l'époque ne connaissait que les violations de cette nature.

Tous les devoirs neutres qui découlent du devoir d'impartialité, c'est-à-dire qui portent sur les délits relatifs aux relations que les belligérants et les neutres continuent à entretenir entre eux, n'existaient pas la neutralité étant encore une dépendance du droit de la guerre. Par contre, avec une

(1) Cpr. le texte de cet « Act », Annexe B.

précision remarquable, le code pénal caractérise d'un mot les actes qui rentrent dans la catégorie des violations graves : ce sont des actes de guerre (actions « hostiles »), et il ne distingue pas si ces actes sont faits avec une intention hostile ou s'ils sont seulement la conséquence d'une négligence si grossière qu'elle en devient criminelle. On considère l'acte en lui-même et le caractère de danger social qu'il présente, en ayant soin d'éliminer toute idée d'imputabilité subjective ou, si l'on préfère, de responsabilité personnelle.

Nous voudrions conserver ce texte en y ajoutant un paragraphe se rapportant aux violations de neutralité simples, et qui porterait que : « Tout individu qui aura enfreint les lois sur la neutralité édictées par le gouvernement sur le territoire duquel il se trouve au moment où il commet l'infraction sera, quel que soit le résultat de l'acte, condamné à des dommages-intérêts calculés d'après l'importance du préjudice qu'il a, ou qu'il aurait pu causer à l'Etat neutre ».

La responsabilité de l'Etat s'étend partout où il a le droit de donner des ordres inconditionnés : elle est mesurée par l'étendue de son territoire.

§ 6. La mer littorale échappe par conséquent à cette responsabilité au même titre que la haute mer.

Cela est pourtant contesté même pour la haute mer.

M. Kleen dit que dans certains cas la responsabilité de l'Etat neutre se bornera au devoir de punir le coupable ou de lui faire payer l'indemnité. Et ces cas, d'après l'auteur, se présenteront lorsque l'infraction aura été commise sur la haute mer ou même sur le territoire du belligérant adverse, c'est-à-dire là « où le délit ne pourrait être prévenu par le gouvernement neutre » [1].

Nous ne comprenons pas comment on peut établir une

[1] *Op. cit.*, I, p. 139.

responsabilité gouvernementale là où ce gouvernement n'a aucun pouvoir, nous le comprenons d'autant moins que M. Kleen, un peu plus loin, écrit lui aussi que les puissances neutres ne sont point tenues des délits commis par leurs ressortissants si elles n'ont point pu les prévenir (1).

La responsabilité en matière de neutralité découle de la souveraineté de l'Etat là où il exerce cette souveraineté, c'est-à-dire sur son territoire, il est responsable de ses fonctionnaires, de ses nationaux, même des étrangers qui s'y trouvent; les lois de neutralité sont des lois de police (art. 3-1 C. civ.). Mais là où expire cette souveraineté expire sa responsabilité. Par conséquent il n'est plus tenu du fait de ses nationaux en pays étrangers.

Il n'est même plus tenu du fait de ses nationaux dans la haute mer, parce que cette surveillance était aussi lourde pour le neutre qu'insuffisante pour le belligérant (2).

La question est plus délicate pour la mer littorale, si du moins on ne la soumet pas au régime de souveraineté; dans ce cas, en effet, il est tout naturel de considérer l'Etat côtier comme responsable des infractions qui pourraient se produire dans cette mer.

Mais pour ceux qui rejettent cette extension de la souveraineté à la mer, la question ne peut évidemment recevoir cette solution.

Du moment que les seuls droits que l'Etat côtier possède sur la mer qui baigne ses côtes sont ceux qui sont indispensables pour assurer l'inviolabilité de ce territoire et la sécurité de ceux qui l'habitent, on ne peut imposer à l'Etat neutre qu'une responsabilité en rapport avec ses devoirs, c'est-à-dire qu'on ne peut s'adresser à elle qu'au cas où sa mer litto-

(1) *Op. cit.*, I, p. 146.
(2) Cf. *supra*.

rale a été le théâtre d'une violation de ses droits. Rien de plus.

Par conséquent, toutes les autres opérations qui ne constituent pas un acte d'hostilité peuvent être accomplies dans ses eaux. Ainsi les belligérants pourront embarquer dans cette partie de mer tout le combustible nécessaire à leur flotte, alors même que l'on considère la livraison de cette marchandise comme une atteinte à la neutralité si elle est faite sur le territoire neutre. Et c'est à cette ligne de conduite que s'est conformé le Danemark lorsque, le 20 septembre 1904, il permit à la flotte de Rodjesvensky de faire du charbon dans la baie d'Alboek, au sud de Skagen, alors qu'il le défendit dans ses ports.

Cela est conforme au développement rationnel du droit, si — ce que nous contestons — le charbon est arme de guerre. L'avenir verra, croyons-nous, des livraisons d'armes faites à des bâtiments belligérants dans les eaux littorales d'un pays resté neutre.

L'Etat neutre n'aura pas à s'en préoccuper, sauf à exercer une surveillance plus active sur ses côtes pour que celles-ci ne servent point de bases d'opérations (1).

Si donc le navire de guerre belligérant stationné dans les eaux littorales tirait ses renforts du territoire, l'Etat serait responsable. Mais il ne le serait point si ces renforts parvenaient au croiseur au moyen de transports.

Il va sans dire que les deux belligérants pourront y accomplir ces opérations; le rôle du neutre se bornera à empêcher que ses eaux côtières deviennent le théâtre d'hostilités si les ennemis se trouvaient en présence.

(1) La déclaration de neutralité française (v. Annexe *A*) édicte une distinction intéressante. Dans les ports, mais dans les ports seulement, les navires belligérants « ne peuvent, *à l'aide de ressources puisées à terre*, augmenter leur matériel de guerre, renforcer leurs équipages, ni faire des enrôlements volontaires même parmi leurs nationaux ».

CONCLUSION

Les conclusions de notre travail s'imposent. Elles sont contenues en germe dans chaque page et dominées par ce principe fondamental : la nécessité d'établir un régime de neutralité différent suivant que l'on se trouve en présence d'actes commis dans les ports ou rades ou bien dans les eaux littorales.

Dans notre introduction, nous nous sommes efforcé de définir, avec la précision la plus grande possible, ce que nous entendons sous cette terminologie.

Nous avons défini les ports ou rades « toute portion de mer qui, par sa position géographique, constitue un lieu d'abri » et la mer littorale toute mer adjacente aux côtes.

Cette première zone se rattache d'après nous au territoire, comme ayant même fonction juridique et, par conséquent, tombe sous le régime de la souveraineté.

Ce premier point établi, nous nous trouvions amené, par la force des choses, à examiner, au cours des questions que nous rencontrions, si cette assimilation entre les ports et rades avec le territoire n'entraînait pas la nécessité de transposer du droit de la neutralité continentale les principes qui devaient nous donner la solution des délicats problèmes que nous avons signalés.

Cependant, malgré toute la séduction d'une telle conception, nous avons cru que l'on pouvait peut-être rapprocher plus qu'il n'a été fait jusqu'à présent ces deux ordres d'idées mais qu'à les fondre l'un dans l'autre, on sacrifierait à un besoin d'unité d'ailleurs plus apparent que réel, tout ce que le droit maritime a de profondément original. Cette fusion, en effet, n'aurait pu être obtenue qu'en éliminant de parti-pris un facteur de progrès et d'évolution qui domine le droit international maritime, et qui fait défaut dans le droit de la guerre continentale : nous faisons allusion à cette interdépendance qui unit tous les peuples marins en face de cette force mystérieuse et terrible, la mer dont ils vivent, mais dont aussi souvent ils meurent.

Cette solidarité qui veut qu'au-dessus de leurs querelles les peuples se souviennent que le danger qui menace leur ennemi d'aujourd'hui peut les atteindre demain, cette solidarité, faite c'est entendu, d'un intérêt personnel bien compris parce que prévoyant, mais qui agit cependant comme s'il était inspiré par le désintéressement le plus élevé, doit demeurer, et si nous ne croyons pas qu'il soit désirable qu'elle serve de prétexte à intervention, là où elle peut s'exercer utilement elle doit être respectée.

C'est ainsi que pour les navires qui sont poussés dans un port neutre à la suite d'un combat malheureux ou plus simplement pour échapper à une capture certaine, nous avons cru pouvoir adopter les règles applicables en ce qui concerne l'entrée sur le territoire neutre d'une armée belligérante. C'est ainsi encore qu'en matière de réparations nous avons distingué soigneusement l'acte de réparation d'avaries de navigation et l'acte de réparation causé par un combat. Le second devant être refusé comme n'entrant pas dans les cas où les devoirs humanitaires peuvent suspendre les droits de la guerre.

Dans un autre ordre d'idées nous avons interdit tout acte de ravitaillement pris dans son sens le plus large qui paraissait de nature à tendre directement à des fins militaires. C'est-à-dire que nous avons défendu tout armement ou équipement dont le but est d'augmenter la puissance militaire du navire belligérant. Et à l'inverse, avons-nous autorisé l'embarquement de toutes les provisions de bouche nécessaires à la subsistance de l'équipage. Ces deux solutions sont, d'une façon très générale, universellement admises. Il en est tout autrement de la question du charbon. Faut-il la rattacher au problème de l'équipement, ou à celui du ravitaillement? Nous nous sommes décidé pour ce dernier point de vue, tout en reconnaissant que nous ne posions là qu'une présomption que les intéressés pourraient faire tomber en faisant la preuve du contraire, et pour dissiper toute équivoque nous avons préconisé une formule à laquelle devra acquiescer le bâtiment qui veut se servir du droit au charbon et qui détermine très exactement l'usage qu'il peut faire de ce charbon neutre ainsi embarqué.

Telles sont, très brièvement résumées, les idées directrices qui nous ont servi en ce qui concerne l'usage par navires belligérants des ports neutres.

Nous nous sommes efforcé autant que possible d'appliquer les principes de neutralité tels que nous les avons exposés dans le chapitre II de notre introduction en ne perdant pas de vue la physionomie bien spéciale des problèmes que nous avions à résoudre.

Mais ces principes généraux ne pouvaient nous être d'aucun secours lorsque nous retrouvions les problèmes à l'occasion du séjour des bâtiments belligérants en eaux littorales.

Certes il nous eût été bien facile d'ignorer la difficulté : il nous eût suffit d'admettre, avec la grande majorité des auteurs, que la mer littorale est « un prolongement du territoire ». Si cela était exact, le régime qui devait s'imposer était le régime des ports ; mais cela est-il bien exact?

Nous ne le croyons pas, et c'est parcequ'il nous semble que le seul droit auquel l'Etat riverain peut prétendre est un droit *sui generis* basé seulement sur la nécessité de défendre son territoire et d'assurer la sécurité de ceux qui y demeurent, que s'est trouvé constitué un régime de neutralité spéciale pour cette zone de mer.

Quel sera ce régime ?

Ce sera un régime spécial comme le droit qui lui sert de support, et que l'on peut, avec la déclaration de neutralité française du 26 avril 1898, reproduite le 27 février 1904, ainsi résumer : « Il est interdit aux belligérants de se livrer à aucun acte d'hostilité dans toute l'étendue des eaux territoriales ».

Ces actes doivent être prohibés en effet, car ils intéressent le droit de défense du territoire riverain et la sécurité de ceux qui l'habitent. Par conséquent seront interdits en eaux littorales, le combat, la capture, la visite, opérations qui constituent, soit des actes d'hostilités, soit une phase de ces actes qui ne saurait ni en fait ni en droit être séparée de l'acte d'hostilité.

Mais seuls seront interdits ces actes d'hostilités, parceque l'Etat riverain n'a pas sur la mer littorale un droit de souveraineté et que l'opération préparatoire de guerre comme un enrôlement où l'armement militaire ne pourrait être prohibé qu'en vertu de ce droit.

L'Etat neutre ne peut donc pas intervenir dans la mer littorale si ce n'est pour des mesures commandées par son droit de sécurité. Nous ajoutons que son intérêt est de ne pas étendre le domaine de ses droits, car la responsabilité s'en trouve augmentée et ses moyens de faire respecter ses droits ne le sont pas.

Restreignons donc ses droits aux ports et rades, là nous pouvons préciser ses droits, préciser ses devoirs, là nous pouvons exiger de lui le respect des obligations qui découlent de la neutralité telle que nous la comprenons, car là sa responsabilité est réelle, parce que sont réels les moyens qu'il possède de faire respecter la volonté : belligérants et neutres auront gagné en précision ce qu'ils auraient pu perdre en étendue.

L'avantage nous paraît évident.

Quant aux eaux littorales elles seront les zones de transition naturelles entre la zone de neutralité et la zone de guerre. Ce sera un régime qui participera et du régime de neutralité et du régime de guerre. Régime de neutralité parce que les actes d'hostilités y seront interdits, régime de guerre, parce que les actes préparatoires y seront autorisés. Et comment pourrait-on arriver à d'autres conclusions, si l'on estime avec nous que le droit de l'Etat riverain a pour but et pour limite la sécurité de son territoire ?

Et que l'on ne nous objecte pas que ce régime mixte est un régime bâtard, parce que le neutre n'a pas de moyen de sanction pour les violations éventuelles de ses eaux littorales. Cette objection ne porte pas qu'elle tendrait à refuser à toute norme de droit international public le caractère de règle de droit sous prétexte qu'elle n'est pas sanctionnée par un moyen de coercition tel que nous en rencontrons dans le droit privé.

Enfin nous croyons ce régime mixte fécond parce que à côtoyer ainsi les principes de la paix les règles de la guerre se trouveront soumises à une influence légale constante, et que c'est là le seul moyen vraiment efficace que nous possédions pour faire disparaître dans la mesure du possible la guerre comme solution des conflits internationaux.

ANNEXE A

France.

Instructions en date du 27 février 1904 du ministre de la marine à MM. les vice-amiraux, commandant en chef, Préfets maritimes ; officiers généraux, supérieurs et autres commandant à la mer ; contre-amiral commandant la marine en Algérie, sur la conduite à tenir à l'occasion de la guerre survenue entre la Russie et le Japon.

Messieurs, le gouvernement de la République française ayant l'intention de conserver une stricte neutralité dans la lutte engagée entre le Japon et la Russie, j'ai l'honneur de vous adresser ci-après des instructions dont vous aurez à assurer l'observation dans l'étendue de votre commandement. — Comme conséquence de l'état de neutralité, les Français résidant en France, dans les colonies et les pays de protectorat ou à l'étranger, doivent s'abstenir de tout fait qui, commis en violation des lois françaises ou du droit des gens, pourrait être considéré comme hostile à l'une des parties ou contraire à une scrupuleuse neutralité. Il leur est interdit, notamment, de s'enrôler ou de prendre du service soit dans l'armée de terre, soit à bord d'un navire belligérant de l'une ou de l'autre des nations, ou de contribuer à l'équipement ou à l'armement d'un de ces navires. — Il n'est permis à aucun navire belligérant d'entrer et de séjourner avec des prises dans les ports ou rades de la France, de ses colonies et des pays protégés, pendant plus de vingt-quatre heures, hors le cas de relâche forcée ou de nécessité justifiée. — Aucune vente d'objet provenant de prises ne pourra avoir lieu dans les dits ports ou rades. — Les personnes qui contreviendraient aux défenses susmentionnées ne pourront prétendre à aucune protection du gouvernement ou de ses agents contre les actes ou mesures que, conformément au droit des gens, les belligérants pourraient exercer ou décréter, et seront poursuivies s'il y a lieu, conformément aux lois de la République. — Je crois devoir ajouter à ces règles principales quelques observations complémentaires résumant les traditions du gouvernement français : — 1° En aucun cas, un belligérant ne peut faire usage d'un port français ou appartenant à un Etat protégé, dans un but de guerre, ou pour s'y approvisionner d'armes ou de munitions de guerre, ou pour y exécuter, sous prétexte de réparations, des travaux ayant pour but d'augmenter sa puissance militaire; — 2° la durée de séjour dans nos ports, de belligérants non accompagnés d'une prise n'a été limitée par aucune disposition spéciale. Mais, pour être autorisés à y séjourner, ils sont tenus de se conformer aux conditions ordinaires de la neutralité, qui peuvent se résumer ainsi qu'il suit : *a)* Les bâtiments admis au bénéfice de l'asile doivent entretenir des relations pacifiques avec tous les navires mouillés dans le même port et, en particulier, avec les bâtiments appartenant à leurs ennemis; *b)* Les dits navires ne peuvent, à l'aide de ressources puisées à terre, augmenter leur matériel de guerre, renforcer leurs équipages ni faire des enrôlements volontaires, même parmi leurs nationaux; *c)* Ils doivent s'abstenir de toute enquête sur les forces, l'emplacement ou les ressources de leurs ennemis, ne pas appareiller brusquement pour poursuivre ceux qui leur seraient signalés, en un mot, s'abstenir de faire du lieu de leur résidence la base d'une opération quelconque contre l'ennemi ; de n'employer la force ni la ruse pour rescousser les prises faites par l'ennemi ou pour délivrer des prisonniers de leur nation ; — 3° il ne peut être fourni à un belligérant que les vivres, denrées, approvisionnements et moyens de réparations nécessaires à la subsistance de son équipage et à la sécurité de sa navigation ; — 4° lorsque des belligérants ou des navires de commerce des deux parties belligérantes se trouveront ensemble dans un port français, il y aura un intervalle qui ne pourra être moindre de vingt-quatre heures entre le départ de tout navire de l'un des belligérants et le départ subséquent de tout bâtiment de l'autre belligérant. Ce délai sera étendu, en cas de besoin, sur l'ordre de l'autorité maritime, autant que cela pourra être nécessaire ; — 5° il est interdit aux belligérants de se livrer à aucun acte d'hostilité dans toute l'étendue des eaux territoriales. Si une violation de cette règle venait à votre connaissance, sans que vous ayez pu la prévenir, vous auriez à m'en rendre compte immédiatement, afin que le gouvernement puisse faire entendre, auprès de qui de droit, les protestations et réclamations nécessaires. Il en sera de même si des navires de commerce portant le pavillon français ou celui d'un des Etats protégés par la France venaient à être molestés dans l'exercice du droit de visite qui appartient aux belligérants.

Des instructions, conçues en termes identiques, sont adressées par M. le Ministre des colonies aux gouverneurs généraux, gouverneurs et agents relevant de son autorité, et sont communiquées, pour informations, aux agents de la France à l'étranger.

Veuillez bien m'accuser réception de la présente dépêche.

Signé : C. Pelletan.

ANNEXE B

Grande-Bretagne.

Proclamation de neutralité, à l'occasion de la guerre Russo-Japonaise du 11 février 1904 (The London Gazette, *numéro extraordinaire 27.644, du 11 février 1904).*

Par ordre du Roi. — Edouard R. et I. — Attendu que nous sommes heureusement en paix avec tous les souverains, toutes les puissances et tous les Etats ; — Et attendu qu'un état de guerre existe malheureusement entre sa Majesté l'Empereur de toutes les Russies et sa Majesté l'Empereur du Japon et entre leurs sujets respectifs, citoyens et autres habitants de leurs pays, territoires ou domaines ; — Et attendu que nous sommes en rapports d'amitié et de commerce amical avec chacune de ces puissances et leurs sujets, et citoyens respectifs ainsi qu'avec les autres habitants de leurs pays, territoires ou domaines ; — Et attendu qu'un grand nombre de nos fidèles sujets résident et exercent le commerce, possèdent des propriétés et établissements, et jouissent de différents droits et privilèges dans les domaines de chacune des susdites puissances, droits et privilèges qui sont protégés par la foi des traités entre nous et chacune des susdites puissances ; — Et attendu que dans notre désir de conserver à nos sujets les bienfaits de la paix, dont heureusement ils jouissent à présent, nous sommes fermement résolu et décidé de maintenir une neutralité stricte et impartiale durant le le sus-dit état de guerre qui malheureusement existe entre les susdites puissances.

Nous avons donc jugé convenable de publier cette proclamation royale par et avec l'avis de notre conseil privé ; — Et nous enjoignons et commandons expressément à tous nos fidèles sujets d'y conformer leur conduite et d'observer une stricte neutralité dans et pendant la guerre susdite et de s'abstenir de violer soit les lois et statuts du Royaume, soit le droit des gens en cette matière ou d'y contrevenir parce qu'une conduite contraire serait à leur péril.

Et attendu, que dans et par un Statut fait et passé lors de la session du Parlement tenue dans la 33e et 34e année du règne de Sa Majesté la Reine Victoria, et qui est intitulé : « Loi pour régler la conduite des sujets de Sa Majesté pendant l'existence d'hostilités entre des Etats étrangers avec lesquels Sa Majesté est en paix », se trouve parmi d'autres choses la déclaration et ordonnance suivante :

Cette loi s'étendra à tous les domaines de Sa Majesté, y compris les eaux territoriales adjacentes :

ENRÔLEMENT ILLÉGAL

Si un individu, sujet britannique, se trouvant dans les domaines de Sa Majesté, ou en dehors de ces domaines, accepte ou s'engage à accepter, sans l'autorisation de Sa Majesté, une commission ou un engagement dans le service militaire ou naval d'un Etat étranger en guerre avec un Etat étranger qui est en paix avec Sa Majesté, et que le texte de cette loi nomme un Etat ami, ou si, dans les domaines de Sa Majesté, qu'il soit sujet britannique ou non, il induit une autre personne à accepter ou à promettre d'accepter une commission ou engagement dans le service militaire ou naval d'un des Etats étrangers indiqués ci-dessus. — Il sera coupable d'un délit (offence) contre cette loi, et sera puni d'une amende et de l'emprisonnement ou de l'une ou de l'autre de ces peines, à la discrétion de la Cour devant laquelle comparaît l'inculpé ; et l'emprisonnement, s'il est encouru, pourra être prononcé avec ou sans travaux forcés.

Si, sans permission de Sa Majesté, un individu, sujet britannique, s'en va ou se rend à bord d'un navire avec l'intention de quitter les domaines de Sa Majesté pour accepter une commission ou un engagement dans le service militaire ou naval d'un Etat étranger en guerre avec un Etat ami ou si un sujet britannique ou autre individu se trouvant dans les domaines de Sa Majesté entraîne une autre personne à s'en aller ou à aller à bord d'un navire pour quitter les domaines de Sa Majesté avec la même intention. — Il sera coupable d'un délit contre la même loi, et sera punissable d'une amende et de l'emprisonnement ou de l'une ou de l'autre de ces peines à la discrétion de la Cour devant laquelle il est jugé, et l'emprisonnement pourra être accompagné ou non de travaux forcés.

Si un individu entraîne une autre personne à quitter les domaines de Sa Majesté ou à s'embarquer sur un navire se trouvant dans les domaines de Sa Majesté et ce en lui donnant une idée erronée ou fausse du service pour lequel une telle personne doit être engagée, avec l'intention ou dans le but qu'une telle personne accepte ou convienne d'accepter une commission ou engagement dans le service militaire ou naval d'un Etat étranger qui est en guerre avec un Etat ami. — Il sera coupable d'un délit contre cette loi et sera punissable d'amende et d'emprisonnement ou de l'une ou de l'autre de ces peines à la discrétion de la cour qui le juge ; et l'emprisonnement pourra être accompagné ou non de travaux forcés.

Si le capitaine ou le propriétaire d'un navire, sans la permission de Sa Majesté, prend sciemment à bord ou s'engage sciemment à prendre à bord d'un tel navire dans les domaines de Sa Majesté une des personnes suivantes que la présente loi indique comme personnes engagées illégalement, c'est-à-dire : 1° toute personne qui, étant sujet britannique et se trouvant en dedans ou en dehors des domaines de Sa Majesté, a, sans la permission de Sa Majesté, accepté ou promis d'accepter une commission ou un engagement dans le service militaire ou naval d'un Etat étranger en guerre avec un Etat ami; 2° toute personne, sujet britannique qui, sans la permission de Sa Majesté, est sur le point de quitter les domaines de Sa Majesté avec l'intention d'accepter une commission ou un engagement dans le service militaire ou naval d'un Etat étranger en guerre avec un État ami; 3° toute personne qui a été entraînée à s'embarquer sur une indication erronée ou fausse du service auquel elle allait s'engager, indication donnée pour qu'elle accepte ou s'engage à accepter une commission ou engagement dans le service militaire ou naval d'un Etat étranger en état de guerre avec un Etat ami. Un tel capitaine ou propriétaire de navire sera coupable d'un délit contre cette loi et les conséquences suivantes en résulteront, c'est-à-dire : 1° le délinquant sera puni d'une amende et de l'emprisonnement ou de l'une ou de l'autre de ces peines, à la discrétion de la cour devant laquelle l'inculpé comparaît et l'emprisonnement pourra être avec ou sans travaux forcés et 2° le navire sera retenu jusqu'au jugement, condamnation ou acquittement du capitaine ou propriétaire et jusqu'à ce que toutes les peines prononcées contre le capitaine ou le propriétaire aient été exécutées, ou que le capitaine ou propriétaire ait déposé une caution pour l'exécution de ces peines à la satisfaction de deux juges de paix ou d'un autre juge ou de juges ayant l'autorité de deux juges de paix; 3° toutes les personnes illégalement enrôlées seront immédiatement après la découverte du fait incriminé, conduites à terre, et ne seront pas autorisées à retourner sur le navire.

Construction illégale de navires et expéditions illégales.

Si un individu fait dans les domaines de Sa Majesté, sans la permission de Sa Majesté, les actes suivants, c'est-à-dire : 1° s'il construit, s'engage à construire ou fait construire un navire avec l'intention d'employer ce navire ou sachant ou pouvant raisonnablement supposer que ce navire devra être ou sera employé au service militaire ou naval d'un Etat étranger en guerre avec un Etat ami; 2° s'il émet ou délivre une commission pour un navire avec l'intention que ce navire soit employé ou sachant ou pouvant raisonnablement supposer que ce navire doit être ou sera employé au service militaire ou naval d'un Etat étranger en guerre avec un Etat ami; ou 3° s'il équipe un navire avec l'intention que ce navire soit employé ou sachant ou pouvant raisonnablement supposer que ce navire doit être ou sera employé au service militaire ou naval d'un Etat étranger en guerre avec un Etat ami; ou 4° s'il expédie ou fait expédier ou permet d'expédier un navire, avec l'intention que ce navire soit employé au service militaire ou naval d'un Etat étranger en guerre avec un Etat ami. Cette personne sera gardée comme ayant commis un délit contre cette loi et les conséquences suivantes en résulteront : 1° le délinquant sera puni d'une amende et d'un emprisonnement ou de l'une ou de l'autre de ces deux peines, à la discrétion de la cour devant laquelle il comparaît et l'emprisonnement pourra être accompagné ou non de travaux forcés; 2° le navire à l'aide duquel un de ces délits commis, sera confisqué au profit de Sa Majesté, ainsi que son équipement.

Il doit être d'ailleurs entendu qu'une personne qui construit ou fait construire ou équipe un navire dans les circonstances ci-dessus indiquées, en exécution d'un contrat passé avant le commencement d'une guerre, n'est exposée à aucune des peines édictées par la présente section à l'encontre d'une construction ou d'un équipement de cette nature, pourvu qu'elle satisfasse aux conditions suivantes : 1° Si, immédiatement après qu'une proclamation de neutralité a été publiée par Sa Majesté, elle avertit le secrétaire d'Etat, qu'elle est en train de construire, de faire construire ou d'équiper un tel navire et qu'elle fournit sur le contrat et toutes les matières qui s'y rapportent, ou sont faites ou seront à faire d'après le contrat, les renseignements demandés par le secrétaire d'Etat; 2° Si elle donne ces garanties, prend et laisse prendre les mesures que le secrétaire d'Etat peut être appelé à prescrire afin de s'assurer qu'un tel navire ne soit pas expédié, délivré ou déplacé sans la permission de Sa Majesté jusqu'à la fin d'une guerre de la nature de celle sus-indiquée.

Lorsqu'un navire est construit sur la commande ou pour un Etat étranger, en guerre avec un Etat ami ou lorsqu'il est livré à cet Etat ou à son ordre, ou à une personne qui, de la connaissance de la personne qui entreprend la construction, est un agent d'un tel Etat étranger ou qui est payée par un tel étranger ou un tel agent, et est employée dans le service militaire ou naval d'un tel Etat étranger; dans ces conditions un navire sera, jusqu'à ce que le contraire ait été prouvé, regardé comme ayant été construit dans le but d'être ainsi employé et ce sera au constructeur d'un tel navire de prouver que le navire était à son insu destiné au service militaire ou naval d'un Etat étranger susdit.

Lorsqu'une personne, dans les domaines de Sa Majesté et

sans la permission de Sa Majesté, en ajoutant au nombre des canons ou en échangeant ceux qui y sont à bord contre d'autres canons ou en augmentant l'équipement pour la guerre, augmente ou fait augmenter ou aide sciemment à augmenter la force guerrière d'un navire qui était au moment de son séjour dans les domaines de Sa Majesté, navire au service militaire ou naval d'un Etat étranger en guerre avec un Etat ami. — Une telle personne sera coupable d'une infraction à la présente loi et sera punie d'une amende ou d'emprisonnement, ou de l'une ou de l'autre de ces peines à la discrétion de la Cour devant laquelle l'inculpé comparait; et l'emprisonnement pourra être ou non accompagné de travaux forcés.

Si une personne, dans les domaines de Sa Majesté et sans l'autorisation de Sa Majesté, prépare ouéquipe une expédition militaire ou navale, dirigée contre les domaines d'un Etat ami, les conséquences suivantes en résulteront : 1° toute personne occupée à ces préparatifs ou équipements ou y aidant, ou employée en une qualité quelconque en une telle expédition sera coupable d'un délit contre cette loi et sera punie d'une amende et de l'emprisonnement ou de l'une ou de l'autre de ces peines, à la discrétion de la Cour devant laquelle l'inculpé comparait; et l'emprisonnement pourra être accompagné ou non de travaux forcés; 2° tous les navires et leur équipement et toutes les armes et munitions de guerre employés dans une telle expédition seront confisqués au profit de Sa Majesté.

Toute personne qui aide, encourage, conseille ou fait commettre un délit contre cette loi s'exposera à être poursuivie comme délinquant (principal offender).

Et puisque la présente loi dispose de plus que des navires construits, affrétés, équipés ou expédiés en contravention de ladite loi, peuvent être condamnés et confisqués par un jugement de la Cour de l'amirauté ; et puisque si le secrétaire d'Etat ou chef de l'autorité exécutive (chief executive authority) est convaincu qu'il existe des motifs raisonnables et probables pour croire qu'un navire se trouvant dans nos domaines a été construit ou est en construction, est affrété ou équipé contrairement à la dite loi et qu'il est sur le point d'être construit au delà des limites de ces domaines ou qu'un navire est sur le point de quitter le pays contrairement à la loi, le secrétaire d'Etat ou le chef de l'autorité exécutive aura le pouvoir d'émettre un mandat autorisant la prise et la recherche d'un navire et sa détention jusqu'à ce qu'il ait été soit condamné, soit relâché suivant les procédures légales ; et attendu que certains pouvoirs de prise et de détention sont conférés par la dite loi à certaines autorités locales.

Cela étant, afin que personne de nos sujets ne s'expose imprudemment aux peines imposées par ledit statut, nous ordonnons rigoureusement par les présentes qu'aucune personne, quelle qu'elle soit, ne commette aucun acte, action ou opération qui soit contraire aux prévisions dudit statut, sous peine des différents châtiments imposés par ledit statut et de notre grand déplaisir.

Et nous avertissons par ces présentes et donnons ce conseil à tous nos fidèles sujets et toutes les personnes quelles qu'elles soient, qui ont droit à notre protection, d'observer envers chacune des puissances sus-nommées, leurs sujets et leurs territoires, et envers tous les belligérants quelconques avec lesquels nous sommes en paix, les devoirs de la neutralité, et de respecter, dans tous et chacun, l'exercice des droits des belligérants.

Et nous avertissons encore par les présentes tous nos fidèles sujets, et toutes les personnes, quelles qu'elles soient, qui ont droit à notre protection, que si l'une d'elles osait, au mépris de notre proclamation royale et de notre grand déplaisir, faire quelque acte contraire à ses devoirs comme sujet d'une puissance neutre pendant une guerre entre d'autres puissances ou constituant soit un violation, soit une contravention au droit des gens en cette matière, particulièrement en forçant ou en essayant de forcer un blocus légalement et effectivement établi par l'une ou en faveur d'une desdites puissances ou en transportant pour l'usage ou le service de l'une ou de l'autre desdites puissances, des officiers, soldats, dépêches, armes, munitions, provisions ou matériaux pour l'armée, ou soit un, soit plusieurs objets considérés ou regardés comme contrebande de guerre suivant la loi ou les usages modernes des nations, que toutes les personnes qui se rendent coupables de ces délits ainsi que leurs navires et leurs marchandises encourront légalement et s'exposeront justement à être saisis par les armes et aux peines établies par le droit des gens en cette matière.

Et nous faisons savoir par la présente que tous nos sujets et toutes les personnes ayant droit à notre protection qui, sur ces points sus-indiqués se comporteraient mal (Who may misconduct themselves in the premises), le feront à leur péril et sous leur propre responsabilité, et qu'elles n'obtiendront de notre part nulle protection contre la prise ou les peines sus-indiquées, mais qu'au contraire, elles attireront notre grand déplaisir par de tels manquements.

Donné à notre Cour, au palais de Buckingham, ce onzième jour de février, dans l'année de Notre-Seigneur mil neuf cent quatre, dans la quatrième année de notre règne.

Que Dieu protège le Roi.

Le très honorable marquis de Lansdowne aux lords commissaires de l'Amirauté [1].

Foreign Office, 10 février 1904.

My Lords,

Sa Majesté étant pleinement résolue d'observer les devoirs de neutralité pendant le présent état de guerre entre la Russie et le Japon, étant de plus décidée à prévenir autant que possible que les rades, les ports, les côtes et les eaux comprises dans la juridiction territoriale de Sa Majesté ne servent aux buts belliqueux de l'un ou de l'autre des belligérants, m'a ordonné de communiquer à Vos Seigneuries (Lordships), pour votre instruction, les règles suivantes qui doivent être traitées et rendues obligatoires comme étant des ordonnances et des instructions de Sa Majesté :

Règle 1re. — Pendant la durée du présent état de guerre, il sera défendu à tous les navires de guerre de l'un ou de l'autre belligérant de se servir d'aucun port ou rade dans le Royaume-Uni, l'île de Man ou les îles de la Manche, ou dans aucune des possessions ou dépendances étrangères de Sa Majesté ou d'aucune eau sujette à la juridiction territoriale de la Couronne britannique, comme place ou lieu de rendez-vous pour un combat (or any warlike purpose) ou dans le but de se procurer des facilités d'équipement militaire ; et aucun navire de guerre de l'un ou de l'autre belligérant ne sera autorisé à quitter dorénavant un de ces ports, rades ou mers, d'où un navire de l'autre belligérant sera parti précédemment (que ce dernier soit un vaisseau de guerre ou un navire marchand) qu'après l'expiration d'un délai d'au moins 24 heures, à partir du moment où le navire aura franchi la limite de la juridiction territoriale de Sa Majesté.

[1] Les mêmes lettres ont été adressées au Treasury, à l'Home office, au Colonial office, au War office, à l'Indian office, au Scottish office et au Board of Trade.

Règle 2e. — Si actuellement il se trouve dans un de ces ports, rades ou eaux soumis à la juridiction territoriale de la Couronne britannique un vaisseau de guerre de l'un ou de l'autre belligérant, ce vaisseau de guerre doit quitter ces ports, rades ou eaux dans un espace de temps qui ne soit pas inférieur à 24 heures et qui soit raisonnable, en égard à toutes les circonstances et à l'état d'un tel navire quant aux réparations, provisions ou choses nécessaires à la subsistance de son équipage; et si, à partir de cette date, un vaisseau de guerre de l'un ou de l'autre belligérant entrait dans un port, rades ou eaux soumises à la juridiction de la Couronne britannique, le vaisseau doit quitter ces ports, rades ou eaux territoriales et gagner la mer dans l'espace de 24 heures après son entrée dans un de ces ports, rades ou eaux, à moins que le temps ne soit mauvais ou que le navire ne soit à court de provisions ou d'autres choses nécessaires à la subsistance de l'équipage ou qu'il ne doive être réparé; dans chacun de ces cas, les autorités du port ou du port le plus proche (suivant le cas) devront exiger que le navire gagne la mer aussitôt que possible après l'expiration des 24 heures, sans lui permettre de prendre à bord plus de provisions que ne lui seront nécessaires pour son usage immédiat, et aucun navire auquel il a été permis de rester dans les eaux britanniques pour cause de réparations ne pourra continuer à rester dans un port, une rade ou une eau, pour un laps de temps supérieur à vingt-quatre heures après que les réparations auront été terminées. Il doit être cependant entendu que, dans tous les cas où il y aurait dans le port, la rade ou les eaux comprises dans la juridiction de Sa Majesté, des navires (soit vaisseaux de guerre, soit navires marchands) appartenant à deux belligérants, il doit exister un intervalle d'au moins vingt-quatre heures entre le départ d'un de ces navires (soit vaisseau de guerre, soit navire marchand) appartenant à l'un des belligérants et le départ du même endroit d'un vaisseau de guerre de l'autre belligérant et le temps ainsi fixé pour le départ des navires de guerre de l'un ou de l'autre belligérant devra toujours être augmenté au cas de nécessité, autant qu'il sera nécessaire pour rendre effective cette disposition, mais ce délai ne devra subir ni d'autres augmentations, ni des augmentations pour d'autres causes.

Règle 3ᵉ. — Aucun navire de guerre de l'un ou de l'autre belligérant ne pourra, en outre, pendant qu'il se trouve dans un de ces ports, rades ou eaux sujets à la juridiction territoriale de Sa Majesté, charger des provisions, excepté les ravitaillements et autres choses qui sont nécessaires pour la subsistance de son équipage et excepté la quantité de charbon suffisante pour permettre à ce navire d'aller jusqu'au port le plus rapproché de son propre pays ou pour quelque destination plus proche, et on ne devra plus fournir de nouveau du charbon à ce navire de guerre dans le même port ou dans un autre port, rade ou eaux sujets à la juridiction territoriale de Sa Majesté, sans permission spéciale, avant l'expiration de trois mois à partir du temps où on lui aura fourni pour la dernière fois du charbon en eaux britanniques, comme susdit.

Règle 4ᵉ. — Il sera interdit aux navires armés de l'un ou de l'autre belligérant d'emmener les prises faites par eux dans aucun port, rade ou eaux du Royaume-Uni, l'île de Man, les îles de la Manche ou dans aucune des colonies ou possessions de Sa Majesté.

Le gouverneur ou une autre autorité en chef de chacun des territoires ou possessions de Sa Majesté au delà des mers devra immédiatement publier les règlements sus-mentionnés.

J'ai, etc.

LANSDOWNE.

BIBLIOGRAPHIE

A. Littérature française.

BARCLAY. — De la responsabilité des Etats neutres relativement aux actes de leurs citoyens. *R. D. I. L. C.*, 1901, p. 623.

BOECK (DE). — De la propriété privée ennemie sous pavillon ennemi. Paris, 1882.

BONFILS. — Manuel de droit international public. 4e édit., 1904.

CALVO. — Le droit international théorique et pratique. 1870-1872, IV, édit. de 1888.

CUSSY (DE). — Phases et causes célèbres du droit maritime.

DANINOS. — Du droit d'asile dans les ports neutres. Thèse Paris, 1903.

DESCAMPS. — Le droit de la paix et de la guerre. Paris, 1898.

DESPAGNET. — Cours de droit international public. 2e édit., 1899 et 3e édit., 1905.

DUGUIT. — Manuel de droit public français : I. Le droit constitutionnel. 1907.

DUPUIS. — Le droit de la guerre maritime et les doctrines anglaises contemporaines. 1899.

ESMEIN. — Eléments de droit constitutionnel. 1896.

GODEY. — Régime international de la mer territoriale. Thèse Caen, 1896.

GUILLAUME. — Admission des bâtiments de guerre dans les eaux et dans les ports belges. *R. D. I. L. C.*, 1901.

HAUTEFEUILLE. — Des droits et des devoirs des nations neutres en temps de guerre maritime. 3 vol., 1868.

KLEEN. — Lois et usages de la neutralité maritime. 2 vol., 1900.

LAPRADELLE (DE). — La nouvelle thèse du refus du charbon dans les eaux neutres. *R. G. D. I. P.*, 1904.

LAPRADELLE (DE) et POLITIS. — Recueil des arbitrages internationaux. I (1798-1855), 1905.

LEFUR. — La guerre hispano-américaine. Chroniques, *R. G. D. I. P.*, 1899.

MERLIN. — Répertoire, XIII, v° *Prise maritime*.

NUGER. — La mer territoriale. Thèse Paris, 1887.

NYS. — Le droit international, les théories et les faits. I, 1904.

— Le charbon et les devoirs des neutres. *J. C.*, 1906, p. 923.

ORTOLAN. — Règles internationales et diplomatie de la mer. 2 vol., 1856.

PILLET. — Les lois actuelles de la guerre. 1901.

PISTOYE et DUVERDY. — Traités des prises maritimes. 1885.

POLITIS. — Admission des bâtiments de guerre étrangers dans les eaux et ports du Royaume de Belgique. Chroniques, *R. G. D. I. P.*, 1901, p. 341 et s.

PRADIER-FODÉRÉ. — Traité de droit international public. 7 vol., 1881-1897.

RIVIER. — Principes du droit des gens. 1896.

THONIER. — De la notion de contrebande de guerre. Thèse Bordeaux, 1904.

VALIN. — Nouvelle ordonnance de la marine de 1681.

VATTEL. — Le droit des gens. 1758.

VERRAES. — Les lois de la neutralité. 1905, 2 vol., Bruxelles.

Recueils et Périodiques.

Annuaire de l'Institut de droit international.

Recueil général des traités, par G.-F. de Martens, 1761-1874.

Nouveau recueil général des traités (1875 à nos jours), par Samver, Hopf et Stoerk.

Journal officiel (France).

Journal de droit international privé. Journal Clunet.

Revue de droit international et de législation comparée.

Revue générale de droit international public.

Questions diplomatiques et coloniales.

B. Littérature étrangère.

ANZILOTTI. — Theoria generale della responsabilitate dello Stato nel diritto internazionale. Florence, 1902.

AZUNI. — Droit maritime de l'Europe. 1805, 2 vol.

BYNKERSHOEK (VAN). — Questionum de juri publici. 1737, Lugd. Bat.

BEER POORTUGAEL (DEN). — Het maritiem recht. 1882, La Haye.

— Het oorlogs en neutraliteitsrecht. 1900, La Haye.

BLUNTSCHLI. — Le droit international codifié. 1858, traduct. franç. Lardy, 1874.

BULMERINCQ. — Das völkerrecht. 1887.

FERGUSON. — Manuel of international law. 1884.

FIORE. — Nouveau droit international public. 1885, traduct. Chrétien et Antoine.

GALIANI. — Dei doveri dei principi neutrali, etc. Naples, 1782.

GROTIUS. — De jure belli ac pacis. 1625.

GAREIS. — Institutionen des völkerrechts. 2e édit., 1904.

GENTILIS (Albertus). — Advocationis Hispanica. Hanovre, 1613.

GESSNER. — Le droit des neutres sur mer. Traduct., 1865.

HALL. — A treatrise on international law. 1880.

HALLECK. — Elements of international law. 1878, édit. Baker.

HEILBORN. — Das system des völkerrechts entwickelt aus den völkerrechtlichen Begriffen. 1895.

HISTORICUS. — Letters. 1863.

Holland. — Les devoirs des neutres dans la guerre maritime et les événements récents. Traduct. Nys, *R. D. I. L. C.*, 1901, VII, p. 359.

Holtzendorff. — Handbuch des Völkerrechts. 4 vol., 1885-1889.

Karnebeek (Van). — Een brandend neutraliteitsvraagstuk. *Onze Eeuw*, nov. 1905. La Haye.

Kent. — Commentary on international law. Boston, 1826.

Lawrence. — War and neutrality in Far East. 2e édit., 1904.

Lorimer. — The institutes of international law. Trad. Nys, 1883 et 1885.

Loudon. — De drie regelen van het tractaat van Washington. Thèse Utrecht, 1894.

Manning. — Commentaries on the law of nations. 1875.

Martens (G.-F. de). — Précis du droit des gens moderne de l'Europe. 1858, 2 vol. édit. Vergé.

Martens (de). — Traité de droit international. Trad. Léo, 1883.

Moore. — Digest of international law. Washington, 1906, vol. VII.

Müller. — Mare clausum. Thèse Amsterdam, 1874.

Neuman (Von). — Grundriss des heutigen europaïschen völkerrechtes. 1856, Vienne, traduct. Riedmatten.

Phillimore. — Commentaries upon international law. 4 vol. 1879, III et édit. de 1871.

Oppenheim. — International law, vol. II, War and neutrality. 1906.

Twiss. — Law of nations. 2 vol. 1875.

Ullmann. — Völkerrecht. 1898.

Westlake. — Chapters on the principles of international law. 1894.

Visser. — De territoriale zee. Thèse Utrecht, 1894.

Recueils et Périodiques.

XIX century. Londres, 1904, avril 1905.

Marine rundschau. Berlin.

Onze Eeuw. La Haye, nov. 1905.

Hansard Parliamentary debates. CCXIII, année 1861.

Verslagen der handelingen der Staten Generaal. 2e Kamer, 1854, Pays-Bas.

TABLE DES MATIÈRES

Pages

PRÉFACE 1

INTRODUCTION GÉNÉRALE

CHAPITRE PREMIER. — Droit de l'Etat riverain sur la mer littorale. 3

Le principe de la liberté des mers. § 1 3

Conséquence de ce principe. § 2 3

Exception de ce principe. § 3 4

Le territoire maritime. § 4 5

Ports, havres, rades. § 5 6

Mer littorale. § 6. 10

Détroits et canaux. § 7 38

CHAPITRE II. — Fondement juridique de la neutralité 42

Section I. — La paix est l'état normal, la guerre, l'exception; la thèse de Lorimer; réfutation. § 1. 42

Les théories auxquelles conduisent la neutralité basée sur le droit de la guerre. § 2 44

La théorie de la nécessité. § 3 44

La théorie du renforcement. § 4 45

La neutralité n'est pas davantage un état de paix pur et simple. § 5. 46

Influence de la guerre sur les non belligérants. § 6 47

Répercussion indirecte. § 7 47

Répercussion directe. § 8 47

La définition du pacigérat de M. Descamps — notre objection. § 9. . 48

Section II. — Droits et devoirs des neutres 51

Droits des neutres. § 10. 51

En quoi ils consistent : respect du territoire et de l'imperium du neutre. § 11 51

De la nature juridique de ces droits. § 12 55

Des moyens de les faire respecter. § 13 55

Devoirs des neutres : l'idée directrice, la non participation à la lutte. § 14 57

Pages

D'où une double obligation pour le neutre : obligation d'abstention, obligation d'impartialité. § 15 59
Il y a obligation d'abstention lorsqu'il s'agit d'une assistance accordée à l'un des belligérants, et obligation d'impartialité lorsqu'il s'agit d'un appui. § 16 64

Application des principes de la neutralité à l'usage fait par navires belligérants des eaux neutres.

Chapitre premier. — Considérations générales. Plan. 67
Considérations générales. § 1. 67
Plan. § 2. 70
Chapitre II. — Aperçu historique d'ensemble sur les rapports des souverains belligérants et neutres. 73
Section I. — Différences entre la neutralité continentale et la neutralité maritime. § 1 73
Le plan historique de M. Kleen, pourquoi nous ne l'adoptons pas. § 2. 76
Section II. — L'Antiquité. 77
La neutralité inconnue pendant l'Antiquité. § 3 77
Section III. — Moyen-Age et temps modernes 80
Même situation pendant le Moyen-Age. § 4. 80
Influence du christianisme sur la formation de rapports entre souverains belligérants et neutres. § 5 81
Influence du droit conventionnel. § 6 81
Influence du commerce ; le Consulat de la Mer. § 7. 82
Ecart entre la doctrine et la pratique au Moyen-Age et au début des temps modernes. § 8. 83
Grotius le premier aperçoit les rapports qui doivent exister entre souverains belligérants et neutres (neutralité). § 9 84
La neutralité au xviie siècle au point de vue des droits privés. § 10. 85
La neutralité au xviie siècle au point de vue des droits souverains. § 11. — L'exception *dum opus fervet.* § 12 86-87
Comment la neutralité se développe, le droit conventionnel. § 13 . . 87
Rapprochement avec le droit conventionnel contemporain. § 14. . . 88
La reconnaissance des droits privés précède et annonce toujours un progrès en matière de neutralité publique. § 15. 89
Section IV. — L'Act américain de 1794 90
L'Act américain de 1794. § 16. 90
Influence indirecte du Congrès de Vienne sur la neutralité. § 17 . . 92
La déclaration de Paris. § 18 93
Section V. — Le traité de Washington. 93
Le traité de Washington. § 19 93
L'attitude de l'Angleterre et les Sudistes. « Les Alabama claims » § 20 94

Pages
L'art. 6 du traité de Washington. § 21. 96
Le Foreign Enlistment Act anglais de 1870. Ce qui le rapproche des règles de Washington, ce qui l'en sépare. § 22. 97
La théorie de l'Institut de Droit international. § 23. 98
CHAPITRE III. — Actes d'hostilité 102
Section I. — Combats. 102
Affaire de Duins (1639). § 1. 102
Affaire de Lisbonne (1759), ce qui la distingue du combat de Duins. § 2. 104
Affaire du *Général Armstrong* (1814). — Arbitrage du prince Louis-Napoléon (30 nov. 1852). Critique. § 3. 105
Autres exemples de combats en eaux neutres livrés au cours de la guerre de 1812-1814. § 4 107
Conduite du Danemark et des Etats-Unis en 1864. § 5 108
La guerre russo-japonaise : Incident de Chéfou (10 août 1904). § 6 . 109
Incident de Chemulpo (18 fév. 1904). § 7 113
Section II. — Captures 117
Affaire de Bergen (1666). § 7 *bis* 118
Violation des eaux hollandaises au cours du XVIIIe siècle. § 8 119
Les guerres de la Révolution et du Consulat. § 9 119
Conflit anglo-danois (1800). § 10 119
Conflit anglo-hollandais : Affaire de l'*Onny* et du *Nagalant* (1854). § 11. 120
Section III. — Séjour d'un navire belligérant à la suite d'opérations de guerre. 123
A. Séjour conséquence d'un combat. 123
a) Séjour dans un port. § 12 123
b) Séjour en eaux littorales. § 13. 129
B. Séjour conséquence d'une poursuite 130
a) Séjour dans un port. § 14. 130
b) Séjour en eaux littorales. § 15 133
Section IV. — Résumé 134
CHAPITRE IV. — Acte de puissance publique (enrôlement). 135
Nature juridique de l'enrôlement. § 1 135
Moment vers lequel cette nature juridique a été reconnue. § 2. . . . 136
Diverses législations en matière d'enrôlement. § 3 137
Conséquences qui découlent de la nature juridique de l'enrôlement. § 4 139
L'enrôlement ne doit être permis que pour un danger de mer et pour atteindre le port national le plus proche. § 5 140
Un navire belligérant a-t-il droit au pilotage? § 5 *bis*. 143
Les principes de l'enrôlement non applicables à la mer littorale. § 6. 145
CHAPITRE V. — Acte de personne privée. Préliminaires. 146
Rapport entre ces actes et la suspension ou modification des droits privés des neutres. § 1. 146

Pages

Section I. — Equipement de guerre 149
Définition. § 2 149
Comment de la liberté l'on a abouti à la prohibition. § 3 150
Cette prohibition ne s'étend pas à la mer littorale. § 4 152
Art. 14. Arrêté belge du 18 février 1901 ; circulaires française et anglaise des 27 et 11 février 1904. § 5. 153
Section II. — Les réparations. 155
La réparation est acte de commerce. § 6 155
On ne doit pas l'assimiler à une opération d'armement. § 7 156
L'art. 42 de l'Institut de droit international (session de La Haye). § 8 156
La pratique internationale ; l'attitude de la France durant la guerre russo-japonaise. Cette attitude était-elle correcte? § 9 156
Ligne de conduite différente suivie par le Danemark. § 10 159
Inconvénient de la théorie actuelle. § 11. 159
Précision qu'elle demande ; modification de l'art. 42 de l'Institut. § 12. 160
Section III. — Ravitaillement. 163
Définition, le moment où apparaît la question. § 13 163
Le charbon. § 14. 164
La guerre de Sécession et le droit au charbon. *a)* 164. — Attitude de l'Angleterre en 1870. *b)* 166. — Son attitude durant l'expédition française de Chine (1884-1885). *c)* 167. — La réglementation du droit au charbon en 1898 et 1904. *d)* 167. — Divergences de la doctrine. *e)* 168. — Le système français. *f)* 169. — Le système anglais. *g)* 173. — Le tempérament de M. von Stengel. *h)* 175. — Nous rejetons le système anglais : le charbon n'est pas arme de combat, c'est une arme de navigation. *i)* 177. — Nous l'adoptons si, exceptionnellement, la navigation présentait un caractère d'opération de guerre (croisières). *j)* 178. — Cette exception ne doit pas être étendue aux eaux littorales. *k)* 180. — Résumé. *l)*. . 180
Vivres et eau douce. § 15. 180
Evolution de la doctrine et de la pratique dans un sens restrictif. *a)* 180. — Les vivres constituent un « appui » au même titre que les fournitures médicales, par exemple. *b)* 182. — L'assimilation de ces vivres aux munitions de guerre devrait aboutir à la prohibition. *c)* 183. — Le système manque de base juridique. *d)* 184. Conclusion. *e)*. 185
Section IV. — Vente des prises. 185
Définition. § 16. 185
La pratique est dirigée dans le sens de la prohibition. § 17. 187
Critique de cette pratique, la vente d'une prise légalement validée doit être permise. § 18. 187
Conclusion. § 19. 190
CHAPITRE VI. — Du séjour. 192
Section I. — Séjour d'un navire de guerre non accompagné de prise. . 192

Pages

Evolution du droit d'asile. La neutralité du Danemark, Suède et Norvège en 1904. § 1. 192
Le système se rapproche beaucoup de l'art. 42 de l'Institut (1898). § 2. 195
Nécessité d'établir deux régimes, l'un pour les ports, l'autre pour les eaux littorales. § 3. 195
A. Régime des ports, la libre pratique doit être la règle, la fermeture l'exception. § 4. 195
Réglementation de cette libre pratique à trois points de vue. § 5. . 198
a) Durée du séjour. Règle des 24 heures empruntée à l'ordonnance de la marine française de 1681. § 6. 198
b) Limitation du nombre des navires. Ne se justifie pas au point de vue international. § 7. 199
c) Ordre de départ des belligérants : règle correcte. § 8. 201
Critique générale de cette réglementation. Notre règle. § 9. 203
B. Régime des eaux littorales : Ce régime doit être différent de celui des ports. Incident franco-japonais à l'occasion du séjour des flottes russes en eaux françaises. § 10. 205
Le droit de séjour en eaux littorales doit être absolument libre, c'est un droit incident au droit de passage. § 11. 208
Pourquoi nous préconisons un régime double. § 12. 211
Section II. — Séjour d'un navire de guerre avec prise. Interdit dans la mer littorale. § 13. 212
Admis dans les ports. § 14. 212. — *a)* Cette solution est commandée par la nécessité de restreindre le droit de destruction des prises. — *b)* Système américain et système anglais. — *c)* La raison pour laquelle on ne peut étendre cette solution sur la mer littorale. De la prise « amarinée ». § 15. 216
CHAPITRE VII. — Responsabilité de l'Etat au cas de violation de la neutralité. 218
De la violation de la neutralité en général. § 1. 218
Responsabilité directe et responsabilité indirecte. § 2. 218
Des violations graves. § 3. 220
Des violations simples. § 4. 221
L'imputabilité de l'Etat en matière de violation. Règles de Washington et art. 54 Code pénal. § 5. 223
Des violations en eaux littorales. § 6. 226

CONCLUSIONS. 229
ANNEXE A : Déclaration de neutralité de la France (27 février 1904) 235
ANNEXE B : Déclaration de neutralité de l'Angleterre (11 février 1904) 238
BIBLIOGRAPHIE. 251

29.636. — Bordeaux, Y. Cadoret, impr., rue Poquelin-Molière, 17.

Y. CADORET
imprimeur
BORDEAUX

www.ingramcontent.com/pod-product-compliance
Ingram Content Group UK Ltd.
Pitfield, Milton Keynes, MK11 3LW, UK
UKHW020206250726
13967UKWH00003B/1305